JN413037

LEAN
CUSTOMER
DEVELOPMENT

O'REILLY® 한빛미디어
Hanbit Media, Inc.

린 고객 개발 : 고객의 지갑을 여는 제품 만들기

초판 1쇄 발행 2015년 05월 01일
초판 4쇄 발행 2024년 11월 22일

지은이 신디 앨버레즈 / **옮긴이** 박주훈, 이광호 / **펴낸이** 전태호
펴낸곳 한빛미디어(주) / **주소** 서울시 서대문구 연희로2길 62 한빛미디어(주) IT출판2부
전화 02-325-5544 / **팩스** 02-336-7124
등록 1999년 6월 24일 제25100-2017-000058호 / **ISBN** 978-89-6848-186-4 13000

총괄 송경석 / **책임편집** 박민아 / **기획** 이상복 / **편집** 김지은
디자인 표지 손경선 내지 강은영 / **전산편집** 김미향
영업 김형진, 장경환, 조유미 / **마케팅** 박상용, 한종진, 이행은, 김선아, 고광일, 성화정, 김한솔 / **제작** 박성우, 김정우

이 책에 대한 의견이나 오탈자 및 잘못된 내용은 출판사 홈페이지나 아래 이메일로 알려주십시오.
파본은 구매처에서 교환하실 수 있습니다. 책값은 뒤표지에 표시되어 있습니다.
한빛미디어 홈페이지 www.hanbit.co.kr / 이메일 ask@hanbit.co.kr

Published by HANBIT Media, Inc. Printed in Korea
Copyright © 2015 Hanbit Media Inc. Authorized Korean translation of the English edition of
Lean Customer Development, ISBN 9781449356354 © 2014 Cindy Alvarez. This translation
is published and sold by permission of O'Reilly Media, Inc., which owns or controls all rights to
publish and sell the same.
이 책의 저작권은 오라일리와 한빛미디어(주)에 있습니다.
저작권법에 의해 한국 내에서 보호를 받는 저작물이므로 무단 전재와 무단 복제를 금합니다.

지금 하지 않으면 할 수 없는 일이 있습니다.
책으로 펴내고 싶은 아이디어나 원고를 메일(writer@hanbit.co.kr)로 보내주세요.
한빛미디어(주)는 여러분의 소중한 경험과 지식을 기다리고 있습니다.

제품 개발에만 집중하는 관점을 벗어나 살아 있는 실제 고객으로 눈을 돌리게 해준 책이다. 고객 인터뷰를 통해 가설을 검정하고 학습해나가는 접근법이 매우 참신했고, 실증적인 전략과 노하우가 담겨 있어 실무자들의 경쟁력 강화에 기여할 것으로 기대된다. 일독을 권한다.

김남국 – 동아비즈니스리뷰/하버드비즈니스리뷰 코리아 편집장

신디가 대단한 일을 해냈다. 신디는 『린 고객 개발』을 통해 우리가 고객을 제대로 이해하는 데 필요한 원칙을 정리해주었다. 우리의 고객이 누구인가와 고객에게 정말 필요한 것이 무엇인가를 이해하고 제품, 디자인, 기술에 대해서 정확한 가설을 세우면 고객이 진정 원하는 것을 설계하고 제작하고 시험해볼 수 있다. 이러한 활동은 우리 개발팀이 누구도 원하지 않는 제품을 만드는 데 시간을 쏟는 대신 고객에게 인생 최고의 경험을 제공하기 위해 노력하는 데 집중할 수 있는 자유를 줄 것이다. 여러분이 스타트업에 있거나 대기업에 있거나 상관없다. 고객을 생각한다면 린 고객 개발의 원칙과 사고방식을 배울 필요가 있다. 모두에게 이 책을 추천한다.

빌 스콧 – 페이팔 UI 엔지니어링 이사

책에서 신디는 실제 사례를 들어 설명해서 고객과 지속적으로 대화해나갈 수 있도록 도와준다. 이 책은 사용자 피드백, 사용자 테스트, 사용자와의 대화 등 고객 개발에 최대한 활용할 수 있고 실제로 수행해볼 수 있는 단계별 과정으로 가득하다. 또한 개발팀에서 사용자의 요구사항과 개발팀의 가설 유효성을 팀 전체가 함께 잘 이해할 수 있도록 지원하는 리서치 프로세스를 공개한다. 여러분의 제품 개발 도구함에서 절대 빠질 수 없는 탁월한 단계별 지침서이다.

제프 고델프 – 『린 UX』 저자

오늘날 많은 기업은 '지속적 학습과 반복'을 기업 문화의 일부로 흡수해야만 경쟁우위에 올라설 수 있다는 사실을 깨달았다. 즉 마이크로소프트를 비롯한 많은 대기업이 고객을 파트너로서 대하는 방법을 다시 배운다는 뜻이다. 이 책은 어떻게 다양한 규모의 기업이 제품

개발과 병행하여 고객을 깊이 이해할 수 있는지 구체적으로 가르쳐준다.

애덤 피소니 – 전 마이크로소프트 부사장, 야머 CTO

가슴 벅차게 하는 책이다. 그동안 정확한 시장에 적합한 제품을 출시하지 못하면서 내놓았던 변명거리를 없애버릴 수 있는 검증된 기법, 확실한 정보, 탄탄한 단계별 방법이 모두 들어 있다. 책을 다 읽자마자 든 생각은 이 책을 다시 한 번 읽고 싶다는 것이었고, 그다음에는 사무실 밖으로 나가 다섯 개의 스타트업 아이디어를 당장 테스트해보고 싶다는 생각이 들었다. 정말 좋다.

앨리스테어 크롤 – 「린 분석」 저자, 솔브 포 인터레스팅 설립자

여러분의 고객이 포춘 100대 기업 정도의 대기업이라면, 고객이 무엇을 필요로 하고 무엇을 살 것인가를 이해한다는 것은 말처럼 쉬운 일이 아니다. 『린 고객 개발』에는 기업이 당장 '사무실 밖으로 나가서' 기업의 시장과 기업이 세운 가설을 검증(또는 반증)할 수 있도록 돕는 실용적 지침이 가득 들어 있다.

라비 벨라니 – 앨커미스트 엑셀러레이터 상무이사, 스탠퍼드 대학교 기업가 정신 강사

고객이 없는 비즈니스는 성립할 수 없다.

콘텐츠 마케터로서 실무를 했을 때나 실제 창업에 뛰어들어 회사를 운영하고 있는 지금이나. 가장 답답한 순간은 '우리 고객'을 찾는 일이다. 생각하기에 따라서는 기발한 사업 아이디어를 내는 과정이 훨씬 어려워 보이지만 현실은 그렇지 않다. 차라리 창업자의 누추한 사무실에서 새로운 비즈니스 기회에 대해 이야기를 나누고 논쟁하는 일은 시간 가는 줄 모르는 행복한 과정이다. 문제는 그렇게 만들어낸 '우리만의 사업 아이템'을 과연 '누가 사줄까?'에 답하는 일이다.

수많은 시간과 돈 그리고 상상할 수 없이 많은 스트레스를 스스로 감내해가면서 세상에 내놓은 서비스가 그 누구에게도 관심을 받지 못하고 사라진다면 얼마나 끔찍한 일인가? 하지만 애석하게도 현실에서 이와 같은 상황은 너무나 자주 발생한다. 스타트업이나 신규 아이템을 개발하는 기업의 사업부가 자신의 아이템에 대해 '냉정해'지기란 상당히 어렵다. 확신이 강하면 강해질수록 우리는 시장의 고객을 잘 안다고 착각하거나, 심지어 고객이 무지해서 내가 가진 아이디어를 이해하지 못한다고 원망하기도 한다. 그리 먼 이야기도 아니다. 창업을 시작해 지금까지도 무수한 시행착오를 겪고 있는 역자 자신에 대한 반성의 이야기이기도 하다.

창업을 결심하면서 린 시리즈의 도움을 많이 받았다. 초기 비즈니스 아이템을 검증하고 고비마다 의사결정을 하는 데 좋은 프레임이 되어주었다. 하지만 '고객'은 여전히 어려운 문제였다. 그러던 와중에 『린 고객 개발』의 미국 출간 소식을 알게 되었고, 적극적으로 한국의 번역 출간을 제안했다. 린 고객 개발은 '실제 고객의 마음이 어디에 있는지 확인하는 프로세스'이다. 린 시리즈 특유의 단순하지만 강력한 방법론을 기반으로 구체적인 적용법에 대한 조언이 가득하다. 모쪼록 이 책이 세상을 바꾸기 위해 노력하는 스타트업 동지들은 물론, 기업의 신규 아이템 개발 담당자에게 '고객'을 알아가는 이정표가 되었으면 하는 바람이다.

번역 프로젝트에 기꺼이 동참해준 이광호 공역자와 이를 허락해준 한빛미디어 관계자분들께 심심한 감사를 전한다. 부족한 능력을 믿어준 조희진 에디터님과 마지막까지 책의 완성도를 높여준 이상복 에디터님께 많은 빚을 졌다. 제 앞가림도 못하는 창업자의 오지랖을 묵묵히 이해해준 황준식, 홍주연 두 파트너에게도 미안함과 고마운 마음을 전하고 싶다. 끝으로 언제나 한없는 믿음으로 든든한 조력자가 되어주는 아내에게 이 결과물이 작은 기쁨이 되었으면 한다.

새로운 아이디어로 세상을 좀 더 아름답게 변화시키려는 모든 사람에게 응원을 보낸다.

박주훈
2015년 4월

일천한 경력이지만, 일(신규 프로젝트이든 운영 업무이든)을 할 때 중요하게 생각하는 것이 세 가지 있다.

1. 일의 본질이 무엇인가
2. 올바른 방법으로 일하는가
3. 일의 의도가 선한가

우선 일의 본질이 무엇인가를 명확하게 정의해야 일의 범위, 깊이를 정할 수 있다. 그래야 다양한 방법 중 어떤 것이 최선인지를 골라서 일할 수 있다. 마지막으로 일의 의도가 선한가를 스스로 물어야 이 일이 할 일인지 해서는 안 될 일인지, 일하는 방법이 편법인지 정도인지를 검증할 수 있다고 생각한다.

일의 범위와 깊이를 정의하기 위해 다양한 틀(프레임워크)이 만들어져왔다. 자크만 ^{Zachman}, EA, COBIT, ITIL, CMMI 등 수없이 많은 프레임워크가 피고 지며 유행을 타다 (그리고 이 유행은 컨설팅 업체들의 영업 전략인 경우가 적지 않다). 이 프레임워크들은 각 주제, 분야마다 정확하고 상세한 과업을 만들고 관리하는 데는 많은 도움이 된다. 하지만 일의 본질 내지 일을 하는 이유를 고민하는 부분이 매우 두리뭉실하지 않은가 하는 고민이 항상 있었다.

개인적으로 일의 본질을 정리하는 데(나 자신의 삶을 정리할 때에도) 가장 간편하고 좋은 틀은 육하원칙이라 생각한다. 그리고 그 안에서 우선순위 내지는 정리 순서를 따지자면, 무엇을—왜—어떻게의 순서가 되지 않을까 싶다. '무엇'을 할 것인가를 정하고 그것을 '왜' 해야 하는지 확인하고 나면, '어떻게'가 형체를 어렴풋이 드러낸다. 그러면 '누가', '언제', 어디서는 '어떻게'의 하위항목으로 따라붙게 되어 있다.

이 책이 매력적인 이유는 가장 중요한 '무엇'과 '왜'를 분명하고 확실하게 정리하는 방법을 믿을 수 없을 만큼 멋지게 보여주기 때문이다. 역자 스스로 어렴풋이 고민하고 있던 부분을 이렇게 명확하게 드러내주는 책이 있었다는 것이 너무 놀라웠고, 서툴고 고달픈 첫 번역을 끝까지 해낼 수 있도록 해준 큰 동기가 되었다. 이 책은 신제품 개발을 중심으로 그 방법을 설명하지만, 조직 내에서 과업을 정리하거나 심지어 개인의 삶을 정리하는 데도 적잖은 도움이 되지 않을까 하는 생각도 들었다.

이 훌륭한 책을 이런 초보가 맡아 옮길 수 있도록 기회를 주신 출판사와 공역자에게 거듭 감사드린다. 책의 내용 중 잘못 옮겨진 부분이나 독자들이 읽기 어려운 부분이 있다면 그것은 오로지 부족한 역자의 탓이다. 독자들의 엄격한 지적과 비평을 부탁드린다.

이광호
2015년 4월 모처 별다방에서

미리말

최근 스티브 블랭크의 아이디어가 워낙 유명해진 탓에 몇몇 사람들은 스티브가 『The Four Steps to the Epiphany』(K&S Ranch, 2013)를 자비 출판했다는 사실도, 또 그가 생소한 개념을 널리 알리려 노력하는 개혁가 중 한 명에 불과했다는 사실도 모를 수 있겠다. 투자자로, 멘토로, 친구로 스티브와 함께할 수 있던 건 내게 정말 기적과 같은 일이었다. 주류 기업과 벤처캐피털 사업자들이 그 중요성을 이해하기 훨씬 더 이전부터 스티브는 스타트업이 제품을 개발할 때는 비즈니스와 마케팅 부문에서 주도면밀한 접근법을 도입해야 한다고 계속해서 강조했다. 스티브의 이런 주장과 의견 덕에 스타트업에 대한 우리의 생각을 다시 돌아볼 수 있었다. 스티브는 그 이론을 고객 개발이라 불렀다.

샌프란시스코 베이에서 고객 개발의 개념은 완전히 자리를 잡았으며 린 스타트업 운동에서 빼놓을 수 없는 필수요소가 되었다. 지금이야말로 이 아이디어를 다시 한 번 돌아보면서 치열한 현장에서 찾아낸 성공 사례, 팁, 요령을 공유하기에 좋은 때라는 생각이 들었다. 신디 앨버레즈야말로 적임자다. 신디는 초기 린 스타트업의 이배절리스트였고 스타트업부터 포춘 500위 기업까지의 경험을 두루 갖췄으며, 최근 마이크로소프트가 인수한 야머에서는 UX 디렉터로 근무했다. 신디야말로 새로운 기업가를 위한 핵심 가이드를 집필하는 데 최고의 적임자라 할 수 있다.

'기업가'라는 말을 들으면 새로운 기술로 무장하고 차고에서 뚝딱거리는 대학생 무리를 떠올릴 수도 있겠지만, 나는 조금 다르게 표현하고 싶다. 극도의 불확실성 속에서 새로운 제품이나 서비스를 만들고자 하는 사람들의 모임은 모두 스타트업이며, 이러한 변화를 시작하는 과업을 맡은 사람은 누구나 기업가이다. 차고에서 회사를 세웠든, 벤처캐피털에서 자금을 지원받은 스타트업에서 일하든, 기존 기업이나 비영리단체에서 혁신을 시도하든지 간에 모든 기업가에게는 혁신의 원재료를 실제 성공으로 바꿀 수 있는 프로세스가 필요하다.

규모와 상관없이 기업은 혁신과 성장을 꾀하며 이를 위해 민첩하고 반복적인 접근법을 추구한다. 하지만 이런 접근법을 잘 활용하려면 잠재 및 기존 고객과 의사소통을 할 때 새로운 방법이 필요하다는 것을 깨닫게 된다. 스타트업의 가장 중요한 목표는 적합한 제품을 가능한 한 빨리 만들 수 있는 방법을 찾아내는 것이고, 린 스타트업은 이러한 과정의 성공할 확률을 높이는 데 좋은 지침이 된다. 우리가 제대로 된 제품을 만들고 있는지 어떻게 알 수 있는가? 다분야 융합팀cross-functional team**1**은 어떻게 협업해야 하는가? 어떻게 하면 구성원들이 각자 책임감 있게 일하도록 할 수 있을까? 린 스타트업 방법론은 바로 이런 질문에 답하기 위해 설계되었다.

고객 개발은 기존의 마케팅 리서치 방법과 다르다. 고객 개발은 고객의 요구와 선호도를 알려주는 한편, 고객이 어떻게 제품이나 서비스를 사용하는지를 보여준다. 또한 고객 개발이 있기에 우리는 고객의 경험을 더 깊이 있게 이해하고, 한발 더 나아가 실험을 통해 어떤 정보를 얻을지를 과학적 방법으로 결정한다. 고객 개발의 목표는 단순히 고객을 이해하는 것을 넘어 고객의 행동양식을 바꾸는 방법과 지속가능한 비즈니스를 만드는 방법을 배우는 데 있다.

고객 개발 프로세스는 스타트업의 빠르게 성장할 수 있도록 하기 위해 수행하는 다양한 소규모 테스트를 포함한다. 이것이야말로 이 방법론이 스타트업의 도전의식을 북돋는 이유이다. 고객 개발에서 테스트로 얻은 교훈을 하나로 모으려면 수평적인 업무 문화가 필요하다. 즉 마케팅, 기술, 운영, 고객 서비스 부서에 이르기까지 전 직원이 협력해야 한다는 뜻이다. 기존 마케팅이나 영업 지식이 없는 기술자와 연구자들이 고객에게 직접 제품에 대해 묻고 고객의 생각을 듣는다. 최종 제품을 소개하기만 하던 영업팀은 방문 판매에서 고객들로부터 받은 피드백이 혁신적인 프로세스로써의 엄청난 가치가 있음을 깨닫는다. 고객 지원팀은 단순 불만 업무 처리 대신에 고객의 요청을 더 잘 대응하고 고객이 서비스에 충족하는 데 필요한 권한을 위임받는다.

고객 또는 잠재고객과 대화할 준비가 되었다 해도 린 스타트업 방법론을 처음 접하는 사람이라면 궁금한 점이 많을 것이다. 어떻게 해야 고객이 아직 있지도 않은 제품에 흥미를 느끼도록 설득할 수 있을까? 어떻게 하면 우수고객과 관계를 유지하며 정보를 얻을 수 있는가? 고객이 아직 주문을 할 수 없는데 우리가 가는 방향이 옳은지 어떻게 평가할 수

1 역주_ 교차기능팀 혹은 다기능팀으로도 불린다. 『린 UX』(한빛미디어, 2013) 32쪽 참고

있는가?

신디는 이 책에서 이러한 질문에 해답을 제시한다. 나아가 기업가들이 고객 개발 4단계 중 첫 단계인 고객 발굴 단계를 진행하면서도 현실 감각을 유지하는 데 도움을 주는 방법을 제안한다. 즉 고객이 나중에 무엇을 하고 싶은지에만 의존하지 않고 고객이 실제로 어떻게 행동하는지를 찾아내는 전략을 제공한다. 신디는 이렇게 말한다. "실제로 행동양식을 바꾸고, 돈을 쓰고, 새로운 뭔가를 배우는 일에는 비용이 듭니다. 고객이 원하는 것want과 실제 취할 행동will 사이의 차이를 찾아내려면, 목표 고객들과 어떤 방법으로 이야기할지에 대한 원칙이 필요합니다."

때때로 고객 탐색 인터뷰를 실험으로 바꿀 수 있게 창조적으로 생각하는 것도 필요하다. 신디가 함께 일했던 은행에서는 고객에게 "금융정보 보안에 대해 관심이 있으십니까" 라는 질문을 했다. 10명의 고객이 모두 신디에게 "네"라고 답했다. 신디는 이 질문으로는 소득을 얻지 못해서 질문 방법을 바꿔보기로 했다. 한 고객에서 어머니의 저녀적 성과 사회보장번호를 알려주면 50달러를 사례하겠다고 말했다. 신디는 "고객은 망설임 없이 볼펜을 쥐고 종이에 손을 뻗었다"라고 회고했다. 그리고 이어서 말했다. "그가 뭔가를 쓰기 전에 제지했지만, 요점은 알아냈다. 사람들은 보안에 대해 큰 관심이 있었지만, 50달러만큼의 가치는 아니었다."

린 스타트업으로의 여행을 떠나려는 독자에게 당부할 말이 있다. 만약 고객이 무엇을 중요하게 생각하는지 여러분이 이미 알고 있다고 생각한다면 앞으로 큰 혼란에 빠질 수 있다. 대기업이든, 허름한 스타트업이든, 여러분의 회사가 뭔가 대단한 걸 만들기를 기대하고 있거나 여러분의 스타트업이 고성장하는 법을 배워나가고 있든지, 사용자 대상의 앱을 만들든지 대형 공업용 엔진을 만들든지 상관없이 모두가 같은 어려움을 겪을 수 있다. 그리고 이 어려움이 우리를 하나로 만들어줄 것이다.

린 스타트업 프로세스도, 린 고객 개발도 여러분에게 모든 답을 주지는 못한다. 다만 여기서 소개하는 기법을 사용하여 여러분의 가설을 시장에 가능한 한 빨리 적용할 수 있기를 바란다. 그렇게 되면 고객에게 도움이 되는, 지속가능한 회사를 만드는 데도 큰 도움이 될 것이라 믿는다.

에릭 리스
2013년 4월 샌프란시스코에서

들어가며

우리는 사용자에게 무엇이 유용한가를 추측하곤 하지만, 대부분 빗나간다. 여러분의
능력이 얼마나 뛰어나든, 대부분 빗나간다.

_애덤 피소니, 야머 CTO

스타트업 사무실 안에는 입증된 사실이 아닌 의견만 있을 뿐이다.

_스티브 블랭크

2008년, 나는 스타트업에서 일하고 있었다. 어느 날 매니저가 오더니 스티브 블랭크의
『The Four Steps to the Epiphany』를 내 책상에 올려놓고는 이렇게 말했다. "이 책 꼭
읽어봐요. 정말 대단해요! 우리에게 도움이 될 거예요."

블랭크는 20년 동안 여덟 군데의 기술 회사를 거쳤고 이때 경험했던 실패와 성공에 대
한 내용을 책으로 썼다. 그는 자신의 경험을 바탕으로 여러 스타트업 회사에서 놓치는 부
분을 프로세스로 고안했고 이를 '고객 개발'이라 불렀다. 그의 책을 읽으면서 내가 지금까
지 한 실수뿐만 아니라 주변 회사에서 보이던 실수들이 떠올랐다. 우리는 고객이 사고 싶
어 하는 무언가를 만들고 있는지 검증하지 않았다. 우리는 고객의 의견을 업계 내부의 의
견과 제품에 대한 지식으로 대체해버린 적이 너무 많았다.

또 나는 블랭크의 책에 나온 기법 중 몇몇을 알아볼 수 있었다. 일을 하면서 나는 이미
그 기법들을 사용하고 있었다. 내가 저자만큼 유능해서가 아니라, 불확실한 것 투성이에
예산도 없고 전속 팀도 없는 회사에서 사용자 경험 전문가로 일하려면 그런 게 필요했기
때문이다.

회사 초창기, 고객과 첫 회의를 하러 갈 때 내 머릿속에는 블랭크의 4단계[1]가 맴돌고 있

---

1 역주_ 스티브 블랭크의 고객 개발 4단계를 의미한다. 고객 발굴(customer discovery) → 고객 검증(customer
validation) → 고객 창출(customer creation) → 회사 설립(company building)

었다. 회의는 수월하게 진행됐다. 고객은 우리를 좋아했고 매니저가 새로 출시할 제품에 대해 이야기할 때 동의하는 듯 고개를 끄덕였다. 막바지에 사람들은 노트북을 닫고 서류를 정리하며 회의를 끝낼 준비를 하고 있었다.

나는 한 가지 질문을 던졌다. "다음 출시 때 저희 제품에 어떤 기능이 추가될지를 보여 드렸는데요, 사실 좀 궁금하네요… 저희가 제품에 어떤 걸 추가하면 이 제품을 여러분이 더 가치 있고 유용하게 쓸 수 있을까요?"

사실 답을 기대한 건 아니었다.

고객팀의 프로젝트 매니저가 잠시 하던 일을 멈췄다. "흠… 여러분의 추천 위젯 덕분에 사용자가 늘어났죠. 그럼 더 많은 수익을 올릴 수 있고, 그건 대단한 점입니다. 하지만 저희 사이트의 모든 페이지가 다 똑같이 돈이 되는 건 아니에요. 어떤 페이지는 다른 페이지에 비해 열 배 또는 스무 배 더 가치가 있고, 저희는 그런 페이지에 더 확신을 갖고 자원을 투입합니다. 만약 그 특정 페이지들을 집중적으로 홍보할 수 있도록 도와준다면, 훨씬 더 큰 돈을 벌 수 있을 거예요."

회의를 마치고 나오면서 내 상사는 놀랍다는 듯 말했다. "함께 일한 지 거의 1년인데 여태 단 한 번도 그 질문을 하지 않았다니."

회의 이후 몇 주 동안 나는 더 많은 고객과 대화를 나누었다. 나는 고객들이 어떻게 비즈니스 파트너와 일하는지, 무엇을 통해 돈을 버는지, 구매 결정은 누가 하는지 등에 대해서 이야기해주는 그대로를 받아들였다. 이런 고객과의 대화를 기반으로 우리는 제품을 바꿔갔고 우리 제품 가격은 세 배로 뛰었다.[2]

---

2 이왕이면 회사가 전례 없는 규모로 성장했다는 이야기로 마무리되면 좋겠지만, 안타깝게도 그렇지 못했다. 이 대화를 통해서 찾아냈던 제품의 중요사항 덕분에 이익이 급격히 늘어났고 고객도 더 많이 늘었지만, 비즈니스 모델을 이해하는 데 실패하는 바람에 회사는 결국 주저앉았다. 그때로 되돌아가서 이 책을 읽을 수만 있다면! 나는 우리가 중요 파트너에게 지나치게 의존했다는 사실을 깨달았어야 했다. 우리의 파트너였던 그 광고 회사는 아마 우리가 깨닫기 전부터 이미 시장이 작아지고 있다는 걸 알았을 것이다.

이 짧은 대화야말로 '린 고객 개발'의 좋은 예시다. 고객에게 질문을 한번 던져보는 것, 우리의 관점을 한번 바꾸어보려는 시도. 이것은 단순히 더 나은 제품을 만들겠다는 생각을 뛰어넘어 고객이 훨씬 더 성공할 수 있도록 이끌겠다는 뜻이다. 이런 시도 덕분에 우리는 새로운 방향을 찾았고 시간을 절약했으며 훨씬 더 많은 돈을 벌었다.

단순한 얘기다. 고객이 무엇을 필요로 하는가를 배우고, 그걸 기반으로 고객들이 기꺼이 돈을 내고 싶어 하는 상품을 만들라.

대상 독자

만약 여러분이 샌프란시스코 베이에서 스타트업을 시작했다면 이 책은 여러분을 위한 책이 아니다.

왜냐고? 여러분은 에릭 리스의 『린 스타트업』(인사이트, 2012)과 스티브 블랭크의 『The Four Steps to the Epiphany』를 이미 읽어봤고(또는 최소한 이들 책에 나온 방법을 시도해봤거나) '린 시리즈'의 다른 책 역시 많이 읽었을 것이다. 더 중요한 점은 베이 지역은 발표자, 블로거, 도전과 실험을 포용하는 동료로 꽉 차 있다. 그곳에서는 여러분의 잠재고객조차도 평균 이상의 새로움을 기대한다.

이 책은 샌프란시스코 베이만큼 협조적인 환경에서 일하지 못하는, 기업가적 제품을 만드는 사람을 위한 책이다.

여러분은 이미 『린 스타트업』을 읽었을 수도 있다. 그러고는 "좋은 생각이긴 한데, 이걸 실제로는 어떻게 하지?"라고 생각하고 있을지 모른다.

여러분은 스타트업에서 일하고 있거나, 아니면 스타트업에서는 도움이 되는 방법이 별로 효과가 없는 큰 조직에서 일하고 있을 수도 있다.

나는 베이 지역에서 내 경력을 쌓았지만, 대부분의 시간을 여러분 같은 사람과 일하면서 보냈다. 나는 금융, 출판, 헬스케어, 법조계, 건설 등 보수적이거나 변화를 싫어하는 업계의 기업이 주요 고객인 스타트업에서 일했다. 2012년에 내가 일했던 야머는 마이크로소프트에 인수되었다. 그때부터 나는 린을 전파했고, 또한 마이크로소프트 직원들이 더 빠르고 가설 주도적인 문화에 적응할 수 있도록 훈련시켰다.

즉 나는 여러분의 고충을 잘 알고 있다. 그리고 여러분이 스타트업에서 일하든지, 자리를 확실히 잡은 회사에서 일하든지 간에 이 기법들을 어떻게 적용시킬 수 있는지 보여주려 한다.

이 책은 기술 분야, 오프라인 산업, 서비스 업계, 대기업, 보수적인 업계, 심지어는 규제가 엄격한 업계에 종사하면서 제품 중심으로 생각하는 사람들을 위한 책이다. 즉 다음과 같은 사람들을 위한 책이다.

- 제품 매니저, 디자이너, 다음 제품의 성공 확률을 높이고 싶은 엔지니어
- 큰 조직에서 자신의 조직이 더 빨리 움직이고 현명하게 일하도록 하기 위해 고군분투하는, 제품 중심으로 생각하는 사람들
- 아무도 사지 않을 제품을 만드는 데 돈과 시간을 투자하기 전에 제품의 아이디어와 시장을 검증해보고자 하는 기업가들

이 책에서는 여러분이 현장에서 고객 개발을 이해할 수 있도록 수많은 예시를 제공한다. 스타트업부터 이미 기반을 갖춘 회사까지 여러 종류의 예시를 들어 설명하겠다. 고객을 겨냥한 제품, 기업에 팔린 제품, 소프트웨어, 서비스, 심지어는 음식 상품 등 제품의 종류도 다양하다.

이 책에서 제시하는 고객 개발을 위한 간단 접근법은 여러분의 제품이 어디에 중점을 두는가와 여러분이 있는 조직의 크기와는 상관없이 유용하게 사용될 수 있다. 따라서 여러분이 종사하는 업계에 해당되는 내용이 아니더라도 가능하면 모든 예시를 전부 읽어보기를 권한다. 여러분이 배우게 될 원칙은 그만큼의 시간을 들일 가치가 있다.

고객 개발에 필요한 자질

배경과 기량 면에서 고객 개발을 실행하기 위해서는 무엇이 필요할까? 단지 세 가지 자질만 있으면 된다.

배움에 대한 끝없는 열정

여러분이나 상사가 틀렸음을 밝힐 수도 있는 질문을 하는 건 불편한 일이다. 하지만 성공을 위해서는 불가피한 일이기도 하다.

불확실성을 편안하게 느끼기

고객 개발은 예측 불가능하다. 시작하기 전에는 무엇을 배우게 될지 모른다. 새로운 정보를 발견했을 때 신속하게 대응하고 적응하는 능력이 필요하다.

현실 확인을 받아들이고 확대하기 위한 헌신

팀의 여러 가정 중 일부는 틀렸다고 밝혀질 것이다. 사람의 마음과 계획을 변화시키기 위해서는 여러분이 얻은 교훈을 바탕으로 그들을 납득시켜야 한다.

이 세 가지 자질이 있다면 여러분은 고객 개발을 할 준비가 되어 있다는 뜻이다. 책에서 설명하는 기법 이면에 있는 사회심리학(즉 '왜' 일하는가)도 이해하게 될 것이다. 모든 회사는 저마다 다르므로 여러분은 각자의 상황에서 이 기법들이 잘 통할 수 있도록 조정하고 싶을 것이다. 그들이 왜 일하는가를 알게 되면 기법을 적절히 조정할 수 있다.

고객 개발을 하는 데 몇 명의 사람이 필요한지 걱정할 수도 있겠다. 사실 단지 한 사람이라도 이 변화를 이끌 수 있다.

만약 여러분이 스타트업을 새로 시작했다면 여러분 자신이 바로 그 사람일 수도 있다.

내 경험으로 보면, 고객 개발팀이 있다 한들 다른 모든 사람이 배우는 내용을 조직화하고 발전시키는 것은 단 한 사람이다. 그게 이 책 내내 내가 여러분과 직접 이야기하고 싶은 이유이기도 하다.

왜 린 시리즈인가?

이 책은 에릭 리스의 『린 스타트업』으로부터 영감을 얻은 여러 책 중 하나다. 각각의 책은 리스의 책에 있는 아이디어 중 하나를 더 자세히 설명하고 그 아이디어들을 실행하기 위한 더 깊이 있는 가이드를 제공한다.

그렇지만 『린 스타트업』이나 '린 시리즈'의 다른 도서를 꼭 읽어야 이 책을 이해할 수 있는 건 아니다.

'린'이란 무엇인가?

'린Lean'이라는 단어는 원래 제조업, 그중에서도 토요타에서 유래되었다. 린은 프로세스에서 낭비를 제거하는 일과 완성된 제품이 고객이 원하는 제품이 맞는지 확인하는 일을 강조한다.

고객 개발은 린의 일부로 생각할 수 있는데 제품 개발 프로세스를 간소화하는 것과 고객이 원하는 제품을 만드는가를 확신하는 데 도움이 되기 때문이다.

고객 개발이 린 스타트업의 핵심요소인 터라 '린 시리즈'의 다른 책에서도 고객 개발을 언급했을 것이다. 하지만 다른 책과 달리 『린 고객 개발』은 지금 당장 밖으로 나가서 실제로 어떻게 고객 개발을 실행할 것인가에 집중한다. 또한 크고 작은 다양한 기업에서 린 기법을 쓰고 있다는 사실을 염두에 두고 스타트업과 성숙한 기존 기업 모두를 아우를 수 있다는 점에서도 이 책은 특별하다. 여러분이 꼭 스타트업에서 일해야 이 책의 내용을 시행해볼 수 있는 건 아니다. 이 책은 대규모 회사에서 더 필요할 수도 있다!

이 책을 쓴 이유

고객 개발은 성공에 지대한 영향을 미치지만, 실제로는 심각할 만큼 제대로 활용되지 못하고 있다. 내가 이렇게 생각하는 가장 중요한 이유 네 가지가 있다.

- 자신의 아이디어가 대단하다는 편견을 갖는다.
- 업계에 대해 잘 알고 있다는 자만심 탓에 아이디어의 검증을 생략하고 제품 제작으로 바로 뛰어든다.[3]
- 실제 제품을 갖게 되기 전에는 어떻게 고객을 찾아야 할지 알 수 없다.
- 대부분의 정보가 고객 개발을 해야 하는 이유에 대해서는 장황하게 이야기하지만 어떻게 할 것인가에 대해서는 별 언급이 없다. 그 결과 대부분의 사람들은 어디부터 시작해야 할지를 모른다.

나뿐만 아니라 많은 사람이, 이미 겪었던 똑같은 실수를 많은 기업이 다시 저지르는 모습을 보고 싶지 않다!

나는 여러분에게 무엇을 해야 할지, 어떻게 해야 할지, 왜 그것을 해야 하는지를 정확하게 설명하겠다. 이 책을 읽은 여러분은 아이디어에서 시작해서 수익을 내기까지의 과정을 신속하게 진행하면서도 위험을 줄일 수 있을 것이다.

이 책의 구성

이 책은 고객 개발에 대한 실질적 교육을 제공한다. [그림 P-1]은 프로세스의 개요를 보여주며, 이 책의 어디에서 각 단계를 다루는지 보여주는 가이드의 역할도 한다.

---

3 업계 사정에 밝은, 능력 있는 사람들로 팀을 구성했느냐와는 전혀 상관이 없다. 우수한 실적과 전문성을 갖춘 드림팀에서 만들었음에도 실패한 제품들은 넘쳐난다. 에릭 리스가 지적하듯 "아마도, 여러분의 사업계획은 의견과 추측으로 채워져 있고, 약간의 비전과 희망이 뿌려져 있을 것이다."

그림 P-1 고객 개발은 학습과 가설 검증을 위한 지속적인 프로세스이다.

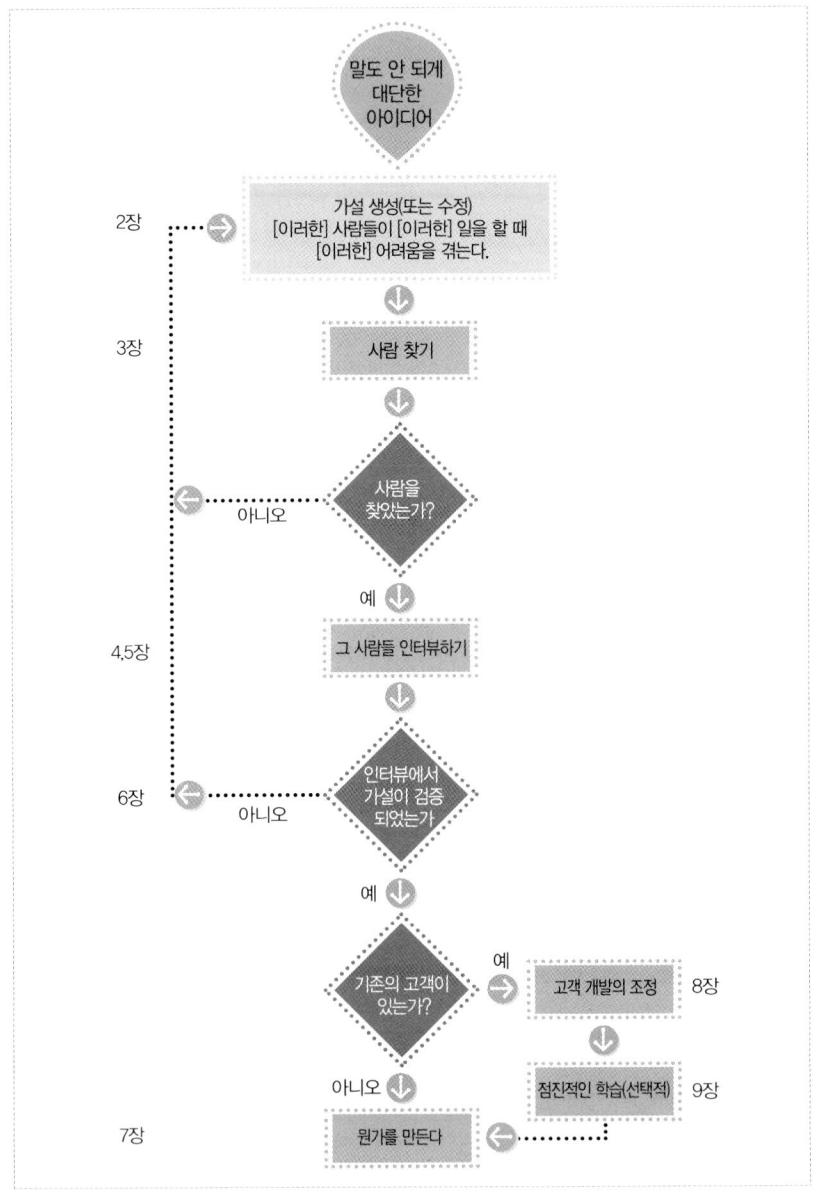

1장_ 고객 개발을 진행할 때 조직의 내부 저항을 극복하는 데 필요한 사실로 여러분을 무장시킬 것이다.

2장_ 가정을 식별하고, 문제 가설을 작성하며, 여러분의 목표 고객 프로파일과 대응시키는 방법을 알려준다.

3장_ 어떻게 여러분의 목표 고객을 찾고 고객들이 여러분에게 이야기하도록 하는지를 서술한다.

4장_ 고객의 행동양식, 고민점^{pain point}, 제약조건을 효율적으로 찾아낼 수 있는 질문 유형을 상세히 살펴본다. 그리고 왜 이런 질문들이 잘 통하는지를 설명한다.

5장_ 성공적인 고객 인터뷰를 위한 실제 예시를 제공한다. 자신을 소개하고, 사람들이 여러분에게 이야기하게 하며, 고객의 추상적인 대답 이면에 있는 자세하고 깊이 있는 사실과 요구사항을 얻는 방법을 배운다.

6장_ 고객에게서 얻은 소중한 교훈을 어떻게 조합하고, 그 교훈을 어떻게 제품과 사업에 대한 설정에 반영할지를 보여준다.

7장_ 각기 다른 여러 종류의 MVP(최소존속제품)를 보고, 각 제품들이 어떤 상황에서 잘 맞는지를 설명한다.

8장_ 적절한 목표를 설정하고 고객들을 안심시키는 방법을 발견하게 될 것이다. 이번 장은 대기업에 소속되어 있거나, 보수적이거나 규제가 심한 업계에 종사하거나, 긴 영업 사이클에 의해 제약을 받는 사람들에게, 여러분의 조직에서도 고객 개발이 잘 통하리라는 점을 확신시켜줄 것이다.

9장_ 지속적으로 교훈을 얻을 수 있도록, 여러분의 일상생활에 고객 개발을 적용하는 방법과 이미 고객과 함께하던 상호작용에 고객 개발을 덧입히는 전략을 제공한다.

부록_ 검증된 질문 예시를 통해 각 질문을 통해 무엇을 얻을 수 있는지, 질문을 언제 사용해야 하는지를 배운다.

감사의 말

우선 수년간 우리 고객으로서 나를 신뢰하고 이 책의 모든 질문과 기법을 시험해볼 수 있도록 해주신 Hiten Shah, Peter Hazlehurst, Tim Sheehan, Jim Patterson, Pavan Tapadia에게 감사드린다.

저스틴은 내가 계속 글을 쓰는 데 필요한 잔소리의 정확한 양을 알아내는 데 큰 공을 세웠다. 세레나는 더 직설적인 편이었다. "엄마, 글쓰기 언제 끝나요?"

Maureen Be, Vanessa Pfafflin, Grace O'Malley, Jamie Crabb, Priya Nayak에게 감사드린다. 야머에서 훌륭한 연구팀으로 나와 함께했으며, 이 책의 아이디어를 다듬고 우리 제품과 우리 팀이 발전할 수 있도록 해주었다.

이 책을 쓰도록 해준 편집자 Mary Treseler에게 감사드린다. Deb Cameron은 많은 아이디어와 각주를 정리하고 책의 구조를 갖추는 데 도움을 주었다. 책을 검토해준 Tristan Kromer, Marcus Gosling, Robert Graham, Phillip Hunter, Chuck Liu, Matthew Russell, Tom Boates, 특별히 Lane Halley에게 감사의 말을 전한다. 여러분의 소중한 제안과 비평 덕분에 이 책이 더 좋은 방향으로 발전할 수 있었다.

CONTENTS

CHAPTER 1

왜 고객 개발이 필요한가?

전문가들(우리 자신도)이 제품 기능의 가치를 추정할 때 얼마나 자주 실패하는지를 보면 겸손한 생각이 든다. 최선을 다해 노력하고 아이디어를 정리해도, 통제된 상황에서의 실험을 통해 평가해보면 아이디어의 가치를 입증하는 데 대부분 실패한다. 수도 없이 많은 보고서에, 소프트웨어 업계에서는 아이디어가 제품으로 성공할 확률은 50% 미만이라고 적혀 있다. 마이크로소프트와 일할 때도 별반 다르지 않았다. 그 많은 아이디어 중 최초 의도한 대로 결과가 개선된 것은 전체의 약 1/3 정도였다.

_로니 코하비, 마이크로소프트 파트너 아키텍트

사람의 귀가 두 개고 입이 하나인 이유는 말하는 것보다 다른 이의 말을 두 배 더 들으라는 뜻이다.

_에픽테토스

고객은 제품의 성공을 결정짓는다.

고객이 제품을 살 마음이 없다면 제품이 아무리 혁신적이고 아름답고 훌륭하며 가격이 적절하다 한들 무슨 의미가 있겠는가? 그 제품은 그냥 실패한 것이다.

고객의 마음은 얻지도 못하면서 시간과 노력을 들여 '제품' 개발 프로세스를 개선하는 일은 미련한 짓이다. '고객' 개발에 대해서는 생각해본 적이 있는가? 고객을 이해하고, 고객의 요구와 고민점pain point을 찾고, 어떤 해결책solution을 제공할지에 대해, 최소한 제품 개발에 투자하는 만큼은 노력해야 하지 않을까?

바로 이런 접근 방법이 린 고객 개발이다.

린 고객 개발은 여러분의 고객이 누구인지 알고 고객이 무엇을 원하며 왜 제품을 사려는지, 어떤 방법으로 제품을 구매하고 싶은지에 대해 여러분이 세워둔 가정에 이의를 제기해봄으로써 비즈니스 위험을 줄이는 방법이다.

이렇듯 과학적인 방법으로 고객에 대해 학습하면, 고객이 사고 싶어 하는 제품을 만들고 있는지, 비즈니스 모델이 바른 방향을 향하고 있는지를 확인하는 데 도움이 된다.

이론적으로는 그럴듯하다. 그렇지 않은가?

하지만 실전에서 사용할 수 없는 이론은 무용지물이기에 나는 이 책을 집필했다. 왜냐하면 나는 린 아이디어와 린 원칙을 좋아하지만 이를 실제로 적용했을 때 어려움을 겪는 수많은 회사를 봐왔기 때문이다. 나는 그들과 함께 일하고 그들을 올바른 방향으로 이끌며 의견을 제시해왔다.

첫 번째 도전은 사무실에서부터 시작된다

조직 입장에서 고객 개발은 정말 큰 변화이다.

사람들이 대체로 받아들이는 고객 개발은 이런 의미다. "자, 여러분. 우리가 몇십 년간 쌓은 전문기술과 수십 개의 제품, 수백만 명의 고객들은 이제 다 치워놓고 처음부터 시작합시다."

당연히 우리가 말하고자 하는 고객 개발은 저런 내용이 아니다. 물론 이미 어긋난 첫인상을 바로잡는 일이 매우 어렵다는 걸 인정한다. 하지만 이 책을 읽는 독자들에게 미리 말하자면, 고객 개발이 무엇이고 고객 개발이 어떻게 제품의 경쟁력을 강화하는가(대체하는 것이 아니라)를 제대로 이해하지 못하면 실전에서 고객 개발을 시작하는 일은 훨씬 어려울 것이다.

확실히 고객 개발은 생소한 개념이다. 제품 개발, 마케팅, 고객 지원, 사용자 연구user resesrch라는 말만 꺼내도 여러분의 조직 대부분은 각자 어떤 역할을 해야 하는지 이미 잘 알고 있다. 하지만 고객 개발이라는 말을 꺼낸 순간 상황은 좀 달라질 것이다. 어쩌면 몇몇 이들은 여러분에게 회의적인 태도를 보일 수도 있다.

만약 여러분의 조직이 린 스타트업 콘퍼런스나 스티브 블랭크의 글을 접한 적이 없다면, 린 고객 개발을 시작하기에 앞서 우선 여러분이 조직에 린 고객 개발을 전파하는 일부터 시작해야 한다.

이 장에서는 본격적으로 고객 개발을 시작하기 전에 고객 개발이란 무엇이며, 왜 필요하고, 누가 할 수 있는가를 설명하려 한다. 또한 공통적으로 접하게 되는 반대의견에 대해서도 답해보려 한다.

고객 개발이란 무엇인가?

잠깐 뒤로 돌아가 먼저 기본개념에 대해 이야기해보자. 고객 개발이란 무엇인가? 고객 개발이 무엇을 대체하는가? 또는 무엇을 대체하지 않는가?

'고객 개발'이라는 용어는 고객 연구를 병행하는, 고객을 고려한 '제품 개발'이라는 의미다. 대부분 제품 개발 방법론은 잘 알고 있지만, 고객 개발 방법론을 아는 사람은 드물다. 중요한 점은 고객이 진정 무엇을 원하는지 깨닫지 못하면 자칫 누구도 살 생각이 없는 제품을 만들게 될 가능성이 매우 높아진다는 사실이다.

고객 개발은 고객을 이해하기 위한 가설 주도 접근법이다.[1]

- 여러분의 고객은 누구인가?
- 고객에게는 어떤 문제와 요구사항이 있는가?
- 고객은 현재 어떻게 행동하는가?
- 고객은 어떤 제품에 돈을 낼 것인가(제품이 제작되지 않았거나 미완성인 상황이라도)?

....

[1] 만약 여러분이 스티브 블랭크의 「The Four Steps to the Epiphany」를 읽었다면 내가 고객 개발에 대해 정리한 개념이 스티브 블랭크의 원래 정의와는 다소 다르다는 점을 깨달았을 것이다. 스티브는 4단계를 고객 발굴(customer discovery) → 고객 검증(customer validation) → 고객 창출(customer creation) → 회사 설립(company building)으로 정의했다. 하지만 그 책은 스타트업을 위한 책이었고 블랭크는 '스타트업은 대기업의 소규모 버전이 아님'을 매우 분명히 밝히고 있다. 수십 년간 스타트업에서 일했고 지금은 마이크로소프트의 일원이 된 나 또한 그의 의견에 동의한다. 스타트업과 대기업, 이 둘은 전혀 다른 야수다! 고객 개발은 스타트업과 대기업 양쪽 모두에 유용하므로 나는 회사의 규모나 성숙도에 관계없이 통용될 수 있도록 고객 개발을 좀 더 폭넓게 정의했다.

- 고객이 제품을 결정하고, 획득하고, 구매하고, 사용하는 방식에 적합하게 해결책을 제공하려면 어떻게 해야 하는가?

앞에서 언급한 내용에 대해 여러분 나름의 아이디어나 직감이 있을 수도 있겠지만, 사실 그건 추측에 불과하다. 추측을 조금 더 듣기 좋게 '가설'로 불러 보자. 이 가설은 신규 회사 설립에 관한 것일 수도 있고 신제품 제작에 대한 것이거나 또는 기능 추가나 성능 향상에 관한 것일 수도 있다.

가설의 검정은 고객 개발에서 수행하는 모든 일의 핵심이다.

린 고객 개발은 무엇인가?

어쩌면 고객 개발에 대해 익히 들어봤을지도 모르겠다. 그렇다면 '고객 개발'과 '린 고객 개발'은 어떤 차이가 있는가?

고객 개발을 위한 나만의 접근방식을 '린 고객 개발'이라고 부른다. 나는 '린'을 실용적이다, 다가가기 쉽다, 빠르다 같은 의미로 사용한다.

린 고객 개발은 스티브 블랭크의 아이디어를 스타트업과 기존 기업 모두에 잘 통용되도록 단순한 프로세스로 구성한 것이다. 또 내가 회사에서 조언자 역할을 하면서 가르치고, 행사에서 발표하거나 블로그에 썼던 내용을 기반으로 한다.

고객 또는 잠재고객과 소통하는 사람이면 누구나 린 고객 개발을 할 수 있다. 린 고객 개발은 제품이나 고객이 아직 없는 스타트업부터 이미 다수의 고객을 확보하고 제품을 출시한 기업에 이르기까지 모두 활용할 수 있다. 지금까지는 린 고객 개발에 대한 내 관점을 설명했으니 이제부터는 고객 개발에 대해서 간단하게 이야기해보려 한다.

다양한 회사에서 일하고 여러 스타트업을 멘토링했던 내 경험에 비추어볼 때, 고객 개발에 한 시간만 투자하면 문서 작성, 코딩, 설계 등 여러 방면에서 5시간, 10시간, 또는 그 이상의 시간을 아낄 수 있었다(그림 1-1). 기회비용, 눈덩이처럼 불어나는 코드 복잡도, 아무도 쓰지 않을 기능을 만드는 데 힘을 허비하다 결국 떨어지는 팀이 사기 등 측정하기 어려운 비용을 적감하는 부분을 제외하고도 그만큼의 효과가 있었다.

그림 1-1 고객과 대화하면 시간과 비용을 절약한다.

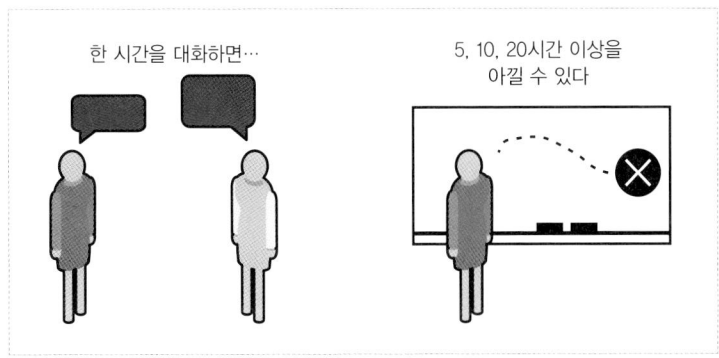

고객 개발은 발상의 전환으로부터 시작한다. 여러분의 아이디어와 직관이 옳다고 상정하고 바로 제품 개발에 착수하는 대신, 여러분의 가설을 반증하며 생각이 틀렸음을 증명하고 여러분의 아이디어에 잠재된 허점을 찾아내기 위해 적극적으로 노력해야 한다.

유망고객과의 대화를 통해 가설들이 반증된다면, 누구도 사지 않을 제품을 만드는 데 시간을 낭비하는 일이 방지된다.

린 고객 개발은 총 다섯 단계를 거친다.

- 가설 세우기
- 대화를 나눌 잠재고객 찾기
- 목적에 알맞은 질문하기
- 답변의 의미를 이해하기
- 지속적 학습을 위해 무엇을 해야 하는가를 찾아내기

혹시 여러분의 가설 일부 또는 전체가 잘못되었다면 무엇이 잘못되었는지 빨리 찾고 싶을 것이다. 만약 여러분의 고객이 가설과 반대로 행동한다면 가설을 수정해야 한다. 또는 소비자의 반응이 여러분의 가설과 상반된다면 이때도 역시 가설을 수정해야 한다. 이렇게 가설을 수정하는 과정이 결국 고객의 욕구와 구매의사에 대한 아이디어 검증으로 이어진다.

고객 개발에 대한 오해 풀기

고객 개발이 무엇인가에 대해 다양한 오해가 있다. 이런 오해를 말끔히 치워보자.

고객 개발은 스타트업만을 위한 것이 아니다

『린 스타트업』이 처음 출간된 2009년, 많은 기업은 "우린 스타트업이 아니에요"라는 반응을 보였다. 그들이 이 개념을 받아들이기까지는 오랜 시간이 걸렸다.

비록 에릭 리스가 자신이 쓴 책의 제목에 '스타트업'이라는 단어를 사용했고, 스티브 블랭크는 특별히 스타트업과 관련된 고객 개발에 대해 책을 썼지만, 스타트업이 아닌 기업도 고객 개발을 통해 성과를 얻을 수 있다. 물론 스타트업은 성숙한 기업보다 훨씬 더 불확실한 상황 속에 있다. 스타트업은 여전히 비즈니스 모델, 유통 전략, 고객 기반을 찾아 헤매는 중이기 때문이다.

그러나 더 크고 성숙한 기업일지라도 이제는 기존의 사업모델이 그대로 통하리라고 가정할 수 없다. 시장과 기술은 변화한다. 게다가 큰 기업일수록 이미 충분히 이익을 창출하는 영역에서 눈을 돌려 새로운 시장을 개척하고 혁신을 일으키는 데 자원을 투입하기가 더 어렵다. 시장이 무너지는 시기가 다가오는데도 그냥 내버려두는 것이다(8장에서 언급하겠지만, 코닥은 100여년 동안 성공했다. 하지만 디지털 이미징의 흐름을 놓쳤고 2012년에 파산했다).

고객 개발은 짧은 주기로 학습과 검증을 자주 반복하는 데 초점을 맞추고 있어서 내부 혁신을 촉진시킬 수 있다. 예를 들어 인튜이트[Intuit]는 고객 개발을 활용해 SnapTax와 Fasal 등 다양한 제품을 출시했다. GE도 린 원칙을 사용하고 있다. 토요타, 뉴욕 교육청, 백악관의 대통령 혁신 펠로(PIF) 프로그램도 마찬가지다.

이 책의 내용 대부분은 초기 스타트업, 대기업, 중견기업 등 어느 조직에 속한 독기까지도 적용할 수 있다. 내용 중 특정 조직에 속한 독자에게 좀 더 유용한 부분은 별도로 언급해두었다.

고객 개발은 제품 개발이 아니다

제품 개발이 "고객이 언제(그리고 무엇을) 살 수 있는가?"라는 질문에 답을 준다면, 고객 개발은 "고객들이 이 제품을 살까?"라는 질문에 답을 준다.

제품 개발은 새로운 제품이나 서비스를 만들고, 시장에 내놓는 과정이다. 개념을 세우는 데서 시작하여 요구사항을 정의해서 작성하고, 시제품을 테스트하고, 다듬은 후에 출시한다.

폭포수 이론, 애자일, 스크럼 등 여러분의 조직이 어떤 방법론을 따르는가에 따라 제품을 만드는 과정은 엄청나게 달라진다. 그러나 어떤 방법론을 사용하든 원하는 결과는 하나다. 바로 고객이 구매할 의사가 있는 '완성된 제품'을 만드는 일이다.

하지만 만약 여러분이 만든 제품이 고객이 살 의향이 없는 것이라면? 그 '제품'이 바로 여러분의 팀이 마주하게 될 가장 큰 위험이 되지 않을까? 시장에서의 위험성은 어떤가? 마크 앤드리슨Marc Andressen의 말을 기억하라. "시장이 최우선이다. 최고의 팀으로도, 환상적인 제품으로도 나빠진 시장을 회복시킬 수 없다."[2]

고객 개발에서는 고객 기반을 구축하는 '동시에' 고객의 구체적인 문제를 해결하기 위한 제품이나 서비스를 개발한다. 그렇다고 고객 개발이 제품 개발을 대체하지는 않는다. 고객 개발은 제품 개발과 병행해서 진행하는 2차 프로세스이다.

고객 개발과 제품 개발을 함께 수행한다면 고객이 여러분의 제품을 구매할 것인가를 알기 위해서 제품이 출시될 때까지 기다릴 필요가 없다. 이미 베타 고객이자 이밴절리스트이며 실제로 돈을 내는 고객을 확보한 셈이기 때문이다.

....

2 http://web.archive.org/web/20070701074943/http://blog.pmarca.com/2007/06/the-pmarca-gu-2.html

고객 개발과 제품 개발은 각기 다른 독립적 활동이지만, 기업의 성공 확률을 최대화하려면 반드시 두 가지 활동을 모두 해야 한다.

고객 개발은 제품 개발을 대체하지 않는다

몇몇 사람은 "그러면 제품 관리자가 할 일은 뭐가 남는가?"라며 이의를 제기할 것이다.

고객 개발은 제품의 비전을 대체하지 않는다. 고객과 대화를 나눈다는 것은 고객에게 무엇을 원하는지를 물어본 후 그 답을 전부 받아 적는다는 의미가 아니다. 제품 관리를 수행할 때는 다양한 출처에서 정보를 입수하고, 그중 어떤 정보에 의거해서 행동할지를 결정하고, 정보와 행동에 어떻게 우선순위를 매길 것인가를 결정하는 체계적인 접근법이 필요하다.

고객 개발이 제품 관리에 추가하는 구성요소는 두 가지에 불과하다. 하나는 여러분의 가설을 명문화하고 가설에 도전해보는 데 몰두하는 일이고, 다른 하나는 고객의 문제와 요구에 대해 깊이 있게 배우는 데 몰두하는 일이다.

당연히 고객 개발이 모든 답을 제공해주지는 못한다. 고객 개발이 우리의 가정을 현실적 정보로 대체해줄 수 있을지라도, 많은 정보 중 어떤 정보를 기준으로 행동할지를 결정하고, 우선순위를 결정하며, 우리가 얻은 교훈 중 무엇을 이용하여 기능, 제품, 회사를 만들지 결정하려면 능숙한 제품 관리자가 필요하다.

고객 개발은 사용자 연구가 아니다

이미 여러분은 사용자 연구를 진행하고 있을 수도 있다. 하지만 사용자 연구를 하고 있다고 해서 고객 개발을 실행하고 있다는 의미는 아니다.

고객 개발의 몇몇 기법은 분명 사용자 연구 분야에서 수십 년간 잘 사용되었던 기법이다. 하지만 적용되는 맥락, 수행하는 사람, 수행 시기 등은 매우 다르다.

사용자 연구를 하는 사람은 자신의 일을 '사용자를 변호하는 일'로 표현하곤 한다. 안타깝게도 이런 표현 때문에, 사용자 연구는 단지 사용자를 기쁘게 하고자 기업이 선택적으로 수행하는 일로 받아들여진다.

고객 개발은 '비즈니스 자체를 변호하는 일'이다. 고객을 행복하게 하기 위해서 하는 무언가가 아니다. 사람들이 지갑을 열어 여러분의 제품이나 서비스를 구매하게 해서 비즈니스가 계속되도록 하기 위해 반드시 해야 하는 일이다.

왜 고객 개발이 필요한가?

신제품과 신생기업은 대부분 실패한다. 행운의 여신은 여러분의 편이 아니다. 벤처투자를 받은 스타트업의 약 75%가 실패한다.[3] 어떤 종류의 신제품이든 40%에서 90%가 주요 시장에 진입하는 데 실패한다.[4]

당연하겠지만 모든 기업이 자신만은 예외라고 생각한다. 우리는 제품 개발이 일종의 예술이라고 생각하곤 한다. 우리의 창의력, 직감, 지성이 이끄는 대로 따라가는 일로 여기는 것이다. 제품 관리자(디자이너, 엔지니어, 전략가) 중에는 뛰어난 사람이 있고 그저 그런 사람도 있다. 그렇다면 제품 관리자의 수준 차이가 제품의 성공과 실패를 가르는 걸까?

그렇지 않다.

보편적으로, 우리의 창의력, 직감, 지성에만 기반한 제품 개발 능력은 미숙하다. 이는 스타트업만의 문제가 아니다. 1937년에는 S&P 500대 기업의 평균 기대수명은 75년이었다. 하지만 최근에는 15년으로 떨어졌다. 무엇이 잘못된 것일까? 스타트업 구루인 존 헤이글John Hagel 3세는 미국 기업과 경영자 들이 독점 제품을 이용한 돌파구를 개발하고 상대 기업에 맞서서 혁신 우위를 가능한 한 오래 지키는 전략을 의미하는 지식 비축knowledge stocks 기업 모델에서 벗어나서, 더 개방적이

---

3 스타트업 실패에 대해 다양한 수치를 듣게 될 것이다. 예를 들어 벤처캐피털협회(The National Venture Capital Association)는 벤처투자를 받은 스타트업의 25~30%만이 완전히 실패했다고 추정한다. 이런 차이는 실패의 정의가 다른 데서 온다. 하버드 경영대학원의 부교수인 시카 고시(Shikhar Ghosh)는 잠재력이 높은 스타트업의 30~40%가 모든 자산을 청산하면서 사업을 정리한다고 추정했다. 어떤 기준으로도 실패한 것이다. 하지만 고시는 스타트업의 실패를 투자 시에 예상했던 이윤을 내지 못한 것으로 정의하면 95%의 벤처캐피털 회사가 실패했다고 밝혔다(http://www.inc.com/john-mcdermott/report-3-out-of-4-venture-backed-start-ups-fail.html).

4 제품의 종류에 따라 이 수치는 달라진다. 고혁신 제품일수록 실적이 더 나쁘다.

고 협업을 중시하는 비즈니스 모델인 지식 흐름knowledge flows 기업 모델로 이동하기 위한 준비가 근본적으로 부족했다고 주장했다. 또한 20세기 중반에 이르러 국제적으로 심화된 비즈니스 경쟁 환경 때문에 중요한 독점 제품을 통한 돌파구나 발명의 가치가 급격히 떨어진 것이 문제라고 말했다.[5]

좀 더 작은 규모로 보더라도 우리 또한 우리가 생각하는 만큼 훌륭하지 못하다. 우리의 아이디어 중 대다수는 고객이나 회사에 더 나은 가치를 제공하지 못한다. 마이크로소프트는 아이디어의 1/3 정도만이 개선하고자 했던 척도를 실제로 개선하는 데 도움이 되었다고 추정한다. 아마존은 자사 서비스의 모든 기능을 테스트했고 실제 효과가 있는 것은 50% 미만이었다. 야머에서 추산한 수치도 거의 비슷했으며, 넷플릭스와 인튜이트도 더 높은 성공률을 주장하지는 않는다.[6]

결국 진실은 이것이다. 얼마나 열심히 연구하는지, 얼마나 계획을 잘 짜는지, 얼마나 비용을 쓰는지, 구성원들이 얼마나 유능한지에 상관없이, 기업이 큰 실수를 피할 확률은 채 절반이 못 된다.

비단 소프트웨어만이 아니다

주로 소프트웨어 회사를 예로 들고 있지만, 사실 위험 감소와 사업 진로 수정은 다른 비즈니스 분야에서 더 유용하다. 프로그램 코드를 수정하는 데 드는 비용은 생산 준비, 공급자 계약, 사용 승인 등에 드는 비용에 비하면 저렴한 편이다. 잘못된 서비스로 고객을 실망시킨 후에 다시 고객의 신뢰를 얻을 수 있는 기회는 거의 없고 고객에게 실물 제품이 배달된 후에는 제품을 수정할 방법이 없다. 미국 캘리포니아의 최고급 육포 생산 기업인 크레이브KRAVE는 새 제조법으로 대량생산을 시작하기 전에, 먼저 고객이 최고급 간식을 어떻게 정의하는가(질산염 및 인공첨가물이 없어야 함)를 이해하려 노력했다.

---

5 http://knowledge.wharton.upenn.edu/article.cfm?articleid=2523
6 통계 수치는 Microsoft ThinkWeek 자료에서 인용했다(http://ai.stanford.edu/~ronnyk/ExPThinkWeek-2009Public.pdf).

학습용 스마트폰 로봇을 만드는 로모티브Romotive는 로봇이 어떤 환경에서 움직이게 될지를 이해하는 것이 핵심이었다. 로모티브의 마케터 찰스 류Charles Liu는 "로봇은 카펫이나 딱딱한 마룻바닥, 철망 위에서도 잘 움직이면서도 미끄러지면 안 됐죠. 게다가 아이들은 물건을 자주 떨어뜨려요! 우리 로봇이 어떤 환경에서 살아가게 될지가 로봇의 하드웨어를 결정하는 데 많은 영향을 미쳤습니다"라고 말한다.

어떻게 하면 성공 확률을 높일 수 있을까?

제품 개발이 체계적이고 반복 가능한 프로세스라는 생각을 받아들이면 성공 확률을 어느 정도는 높일 수 있다. 여러분 회사의 규모, 성숙도, 업종에 상관없이 성공 확률을 높이는 데 도움을 주는 도구가 있다. 고객 개발도 그 도구 중 하나이다.

고객 개발을 제품 개발과 함께 병행 적용하면 학습 효과를 극대화하면서 위험을 감소시킬 수 있다.

『린 스티트업』을 읽어봤다면 [그림1-2]의 왼쪽에 있는 다이어그램이 개발-측정-학습 주기임을 눈치챘을 것이다. 이 다이어그램은 조직이 측정 결과와 고객으로부터 배운 내용을 바탕으로 지속적으로 학습하고 적용해야 함을 의미한다. 오른쪽은 LUXr의 CEO인 재니스 프레이저Janice Fraser가 만든 생각-제작-점검 주기며, 개발-측정-학습 주기의 변형이다.

그림 1-2 에릭 리스의 개발-측정-학습 주기(왼쪽)와 재니스 프레이저의 생각-제작-점검 주기(오른쪽)

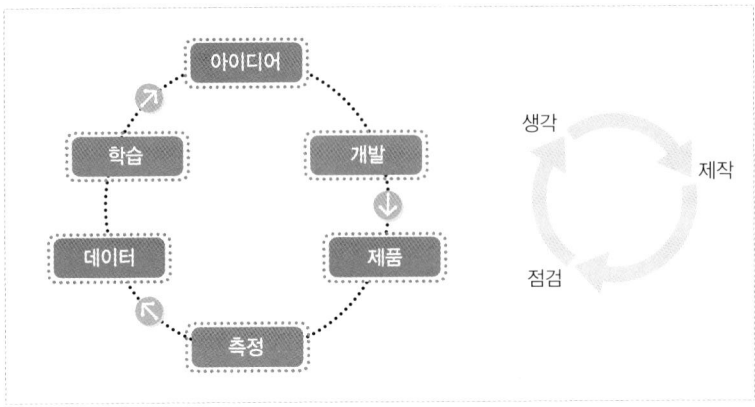

차이점은 무엇인가? 출발 지점만 다르다. 굳이 개발 단계에서 시작하지 않아도 된다. 사실 개발 단계에서 시작하면 실험을 하기에는 비용이 너무 많이 든다.

고객 개발은 생각 단계에서 중요하게 다루어야 하는 부분이다. 생각 단계에서 고객 개발에 중점을 두면 실제 코드를 작성하거나 모형을 만들어보기 전, 가장 비용이 적게 드는 단계에서 연구와 반복적 적용을 해볼 수 있다. 고객 개발을 통해서 가장 좋은 아이디어를 제품으로 만들기 위한 정보와 아이디어를 검증하는 데 필요한 정보를 얻을 수 있다.

이미 위험 감소와 학습 효과 극대화에 대해 언급한 바 있다. 둘 다 귀중한 소득이 지만, 추상적인 부분이라 그리 와 닿지는 않는다. 고객 개발을 수행하면 그 외에 어떤 이점이 있을까?

- 고객 및 경쟁상대에 대한 더 풍부한 정보를 얻는다(단순히 회사와 제품에 관한 정보 외에도 고객의 몸에 밴 반복적 습관과 행동까지).
- 제품을 차별화할 수 있는 새로운 기회를 발견한다.
- 만들어야 할 제품의 양을 줄일 수 있다.

그렇다. 결국 코드를 예전보다 덜 짜도 된다는 얘기다! 개발팀에서 한결같이 이야기하는 이점이 바로 이것이다. 최소존속제품minimum viable product(MVP)을 만들기 위한 능력도 크게 필요하지 않다. 고객과 대화함으로써 우리가 필요하다고 생각했던 기능의 2/5 정도만을 실제로 고객이 원한다는 사실을 자주 접하게 될 것이다(그리고 우리가 미처 생각하지 못했던, 고객이 필요로 하는 기능을 하나 더 찾아내게 될지도 모른다).

여러분이 알고 있는 것은 전부 틀렸다

완전히 다 틀린 건 아니지만, 인간이기 때문에 우리는 인지편향의 영향을 받기 쉽다. 우리의 뇌가 현실 그대로를 보지 못하도록 막는 지름길을 택하고 마는 것이다.

우리는 대개 자신이 옳다고 생각하며 움직이는 경향이 있으며, 중립적이거나 애매모호한 증거를 의심하기보다는 자신의 생각을 지지하는 증거로 해석한다. 이를 확증편향이라 하는데 제품이 실패하는 원인의 상당수가 여기에 있다.

확증편향은 자신의 신념과 일치하는 정보는 받아들이고 신념과 일치하지 않는 정보는 무시하는 경향을 의미한다. 우리는 자신의 신념에 모순되는 사실을 무시하거나 경시하기 쉬우며 주관적 정보를 우리가 믿고 싶은 대로 해석하기도 한다.

우리가 나쁜 사람이거나 독선적이라서 이런 일이 벌어지는 것이 아니다. 이것은 우리의 뇌가 자연적으로 작동하는 방식이다. 불행하게도 이 확증편향이 우리를 교묘하게 방해한다. 제품의 핵심 가정을 반박하는 피드백을 주는 사용자가 있는데도, 제품을 잘 이해하지 못했거나 제품의 가치를 모르는 멍청한 사용자로 일축해 버리는 것이다.

확증편향을 극복하기는 어렵다. 도움이 되는 방법은 문서를 작성하는 일뿐이다. 고객으로부터 얻은 정보뿐만 아니라 우리의 가정 또한 객관적으로 문서화하면, 어긋난 부분을 발견하거나 우리가 틀렸음을 증명하는 증거를 알아보기가 좀 더 쉬워진다.

2009년에 나는 운 좋게, 에릭 리스가 고문으로 있었던 키스메트릭스[KISSmetrics]에 합류했다. 키스메트릭스는 이미 웹 분석 제품을 두 가지 버전으로 만들었지만 성공하지 못했다. 두 버전 모두 개발에만 수개월이 소요되었지만 제품을 출시하고 난 후에야 이 제품으로는 고객이 해결하려 하는 문제를 해결할 수 없음을 깨달은 것이다.

키스메트릭스의 CEO 히튼 샤[Hiten Shah]는 린 스타트업 원칙에 따라서 세 번째 버전을 만들기 위해 나를 고용했다. 이번에는 최소한의 노력으로 고객에게서 피드백을 최대한 많이 얻어낼 수 있는 버전을 만들고 싶어 했다. 내 첫 번째 과제는 무엇이 MVP가 되어야 하는지를 밝혀내는 일이었다.

이 과제를 위해 통화를 하고, 인터넷 메신저를 쓰고, 사람들과 커피를 마시는 데 한 달을 썼다. 그 결과 다음과 같은 사실을 찾아내고 난 충격을 받았다.

- 많은 사람은 실제 제품조차 갖고 있지 않은 낯선 사람과 기꺼이 대화를 나눈다.
- 사람들이 가장 많이 요구했던 기능은 사람들의 현재 행동과 도구 사용법보다 훨씬 더 야심 찬 것이었다.
- 내부 베타테스트 때 제품 범위를 절반으로 줄일 수 있었다.

세 번째 버전의 키스메트릭스를 만드는 데 한 달이 걸렸다.[7] 세 번째 버전에서는 어마어마한 양의 기능이 빠져 있었고 우리 CTO가 창피하다고 할 만큼 완성도가 낮은 코드가 많았지만, 사용자에게 제품의 가치를 제공하면서 제품의 발전 방향을 찾는 데 도움이 되는 소중한 피드백을 거두어들이기에는 충분한 수준이었다.

공통적으로 접하는 반대의견에 답하기

이 책을 여기까지 읽었다면 여러분이 고객 개발의 가치를 확신했으리라고 생각한다. 하지만 그렇지 못한 사람들에게는 어떻게 대답해야 할까? [표 1-1]에서 공통적으로 듣게 될 반대의견에 대답하기 위한 요령을 정리했다.

---

7 히튼 샤는 제1회 Startup Lessons Learned Conference(현재는 The Lean Startup conference로 명칭이 바뀌었다)에서, 실패한 키스메트릭스 두 버전에 대해 발표한 적이 있다(http://www.slideshare.net/hnshah/kissmetrics-case-study-about-pivots).

표 1-1 공통적 반대의견들에 대한 응답

고객 개발에 대한 반론	응답
출시 예정 제품에 관한 아이디어를 이야기할 때, 누군가가 그 아이디어를 훔쳐서 우리보다 먼저 시장에 내놓지 못하게 하려면 뭘 해야 하는가?	우선, 우리는 제품 아이디어에 대해 이야기하려는 것이 아니다. 제품에 관해 이야기하면 사람들로부터 왜곡된 의견을 받게 된다. 우리는 우리가 해결할 수 있기를 바라는 문제를 갖고 있는 사람들과 대화를 나누려는 것이다. 그들이 갖고 있는 문제는 무엇이며, 그 문제를 어떻게 해결하려고 했는지를 들을 것이다.
만약 다른 사람이 우리의 아이디어를 밝혀내서 훔쳐가면 어떻게 하는가?	우리와 대화한 누군가가 우리의 아이디어를 바탕으로 행동할 가능성은 매우 희박하다. 하지만 누군가가 그렇게 하더라도 실행되지 않는 아이디어는 아무것도 아니다. 고객과 대화하고 고객의 필요를 이해하며 무엇이 고객이 구매를 결정하게 하는지를 이해함으로써, 우리가 시장에 더 뛰어난 상품을 내놓을 가능성이 높아진다.
만약 고객 개발이 언론에 좋지 않게 보이면 어떻게 하는가?	스타트업이라면 지금 위치에서는 어떤 종류의 언론도 우리에게 관심이 없다. 대기업이라면 매우 작은 규모의 대상과 이야기하는 것이므로 이에 맞는 적절한 목표를 세울 것이다. 혹시 불안하다면 유망고객에게 비밀유지협약서(NDA)를 받아두면 도움이 된다. 하지만 GE나 인튜이트, 마이크로소프트에서도 문제가 된 적은 없었다. 우리에게도 큰 문제가 되지 않으리라 생각한다.
우리에겐 아직 제품이나 고객이 없는데 어떻게 대화 상대를 찾아야 하는가?	제품이 있다면 어차피 해결해야 하는 문제 아닌가? 하지만 생각해보라. 우리는 특정한 사람들의 구체적인 문제를 해결해주려고 하는 것이다. 그 문제를 갖고 있는 사람들이 주로 온라인에 있느냐 오프라인에 있느냐를 알아내기만 하면 된다(3장 참고).
만약 고객 개발이 기존 고객과의 관계에 악영향을 주면 어떻게 하는가?	사실 고객 개발은 우리 고객 중 일부와 더 좋은 관계를 맺을 수 있는 기회이다. 고객 중 가장 수용하기 쉬운 고객들을 선택할 것이고, 적절한 목표를 설정할 것이다(8장 참고).
고객 개발을 도입한다면 제품 관리자에게는 무슨 일이 남는가?	고객 개발은 단순히 고객에게 무엇을 원하는지를 질문해서 들은 대로 제품을 만드는 일이 아니다! 고객 개발은 정보를 수집하기 위한 프로세스이며, 정보의 우선순위를 정하고 정보에 어떻게 대응할 것인가를 결정하기 위해서는 숙련된 제품 관리자가 필요하다. 고객 개발은 제품 관리자가 업무를 좀 더 효율적으로 할 수 있도록 도와주는 또 다른 도구일 뿐이다.

이미 시장조사와 사용성 평가를 하고 있다. 고객 개발과의 차이점이 무엇인가?	고객 개발을 통해 개별 고객이 어떻게 행동하며 구매하는 가에 대한 정보를 얻을 수 있다. 시장조사로는 얻을 수 없는 정보이다. 고객 개발로 얻는 정보는 좀 더 수준이 높으며, 구체적인 특정 집단을 다룬다. 사용성 평가로는 이런 정보를 얻을 수 없다. 사용성 평가는 누군가가 제품을 구매할 것인가 말 것인가에 대한 정보가 아니라, 어떤 사람이 제품을 사용할 수 있는가 없는가에 대한 정보를 줄 뿐이다. 시장조사와 사용성 평가는 유용하지만, 고객 개발과는 사용하는 목적이 다르다. 고객 개발은 고객이 누구이며, 무엇을 원하고, 무엇을 살 것인가에 대한 우리의 가정을 가장 적은 노력으로 확인할 수 있는 방법이다.
고객 개발이 제품 개발에 써야 할 시간을 빼앗는 것을 어떻게 정당화할 수 있는가?	고객 개발에 단 몇 시간만이라도 사용하여 우리의 가정 중에 단 하나라도 잘못되었음을 밝혀내면, 설계와 코딩을 하는 데 드는 몇 주의 시간을 아낄 수도 있다. 그리고 고객 개발을 한다는 것이 제품 개발을 하지 않는다는 의미가 아니다. 고객 개발과 제품 개발은 병행해서 진행할 수 있으며 병행해서 진행해야만 한다.
제품 관리자, 기술자, 디자이너들이 정말 잘할 수 있는 일인 제품 개발에 집중하도록 해야 하는 것 아닌가?	제품이 성공하기를 바란다면 그 제품으로 해결하려고 하는 문제를 이해해야만 한다! 하지만 고객과 이야기하는 데 종일 시간을 쓰고 싶지 않은 사람이 있다는 것도 이해한다. 매우 간편한 방법으로, 30분에서 한 시간 정도 고객을 만나게 하면 동료들의 생산성을 지켜주면서 고객 개발에 참여시킬 수 있다.

통하게 만들어보자

이후 9개 장에서 고객 개발을 정확히 어떻게 하는 것인지 살펴볼 것이다. 구체적 예시, 도구와 양식, 샘플 질문, 실무에서 바로 사용할 수 있는 방법을 제공한다. 행동경제학과 사회심리학 연구 중에서 필요한 내용도 일부 다룬다. 내가 이론을 좋아하기 때문이 아니라, 특정 기법이 작동하는 원리를 이해하면 여러분의 조직과 여러분의 요구사항에 맞게 기법을 조정할 수 있기 때문이다.

시장조사 또는 사용자 조사를 해본 경험이 없거나 심지어 고객과 이야기해본 적이 없어도 괜찮다. 열린 마음과 여러분의 아이디어를 더 강력하게 만들기 위해 도전하고자 하는 의지만 있으면 된다.

다음 단계: 시작합시다

이 장 처음에 언급했듯, 가설을 검정하는 것이 고객 개발에서 수행하는 모든 일의 핵심이다. 이제는 가설을 세워볼 시간이다. 2장에서는 여러분의 가정과 해결해야 할 문제, 그리고 여러분의 고객이 누구인가를 식별하는 데 도움이 될 예시로 바로 들어가볼 것이다.

요점 정리

- 고객 개발에 한 시간을 투자하면 문서 작성, 코딩, 설계를 할 때 5시간, 10시간, 또는 그 이상의 시간을 아낄 수 있다.
- 여러분의 목표는 고객이 원하는 것이 무엇인가에 대한 가정을 반증해서 고객이 실제로 구매할 제품을 만드는 데 집중하는 것이다.
- 고객 개발은 스타트업뿐 아니라 모든 규모의 기업에서 유용하다.
- 고객 개발은 제품 개발을 대체하지 않는다. 여러분은 고객의 구체적 문제를 해결하는 제품이나 서비스를 만드는 동시에 고객 기반을 만들게 된다.
- 고객 개발은 어떤 제품을 만들어야 하는가와 제품 기능의 우선순위를 정하는 데 필요한 정보를 제품 개발에 알려준다.
- 여러분의 가정이 틀렸음을 증명하기 위해 노력해야 한다. 확증편향은 여러분이 보고 싶은 것(여러분의 가정이 옳음을 입증하는 것)만을 보게 하고, 여러분이 보고 싶지 않은 것(여러분의 가정을 반증하는 것)을 무시하게 하기 때문이다.

CHAPTER 2

어디서부터 시작해야 하는가?

고객에 대한 보고서를 읽고 통화도 했으며 회의도 여러 번 했기에 우리는 고객에 대해 잘 안다고 착각하기 쉽다. 사람들이 우리 제품을 실제로 어떻게 사용하는지를 제대로 이해하려면 사람들이 일하는 곳, 노는 곳, 사는 곳으로 직접 가봐야 한다.

_브랜든 코위츠, 구글벤처스 리드 디자이너

나중에 기억하려고 이 글을 쓰고 있는 게 아니다. 지금 당장 기억하려고 쓰는 것이다.

_필드 노트의 슬로건

여러분이 완전히 새로운 비즈니스 아이디어를 검증할지, 기존 고객을 기반으로 새로운 제품을 출시할지, 또는 단순히 기존 제품에서 몇 가지 기능을 변경하거나 새 기능을 추가할지는 여러분이 고객 개발을 얼마나 많이 수행하느냐에 달려 있다.

하지만 여러분이 고객 개발에 몇 주를 투자하든 아니면 단지 몇 시간을 투자하든, 고객 기반의 기초를 단단히 하는 데 시간을 대부분 쏟을 것이다.

기초를 다지기 위해 여러분의 팀과 함께 다음과 같은 세 가지 연습을 해볼 것을 추천한다. 다 끝내는 데 한 시간이 채 걸리지 않을 것이다(그림 2-1).

- 연습 1: 가정을 확인하라.
- 연습 2: 문제에 대한 가설을 작성하라.
- 연습 3: 목표 고객 프로필을 그려보라.

이 과정을 추천하는 이유는, 팀 구성원들이 고객 개발을 받아들이든 신용하지 않든 간에 상관없이 구성원 모두가 쉽게 참여할 수 있는 활동이기 때문이다. "우리 모두가 무엇을 만들려고 하고, 어떻게 해야 하는지를 잘 이해하고 있는지 확인해 보자"라는 말에 반박하기란 쉽지 않다.

여러분 중 일부는 이 과정이 필요 없다고 느낄 수도 있다. 우리 팀 모두는 유효한 가설과 무엇을 만들어야 하는가를 확실하게 알고 있다고 확신하기 때문일 것이다. 하지만 매우 협동이 잘되는 팀에서조차 '그렇지 못한 경우가 많다'는 사실을 깨닫게 되면 깜짝 놀랄 것이다.

이런 과정을 통해 어떤 방법으로 고객에게 가치를 제공할 것인지, 어떻게 돈을 벌 것인지, 누구를 목표 고객으로 할 것인지에 대한 초기 가설을 세우는 데 매우 빠르고 효과적으로 배울 수 있다. 좀 더 철저히 연습하기를 원한다면(그리고 초반에 좀 더 노력할 의향이 있다면), 비즈니스 모델 캔버스를 완성하고 싶을 수도 있다(더 상세한 내용은 이 장 후반의 '비즈니스 모델 캔버스'를 참고하라).

그림 2-1 잠깐의 시간과 필기도구만 있으면 이 질문에 답할 수 있다.

여러분의 가정은 무엇인가?

어떤 문제에 대한 가설인가?

목표 고객 프로필은 무엇인가?

연습 1: 가정을 확인하라

여러분은 제품 아이디어를 비롯하여 가정을 수없이 많이 세웠을 것이다. 고객이 어떻게 결정을 내리고, 무엇을 할 수 있으며, 어떻게 생각하며 행동하는가에 대해 여러분이 사실이라고 생각한 것들 말이다. 또 제품을 어떤 방법으로 만들 것인가, 파트너와 어떻게 일할 것이며 자원은 어떻게 관리할 것인가, 고객에게 어떻게 제품을 소개할 것이가 등도 가정했은 것이다.

새로운 회사를 시작하든지, 기존 고객을 대상으로 새 제품을 출시하든지, 기존 제품에 새로운 기능을 추가하든지, 어떤 경우라도 여러분은 여러분의 가정을 확인하는 데 더 많은 시간을 써야 한다. 여러분이 이제 막 회사를 시작했다면 이 가정이 어림짐작처럼 느껴질 수도 있다. 또는 여러분이 이미 사업을 진행 중인 업체에서 일한다면 여러분의 가정이 정확하다고 확신할 수도 있다. 어느 쪽이든, 여러분의 가정을 엄격하게 검증할 수 있으려면 일단 가정을 명확하게 확인해야 한다.

제자리에, 준비, 출발!

필기도구와 포스트잇을 준비하고 타이머를 10분에 맞추자. 그리고 고객, 제품, 파트너에 대한 여러분의 가정을 가능한 한 빨리 써 내려가라. 만약 단체로 이 연습을 할 경우에는(그렇게 하기를 바란다), 10분 동안은 서로 의논하지도 말고 중간에 멈추지도 말아야 한다. 핵심은 여러분 머릿속에 있지만 지금까지 인식하지 못했던 가정을 꺼내놓는 것이다. 여러분의 생각이 옳다고 뒷받침하는 내용을 쓰는 것이 아니다.

아래의 문장들은 여러분 안에 잠재되어 있는 가정을 구체적으로 떠올리는 데 도움이 되는 예시이다.

- 고객에게 _____ 문제가 있다.
- 고객은 이 문제를 해결하기 위해 _____을 투자할 의향이 있다.
- 이 제품을 사용/구매하는 데 관련이 있는 이해관계자는 _____이다.
- 이 제품을 제작/유통하는 데 관련이 있는 파트너는 _____이다.
- 이 제품을 제작/서비스하는 데 필요한 자원은 _____이다.
- 만약 고객이 우리 제품을 구매/사용하지 않는다면 고객은 _____을 구매/사용할 것이다.
- 고객이 우리 제품을 한번 사용하게 되면 고객은 _____을 얻을 것이다.
- 이 문제는 고객들에게 _____ 영향을 준다.
- 고객은 이미 _____ 같은 도구를 사용하고 있다.
- 고객은 구매를 결심할 때 _____의 영향을 받는다.

- 고객은 _____ [직업명]이거나 _____ [사회적 신분]이다.
- 이 제품은 _____이기 때문에 고객에게 유용할 것이다.
- 기술에 따른 고객만족도는 _____이다.
- 변화에 따른 고객만족도는 _____이다.
- 이 제품을 제작/생산하는 데 _____이 걸릴 것이다.
- X명의 고객 또는 X%의 사용률을 얻는 데 _____이 걸릴 것이다.

도움을 주고자 몇몇 문장을 나열했다. 이렇게 구체적으로 가정을 확인하기 시작하면 '제품을 만들고, 설계하고, 배포하고, 제품으로 가치를 창출하는 일'을 계획하면서 여러분이 어떤 믿음을 갖고 있는지가 더 명확하게 보일 것이다.

가정으로는 제품의 비용 구조나 핵심 파트너에 대해서 처음부터 정확하게 추측할 수 없다고 생각할 수 있고, 이는 대개 맞는 말이다. 스티브 블랭크는 사전 전략 prefight strategy에 대해 이야기할 때 마이크 타이슨의 말을 즐겨 인용한다. "누구나 링 위에서도 계획은 있다. 한 대 맞기 전까지는 말이다."[1]

이 단계에서 여러분의 의견이 맞았는지 틀렸는지는 중요하지 않다. 중요한 점은 여러분의 가정을 기록했다는 점이다. 가정을 글로 남긴 이 메모는, 가정을 증명했는지 증명하지 않았는지를 상기시켜주는 핵심 지표다.

팀과 함께 이 연습을 했다면 포스트잇 쓰기를 마친 후에 10분간 비슷한 내용의 포스트잇끼리 모아보라. 예로 "고객에게 _____ 문제가 있다"라는 포스트잇을 한데 모아보자. 진행 인원이 소규모이더라도 상반되는 가정이 많을 것이다. 아직 고객을 만나기 전이라도 구성원 간의 불일치 사항을 찾아내는 일은 여러분의 제품에 큰 도움이 될 것이다!

고객 개발 프로세스를 진행하는 내내 여러분의 가정을 다시 참고하고 싶어질 것이다. 우선은 고객을 찾고 고객에게 물을 질문을 생각하는 데 참고하고, 나중에는 가정이 옳거나 틀렸음을 보여주는 증거를 찾게 됨에 따라 기존 가정에 논평을 달

---

1 마이크 타이슨의 버전이 스티브 블랭크의 원래 버전인 "고객과 맞닥뜨리고 난 후에도 그대로 살아남는 사업 계획은 하나도 없다"(http://bit.ly/1iXUUjB)보다 훨씬 더 재미있다. 타이슨의 말은 http://bit.ly/1iXUY2C에 설명되어 있다.

기 위해 참고하게 된다.

이제 여러분의 머릿속에서 가정을 끄집어내는 과정이 끝났으니, 간단하면서도 검증 가능한 가설을 세울 때다.

비즈니스 모델 캔버스

여러분의 가정을 확인할 수 있는 다른 도구로 비즈니스 모델 캔버스가 있다(그림 2-2).[2]

스탠퍼드나 UC버클리에서 스티브 블랭크의 기업가 정신 강좌를 듣거나, Udacity의 온라인 강의를 듣는 학생들은 비즈니스 모델 캔버스에 사업 개요를 그리는 것부터 시작한다. 그리고 그들이 배우게 된 것을 바탕으로 매주 캔버스를 갱신한다.

내가 대화를 나눴던 대부분의 조직에서는 비즈니스 모델 캔버스를 단순히 영감을 얻는 도구 그 이상으로 생각하고 매주 세심하게 갱신하면서 사용한다. 만약 여러분이 고객 개발을 처음 해본다면, 비즈니스 모델 캔버스는 단순히 제품과 주 고객에 대한 부분 이외에도 여러 분야에 대한 가정을 만드는 데 유용한 도구가 될 것이다.

그림 2-2 비즈니스 모델 캔버스

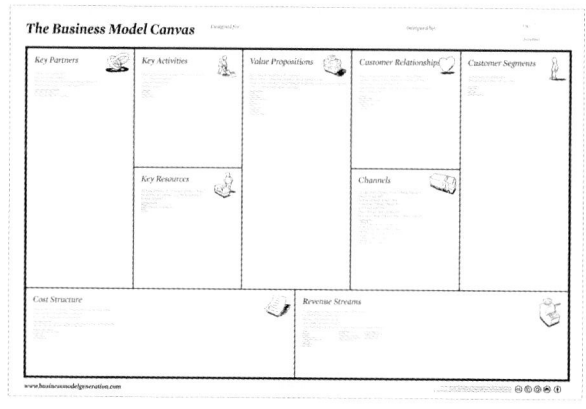

---

2 포스터 크기로 출력하고 싶다면 http://www.businessmodelgeneration.com/canvas에서 내려받을 수 있다. 또 다른 버전으로는 『린 스타트업』(한빛미디어, 2013)의 저자인 애시 모리아가 알렉산더 오스터왈더와 예스 피그누어의 저작을 재구성해서 만든 린 캔버스가 있다(http://practicetrumpstheory.com/2012/02/why-lean-canvas/). 린 캔버스는 http://leanstack.com에서 볼 수 있다.

연습 2: 문제에 대한 가설을 작성하라

연습 1을 끝냈다면 이어서 문제에 대한 가설을 작성하자. 여러분이 검증하거나 (대부분은) 다시 돌아와 개정하게 될 가설이다.

다음과 같은 형태로 가설을 작성하라.

나는 [어떤 사람이] [어떤 일을 할 때] [어떤 문제를] 겪는다고 생각한다.

또는 다음과 같이 작성하라.

나는 [어떤 사람이] [어떤 제약조건 때문에] [어떤 문제를] 겪는다고 생각한다.

더 상세하게 써보자. 여러분의 가설은 언론계에서 즐겨 쓰는 다섯 가지 질문을 고려해야 한다. 학교 다닐 때 배우지 않았는가? "누가, 언제, 무엇을, 얼마나, 왜?"

문제를 겪게 될 사람이 여러분이 대화해야 할 '누구'이다. 겪게 되는 문제에서 '무엇을', '얼마나', '언제'에 대해 알아내야 한다. 그들이 하는 일의 유형이나 제약조건을 통해 '왜'를 이해해야 한다.

제품을 가설로 바꿔보기

이미 제품이 있는가? 그렇다면 가설을 만들기 위해 되돌아가서 작업할 필요가 있을 수도 있다. 그 제품으로 제공하는 가치와, 잠재적으로 그 가치를 누리게 될 사람과, 그 사람들에게 왜 그 가치가 필요한가를 생각해보라. 다음 가설을 살펴보면 도움이 될 수 있다(다음 가설은 내가 가상으로 만들어낸 것이다. 해당 제품의 제작자들이 직접 가설을 설정했다면 어떻게 했을지는 모르겠다).

- 나는 [기술 운영팀]이 [성장하는 기업의 네트워크 대역 사용량을 추정할 때] [시간과 비용을 낭비하는 문제]를 겪는다고 생각한다. – 아마존 S3
- 나는 [소규모 사업자]가 [기존의 이메일 마케팅 플랫폼은 너무 비싸고 복잡하기 때문에] [사업을 성장시키지 못하는 문제]를 겪는다고 생각한다. – 메일침프
- 나는 [부모]가 [아기를 재울 때] [아기가 이불을 걷어차 감기에 걸리는 문제]를 겪는다고 생각한다. – 헤일로 슬립색
- 나는 [전문직 남성]이 [속옷이 낡아 늘어나거나 구멍이 났지만 새 속옷을 살 시간이 없기

때문에] [망신당할까 봐 걱정하는 문제]를 겪는다고 생각한다. — 맥팩

만약 고객과 상품이 이미 있다면 가장 직접적인 접근법은 그저 고객을 관찰하는 것이다!

핫와이어Hotwire는 여행 사이트인데 이 회사에서 선택한 첫 번째 고객 관찰 방법은 간단하고 단순한 '듣기'였다. 사내 회의실을 청취실로 꾸미고 핫와이어 직원이 친구와 스카이프로 통화하며 의견을 주고받았다. 그 결과 기존 사이트의 가장 큰 고민점을 찾아냈다. 핫와이어는 '불분명한 예약opaque booking'이라는 시스템을 사용했다. 요금을 할인해주는 대신, 결제 전까지 호텔 이름을 알려주지 않는 방식이다. 고객은 정확히 어떤 호텔을 배정받을지 알 수 없으므로, 잠재적으로 선택할 호텔의 위치를 아는 것이 특히 중요하다.

핫와이어 사이트에서 어려움을 겪는 사람들을 지켜보니 지리적 문제로 어려움을 겪는다는 게 명확해졌다. 핫와이어의 인터랙션 디자이너인 칼 슐츠Karl Schultz는 "고객들은 결과가 지도의 어느 위치에 있는지 알 수 없었던 겁니다"라고 말했다. 요령 있는 고객은 브라우저를 하나 더 띄워 구글 지도를 보기도 했으나 이 방법을 모르는 고객은 다른 사이트로 떠나버렸다.

이를 바탕으로 핫와이어는 초기 가설을 세웠다. [여행자들은] [잠재 호텔의 위치를 알 수 없기 때문에] [호텔 예약을 완료해야 할지 말지를 확신하지 못한다.]

여러분은 각 학습 주기를 가능한 한 빨리 진행하고 싶을 것이다. 여러분이 왜 틀렸는지를 배우게 될 때마다 다음번에 좀 더 발전된 추측을 하는 데 도움이 되기 때문이다.

여러분의 가설을 작성하고 잘 보관하도록 하라. 나중에 반드시 다시 참고하게 될 것이다.

초점을 좁힐 것

가설이 잘못될 수 있다는 말을 듣고 나니, 여러분은 폭넓고 일반적인 것에서부터 가설을 작성해야겠다고 생각하게 되었을지도 모른다. 어쨌든 아직 모르는 것이 많다면 왜 뭔가를 제외해야 하는가?

간단히 답하자면, 속도 때문이다. 중요한 것에 집중할수록 진행도 빨라진다.

내가 이 점을 명확하게 밝히는 이유는 이것이 대부분의 사람들이 기대하는 것과는 정반대이기 때문이다. 사람들은 이렇게 걱정하곤 한다. "아주 구체적인 프로필부터 시작하면, 내 생각이 잘못될 가능성이 더 크지 않을까?"

그럴 수 있다. 하지만 괜찮다.

만약 여러분이 범위를 매우 넓게 잡고 시작하면, 각 개인별로 차이가 굉장히 크다는 것을 발견할 것이다. 20명, 30명, 또는 그 이상의 인원과 인터뷰를 하고도 옳은 방향으로 진행하고 있는지 확신하지 못할 수 있다.

이렇게 생각해보자. 고양이가 물을 좋아한다는 것과 동물이 물을 좋아한다는 것 중에 어느 쪽을 더 빨리 반박할 수 있는가?

연습 3: 목표 고객 프로필을 그려보라

여러분의 고객은 어떤 사람인가? 그리고 고객의 능력, 요구사항, 주변환경이 제품 구매의사에 어떤 영향을 주는가?

여러분은 고객이 정확히 어떤 사람인지를 잘 모를 가능성이 크다. 여러분이 직접 겪었던 문제를 바탕으로 제품을 만든다고 해도, 그에 해당하지 않는 어떤 사람들이 여러분의 고객층이 될지는 알기가 어렵다.

이런 질문에서부터 시작해보자.

- 무엇이 문제인가?
- 누가 이 문제를 겪고 있는가?

여러분은 십중팔구 이미지, 링크인 등 상당히 넓은 범위로 대상을 설정했을 것이다. 이는 그 대상들이 여러분의 제품에 '언젠가'는 관심을 갖게 된다는 의미일 수는 있다. 하지만 기술수용주기^{technology adoption lifecycle}에 익숙한 사람이라면, 대상 모두가 제품 출시 첫날부터 제품을 사는 건 아니라는 점을 알고 있을 것이다. 여러분은 출시 첫날에 제품을 사는, 기술수용주기에서 왼쪽에 위치한 사람들을 찾아내고 이들에 집중해야 한다(그림 2-3).

그림 2-3 기술수용주기: 혁신 수용자와 선각 수용자 집단만이 불완전하거나 미완성된 제품을 살 의향을 갖고 있다. 신뢰할 수 있는 솔루션을 기다리는 나머지 집단은 고객 개발 인터뷰 대상으로 유용하지 않다.[3]

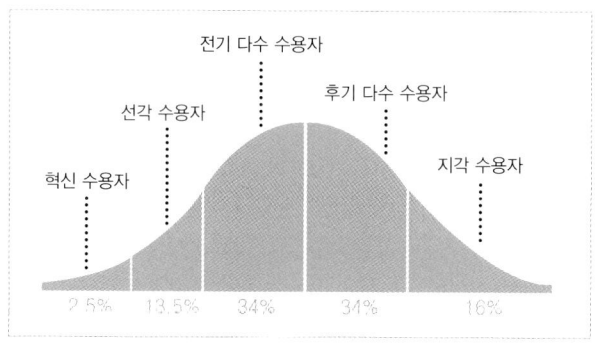

몇 개의 프로젝트 팀을 거치면서 대개 시작점을 찾는 일이 어렵다는 점을 깨달았다. 우리에게 유용했던 연습은 두 개의 상반되는 특성을 정하고(그림 2-4) 두 개의 질문을 하는 것이었다. 문제와 관련이 있는 특성인가? 만약 그렇다면 이 두 특성 사이에서 고객들은 어디쯤에 위치하는가?

고객이 어떤 특성을 중요하게 생각하느냐가 고객의 구매 결정에 영향을 미친다. 예를 들어, 여러분의 목표 고객이 현금을 중요하게 생각한다면, 완벽한 기능을 갖춘 제품을 고가로 제공하는 것은 고객이 중요시하는 가치와 맞지 않는 일이다.

---

3 http://en.wikipedia.org/wiki/File:DiffusionOfInnovation.png

그림 2-4 특성 스펙트럼은 고객이 문제 해결을 위해 여러분의 제품을 사용할 의향에 긍정적 또는 부정적 영향을 미칠 수 있는 특성들의 예시를 보여준다.

현금을 중요시함 ⬅️ ⋯⋯⋯⋯⋯ ➡️	시간을 중요시함
예측 가능한 것을 선호함 ⬅️ ⋯⋯⋯⋯⋯ ➡️	새로운 것을 시도함
결정을 내림 ⬅️ ⋯⋯⋯⋯⋯ ➡️	명령을 따름
건강을 의식함 ⬅️ ⋯⋯⋯⋯⋯ ➡️	맛을 의식함
자기 자신을 위해 결정을 내림 ⬅️ ⋯⋯⋯⋯⋯ ➡️	다른 사람들이 어떻게 생각할지를 걱정함

특성 스펙트럼의 강점은 시각화이다. 여러분 팀 전원과 함께 이 스펙트럼을 화이트보드에 그린 다음 할 수 있는 만큼 최대한 정보를 많이 넣어볼 것을 추천한다. 내 경험으로는 이 작업을 하면 다양한 집단의 사람들을 고객 개발 프로세스에 참여시키는 데 도움이 된다. 장문의 문서를 잘 읽지 않는 엔지니어, 디자이너, 영업사원도 이 간단한 활동에는 참여할 것이다.

다음 두 가지 목록이 출발점이 될 수 있다. 여기에 여러분의 업종에 맞는 자세한 기준을 추가해보라.

개인 고객을 대상으로 한다면 다음과 같은 특성들을 시작점으로 삼을 수 있겠다.

- 현금 vs 시간
- 의사결정 수용자 vs 의사결정자
- 더 많은 제어가 가능하도록 vs 좀 더 편리하게
- 낮은 기술 수준 vs 기술 적응력이 높음
- 자주 제품을 바꿈 vs 제품을 오래 사용
- 모험에 가치를 둠 vs 예측 가능함에 가치를 둠
- 기복을 즐김 vs 일관성을 선호함

기업 고객을 대상으로 한다면 다음 특성들을 시작점으로 삼을 수 있다.

- 낮은 기술 수준 vs 기술 적응력이 높음
- 낮은 자동화 수준 vs 높은 자동화 수준
- 보수적인 기업 문화 vs 진보적인 기업 문화

- 위험을 기피함 vs 위험을 감수함
- 안정성에 가치를 둠 vs 회복성에 가치를 둠
- 일괄 솔루션을 선호함 vs 동종 최고 제품의 조합을 선호함

단지 저 정도의 상반된 특성만 있어도 놀랄 만큼 완벽한 목표 고객 프로필을 만들 수 있다. 완성도를 높이려면 여기에 몇 개의 일반적 질문을 더하도록 한다.

- 이 사람이 가장 고민하는 점은 무엇인가?
- 어떤 성공이나 보상이 이 사람에게 가장 큰 동기부여가 되는가?
- 이 사람의 직위나 역할은 무엇인가?
- 이 사람은 자신의 사회적 신분을 어떻게 규정하는가? (10대, 어머니, 출장이 잦은 직장인, 은퇴자, 운동선수 등)

왜 사람들과 대화를 시작하기도 전에 먼저 이 모든 일을 끝내려 하는지 궁금할지도 모르겠다. 또는 사람을 만나지 않고도 이렇게 쉽게 그럴듯한 고객 프로필을 만들 수 있는데도 왜 군이 사람들과 대화를 해야 하는지 궁금할 수도 있을 것이다.

이 프로필에서 얻은 내용은 우리가 앞으로 하게 될 대화의 기본 뼈대가 된다. 인터뷰를 몇 번 진행하고 나면 각각의 가정을 검증하면서 "이 가정은 '이런 이유 때문에' 맞는 것 같다" 또는 "이 가정은 '이런 이유 때문에' 틀린 것 같다"라고 말할 수 있게 된다.

인구통계는 고객이 아니다

혹시 눈치챈 독자가 있을지도 모르겠다. 나는 지금까지 전통적인 마케팅 기법에서 이야기하는 나이, 성별, 인종, 가구별 수입, 결혼 유무 같은 통계 정보를 전혀 언급하지 않았다.

왜냐하면 이런 정보는 여러분이 정말 알고 싶어 하는 정보의 저렴한 대체재이기 때문이다. 우리가 실제로 알고 싶은 것은 이런 것이다.

- 누군가가 이 제품을 살까?
- 제품을 살 사람은 누구인가?

- 그 사람들의 삶 속에서 어떤 부분이 이 제품을 사도록 영향을 주었는가?

마이크로소프트의 수석연구원인 던컨 와츠Duncan Watts는 이런 글을 썼다. "마케터들이 인구통계에 대해서 생각할 때, 그들은 사실 [가상으로 생각해낸] 개인의 이야기를 만들어내는 것입니다. 현실에서는 우리가 예측하기 어려운 방법으로 상호작용하며 각자 다른 필요와 동기를 가진 다양한 인구 집단이 있습니다. [만들어진] 이야기 (⋯) 그 복잡하기만 한 문서가 한 명의 '상징적 개인'과 함께 모든 시스템을 효율적으로 대체해버립니다. 그다음에는 그 상징적 개인을 실제 인물처럼 여기면서 그 인물의 행동양식을 찾아내려고 합니다. 이건 큰 실수죠."

여러분이 제품을 만들고 수천 수백만 개를 배송하고 난 다음에는 인구통계가 몇 가지 흥미로운 패턴을 보여줄 수도 있지만, 지금 시점에서는 한참 나중의 이야기이다.

분석 보고서, 센서스 데이터, 시장조사 등 일반적이고 양이 많은 정보를 성급하게 찾지 말아야 한다. 정말 놀라운 제품을 만들기 시작하는 데 도움이 되는 것은 작은 양의, 매우 구체적이고 상세하며 열정적인 정보이다.

다음 단계: 목표 고객 찾기

목표 고객 프로필을 만들었으니, 이제 대화를 나눌 고객을 찾을 준비가 되었다. 3장에서는 그들이 누구이고, 어디서 찾을 수 있으며, 어떻게 연락해서 인터뷰 스케줄을 잡을지에 대해 알아보자.

요점 정리

- 가정을 검증하거나 반증할 수 있는지 알아보기 위해 팀 전체가 모여 가정을 적는 시간을 가져보라. 팀원 모두가 의견이 일치하리라 생각하겠지만 그렇지 않을 것이다.
- 문제 가설을 적어보라. 나는 [어떤 사람이] [어떤 일을 할 때] [어떤 문제를] 겪는다고 생각한다.
- 가설은 가능한 한 상세하게 작성하라. 초점을 좁히면 좁힐수록 그 가설이 옳은지 틀린지를 빨리 증명할 수 있다.
- 특성 스펙트럼을 사용해서 팀과 함께 목표 고객 프로필을 만들라.

CHAPTER 3

어디서 시작해야 하는가?

우리는 고급 요리 문화의 중심지인 소노마에 가서 와인 경매 행사에 참여했다. 고급 와인 양조장 부스 바로 옆에 크레이브 육포 홍보 텐트를 설치했다. 흔치 않은 풍경이 었지만 사람들은 흥미를 보이며 우리에게 말을 걸었다.

_존 세바스티아니, 크레이브 CEO

사람은 누군가와 이어져 있다는 느낌을 받고 싶어 한다. 자신이 어떤 제품을 발전시 키는 데 실제로 도움이 되었음을 알게 될 때, 기업이 자신에게 최고의 경험을 선사하 길 원한다는 사실을 알게 될 때, 사람들은 진정 짜릿함을 느낀다.

_댄 레빈, 스타일시트 CTO

지금 여러분이 걱정하는 점은 두 가지일 것이다. 의견을 얻기 위해서 적절한 고객을 찾아야 하는데 그 방법을 모르겠다는 점, 그리고 적절한 고객을 찾는다 하더라 도 그들이 여러분과 대화할 시간을 내주지 않을 것이라는 점이다. 설령 여러분에 게 제품과 기존 고객이 있더라도, 기존 고객들과 직접 연락하기에는 매우 어렵다 는 점을 깨달을 수도 있다. 제품이 있어도 어려운데, 하물며 누가 실제 있지도 않 은 여러분의 제품에 대해 이야기하는 데 자신의 시간을 내주겠는가?

이번 장에서는 이 두 가지 걱정거리를 정면으로 돌파해볼 것이다. 여러분이 만들 려는 제품으로 이익을 볼 사람을 찾기 위해 개인적 관계, 소셜미디어, 웹사이트, 여러 장소를 어떻게 활용해야 할지를 배울 것이다. 또한 사람들이 경험을 공유하 고 협동할 수 있도록 동기를 부여하려면 어떤 요소가 필요한지에 대해 이야기할 것이다. 기본 사회심리학 지식을 습득하면 사람들이 여러분을 돕게 하도록 설득할 수 있으며 여러분을 도우면서 그들도 더 행복해지도록 도울 수 있다. 다음과 같은 주제를 다룰 것이다.

- '초기 지지자'*earlyvangelist*(얼리밴절리스트)의 중요성
- 대화할 상대를 찾기 위한 세부사항
- 원활한 인터뷰 진행을 위한 준비와 인터뷰 방법
- 대화할 사람을 찾을 수 없을 때 해야 할 일

요컨대 여러분이 고객 개발 인터뷰를 '누가, 언제, 어디서, 무엇을, 어떻게'의 관점에서 생각한다면 이 장에서는 구체적으로 이야기할 사람(누구)을 찾고, 어떤 방법으로 그들과 대화할 것인지(직접 인터뷰, 전화, 화상회의 등), 어디서 인터뷰를 하고(실제 장소 또는 전화/화상 인터뷰를 수행할 수 있는 환경), 언제 인터뷰를 할 것인지(특히 스케줄과 인터뷰 간격 측면에서)를 결정하는 데 도움을 주려고 한다. '왜 인터뷰를 먼저 해야 하는가'라는 질문을 2장에서 다뤘다는 점을 기억하자.

이 장에서는 인터뷰 대상에게 무슨 질문을 해야 하는가는 다루지 않는다. 사실 고객 개발에서 '무엇'에 대해 생각할 때는 '무엇을 물어봐야 하는가'라는 접근법은 적절하지 않다. 진정 신경 써야 할 '무엇'은 '고객 인터뷰로부터 배우게 될 점'이다. 4장에서 이 문제를 다룰 것이다.

이 장을 마칠 때쯤이면 여러분의 잠재고객에게 즉시 연락할 준비가 되어 있을 것이다. 잠재고객에게 대화를 빨리 요청하면 할수록, 여러분의 가설을 더 상세하게 검증할 수 있다.

어떻게 제품을 만들기도 전에 고객을 찾을 수 있는가?

이 절의 제목은 사실 사람들이 내게 가장 먼저 하는 질문이다. 내 대답은 언제나 같다. "제품을 만들고 나서 고객을 찾을 때는 어떻게 했었나요?"

비꼬려고 되묻는 게 아니다. 이미 제품이 있을 때 고객을 찾으러 시용히던 방법을 이번에도 똑같이 활용할 것이기 때문이다. 일단 지금 여러분이 이 책을 읽지 않았다고 가정하자. 지난 6개월 동안 제품을 만들었고 팔 준비가 되었다. 이제 무엇을 하겠는가?

- 광고할 만한 장소를 찾아본다.
- 여러분의 제품에 관심을 가질 만한 사람을 찾아본 후 그들에게 제품을 홍보하고, 시연하고, 견본을 제공한다.
- 고객이 있을 만한 곳을 찾아 그 앞에서 제품을 보여준다.
- 홍보 효과를 높이기 위해 여러분의 제품을 보완할 수 있는 제품이나 서비스를 갖고 있는 파트너를 찾는다.
- 웹사이트를 만들고 사람들이 그 사이트로 들어오게 되는 경로를 관찰한다.

사실 이 모든 방법은 코드 한 줄 작성하기 전에도, 제품 스케치 한 장을 그리기 전에도 시작할 수 있다.

그리고 제품 제작 전에 먼저 이 일을 시작하면 다음의 가슴 아픈 상황을 예방할 수 있다.

- 아무도 여러분의 웹사이트에 방문하지 않아서 기껏 준비한 구글 웹로그 분석^{Google Analytics}이 무용지물이 된다.
- 여러분의 창고에 팔리지 않은 제품이 가득 차서 '아름다운 가게'에 기부하거나 땡처리를 하게 된다.

도대체 사람들이 나와 이야기할 이유가 있을까?

고객을 찾는 방법을 자세히 이야기하기 전에 여러분이 느낄지도 모르는 의심스러운 점에 대해 언급해보자. 여러분은 이렇게 생각할 수도 있다. "그러니까 누군지도 모르고 보여줄 제품도 없는 사람에게 사람들이 자신의 시간을 내주고 대화를 나눈다는 말인가?"

아무도 이 사실을 액면 그대로 믿지 않는다는 걸 알고 있다. 사람들은 바쁘다. 사람들은 텔레마케터, 광고, 스팸 메일을 싫어한다. 우리가 하려는 게 대체 이것과 무엇이 다른가?

필요한 사람들이 여러분과 대화하려는 마음이 생길 수 있다고 믿으려면, 여러분이 찾는 사람이 누구인지를 이해할 필요가 있다.

초기 지지자의 중요성

처음에는 가장 열광적이고 열정적인 잠재고객을 찾게 될 것이다. 이 사람들은 자신의 문제를 해결하는 데 항상 적극적인 태도로 임한다.

그렇다고 여러분에게 '얼리 어답터'가 필요하다는 뜻이 아니다. 얼리 어답터는 새로운 기기가 나오면 언제나 달려가서 구매하며, 제품을 만지작거리거나 또는 새로운 기능을 찾아내면서 자부심을 느낀다. 얼리 어답터는 새롭다고 하면 무엇이든 시도하려 한다! 그래서 오히려 여러분의 가설을 검증하는 일에는 도움이 되지 않는다.

여러분이 해결하려는 바로 그 문제로 구체적인 어려움을 겪는 사람을 찾아야 한다. 그 사람은 얼리 어답터가 아닌 경우도 많고, 신기술에 밝지 못하거나 새로운 것을 배우고 싶어 하지 않을 수도 있다. 그냥 자신의 문제를 해결하고 싶은 것이다.

또 다른 방법은 가장 심각한 고민으로 고통받고 있는 사람을 찾아보는 것이다.

스티브 블랭크는 이런 사람들을 여러분의 '초기 지지자(얼리밴절리스트)'라고 부른다. 불완전하고 증명되지 않은 제품에 따르는 위험을 감수할 의지가 있는 사람들이다.

그림 3-1 초기 지지자에 대한 스티브 블랭크의 정의, 이런 특징 외에도 초기 지지자들은 당신의 비전을 공유하는 사람들이다.[1]

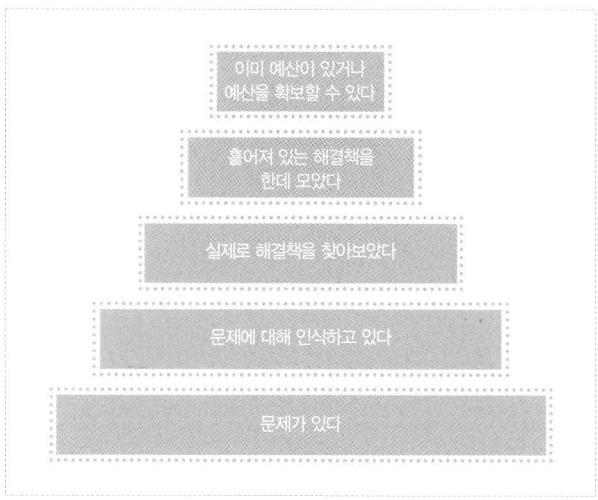

초기 지지자들은 자신들의 문제, 요구사항, 환경에 대해서 상세히 알려줄 것이다. 그들은 아직 불안정하고 엉성한 제품의 베타 버전을 테스트하고, 요청하지도 않았는데 버그 리포트와 제안으로 가득한 장문의 이메일을 보낼 것이다. 그리고 자신이 아는 모든 사람에게 여러분의 제품을 추천할 것이다. 그들이 특별히 여러분을 좋아해서 이런 일을 하는 게 아니다. 그들은 이미 이 문제 때문에 흥분하고 좌절하고 화를 낸 적이 있는 사람들이다. 그들에게는 여러분의 잠재 제품이 자신의 문제를 해결하는 데 도움이 될 수도 있는 방법으로 보이므로, 이 제품을 만드는 데 도움이 되는 모든 정보를 여러분에게 주는 일이 가장 큰 관심사가 된다.

만약 여러분이 대화를 시도한 사람이 여러분을 부담스러워한다면 그건 여러분이 적합하지 않은 사람에게 접근하고 있다는 뜻이다. 자신이 알고 있는 사실을 여러분에게 말하는 것이 그들의 관심사에도 부합하는 것이어야 한다. 그런 대화 방식을 제공해야 한다.

---

1 http://steveblank.com/2010/03/04/perfection-by-subtraction-the-minimum-feature-set/

사람들에게 동기를 부여하는 세 가지

이 일을 몇 년째 하고 있지만, 사람들이 우리의 질문에 얼마나 열과 성을 다해 답해주는지를 볼 때마다 항상 놀라곤 한다. 또 반대로 내가 다른 사람들로부터 고객 개발 인터뷰 요청을 받을 때면 나 또한 그 인터뷰를 정말 기대하게 된다. 왜 그런 걸까?

개인마다 차이는 있지만 대체로 사람의 심리는 보편적이다. 우리는 모두 같은 욕구에 의해 동기를 부여받는다.

- 우리는 다른 사람을 돕는 일을 좋아한다.
- 우리는 똑똑한 사람으로 보이기를 바란다.
- 우리는 뭔가를 고치는 일을 좋아한다 .

다른 사람을 도우면 행복해진다

아이디어에 대해 잠재고객과 이야기하려 할 때, 이러한 본성이 여러분에게 어떻게 도움이 될 수 있을까?

이메일을 보낼 때 단체 메일이 아니라 여러분의 개인 이메일 계정으로 한 사람의 수신자만을 지정해서 보내보라. 메일 수신자는 그 메일을 보고 '누군가 나에게 도와달라고 부탁하는구나'라고 생각할 것이다.

이런 감정은 전 세계 모든 사람이 공통적으로 느끼는 감정이다. 문화나 개인의 소득수준에 상관없이 우리는 누군가를 도울 수 있을 때 행복함을 느낀다.[2]

여러분이 이 특정한 사람과 대화를 나누고 싶은 '이유'를 상세히 밝혔기 때문에 수신자는 이 대화에 주인으로서 책임이 있다고 느낀다. 그래서 자신 말고 다른 누군가가 이 문제를 다루리라고 생각하면서 무시할 수가 없다.[3]

....

2 http://www.apa.org/pubs/journals/releases/psp-104-4-635.pdf

3 나 말고 다른 누군가가 문제를 처리할 것이라고 가정하는 성향을 '책임감 분산'이라고 한다. 비슷한 효과로는 '사회적 태만'이 있다. 혼자 일할 때보다 함께 일할 때 일을 더 적게 하는 것이다. 개인적으로는 설문조사를 할 때 응답률이 낮아지고 무성의한 답변이 돌아오는 이유가 사회적 태만과 관련이 있지 않을까 하는 의심을 하곤 한다.

사람들은 자신이 성향에 맞는다고 생각하는 일에 시간을 내주는 것을 특별히 더 좋아하는 것 같다.[4] 그러므로 누군가에게 이메일을 보내서 그가 이미 관심을 갖고 있는 일에 대해 이야기를 좀 해달라고 부탁하는 것은 두 사람 모두에게 좋은 일인 셈이다.

우리는 똑똑한 사람으로 보이기를 바란다

응답자는 여러분과의 대화에 열정적으로 참여하고, 질문에 열심히 답해줄 것이다. 대화를 시작할 때 응답자들이 이 문제에 대해 전문가라는 점을 분명히 해야 한다. 여러분은 그들의 경험으로부터 배움을 얻고 싶은 것이다.

똑똑해 보이고 싶어 하는 마음은, 실제로는 그리 이기적인 욕심이 아니다. 다른 사람의 존경을 얻음으로써 우리는 보상을 받는다고 느낀다. 심리학자 에이브러햄 매슬로는 이를 존경 욕구(성취감, 타인으로부터 인정받는 것, 타인을 인정하는 것)로 정의하고 자신의 욕구단계설에 포함시켰다.[5] 고객 개발 인터뷰가 끝날 때쯤 인터뷰 대상자에게 감사의 말을 전하면 대상자들은 종종 이렇게 말한다. "뭘요, 제가 고맙죠. 제가 도움이 될 수 있었다니 정말 기쁘네요!"

나는 우리 모두가 자신이 매일 하는 일에 대해 전문가라고 생각한다. 다만 우리 스스로 알아차리지 못할 뿐이다. 그 일이 가족에게 식사를 만들어주는 일이든 프로그램의 오류를 수정하는 일이든 대규모 회의를 준비하는 일이든 어떤 종류의 일인지는 상관없다. 이 사실을 받아들이지 못했던 사람들로부터 이야기를 듣게 되는 것은 기쁜 변화이다.

무엇인가를 고치는 것은 우리에게 목적의식을 준다

인터뷰 대상이 자신의 불만에 대해 이야기할 때 그는 분통을 터뜨리지만 한편으

---

4 봉사활동을 부탁받았을 때 돈보다 시간을 내주는 편을 선호한다. 게다가 사람들은 돈 대신 시간을 기부해달라는 부탁에 더 큰 행복을 느낀다(그리고 더 관대해진다). 다음을 참고. http://www.escholarship.org/uc/item/8j02n364

5 역주_ 원주는 영문 위키백과 링크였다. 한국어 링크 http://ko.wikipedia.org/wiki/매슬로의 욕구단계설

로는 마음이 정화되는 기분을 느낀다. 하지만 더 중요한 점은 후속 질문follow-up question을 하면서 인터뷰 대상에게 문제가 잘 해결될 수 있다는 느낌을 준다는 것이다. 이것은 우리에게 익숙하지 않은 경험이다.

> 고객들의 불만을 해결하는 일에 대해서 우리는 무력하고 절망적인 기분이 됩니다. 놀랍게도 고객 불만족의 원인 중 95%가 우리가 문제에 대해 회사 내부에서 제대로 의견을 전달하지 못하기 때문이라는 점에서 더 그렇습니다. 우리는 업무 책임자들에게 의견을 말하는 것이 필요 이상으로 문제를 더 크게 만들 뿐이고 만족할 만한 결과를 낼 수 없으며 상황을 더 나쁘게 만들 수도 있다고 생각합니다. 하지만 고객의 불만을 성공적으로 해결하게 되면 우리 관계와 사회 안에서 우리의 영향력을 보여줄 수 있으며 우리가 좀 더 능력 있는 사람, 유능한 사람, 권리를 가진 사람이라고 느끼게 됩니다.[6]

해결하고자 하는 문제를 개인적으로 겪어보지 않았다면, 고객이 우리와 이야기하기 원한다는 사실을 상상하기 어려울 수도 있다.

함께 차량관리국에 방문해보자

누구나 예외 없이 좌절할 만한 상황을 생각해보자. 미국에서는 운전면허 갱신을 위해 차량관리국Department of Motor Vehicles에 방문하는 것이 대표적인 예시가 될 것이다.

모르는 사람들이 모여 있을 법한 곳, 카페 또는 버스정류장 같은 곳으로 가보자. 그리고 그냥 사람들 앞에서 차량관리국에 가려고 한다고 이야기해보자. 여러분이 말을 끝내자마자 사람들은 이야기를 하기 시작할 것이다.

> 저번에 한 시간이나 줄을 서서 간신히 접수대까지 갔더니, 세상에 접수원이 서류가 한 장 빠졌다고 돌려보냈어요!
>
> 저런, 차량관리국 웹사이트에서 예약을 했어야죠! 저는 저번에 그렇게 해서 10분 만에 끝냈는데!
>
> 저는 기다리면서 업무 서류를 읽었네요. 기다리는 동안 최소한의 생산적인 뭔가를 한 거죠.

....

6 http://www.psychologytoday.com/blog/the-squeaky-wheel/201101/how-attain-real-personal-empowerment

여러분이 버스를 기다리는 동안 우연히 말이 많은 사람이니, 차량관리국 직원, 또는 상담 전문가를 만날 가능성은 별로 없다. 누가 보더라도 차량관리국은 엉망이다. 따라서 한 번이라도 차량관리국의 일 처리를 경험했던 사람들은 남에게 도움이 되는 내용, 전문적인 의견, 개선 방안을 자발적으로 말해주는 것이다.

그렇다. 여러분은 사람들에게 시간을 내달라고 부탁하지만, 사람들은 시간이 별로 없다. 하지만 앞의 예시를 생각해보자. 여러분은 단지 20분의 대화를 통해, 평범한 사람이 남에게 도움이 되는 사람, 똑똑한 사람, 세상을 더 나은 곳으로 만드는 사람이 될 수 있는 좋은 기회를 제공하는 셈이다.

고객을 어떻게 찾을 것인가?

여러분의 고객이 될 수도 있는 사람들은 저 밖 어딘가에 있다. 하지만 여러분이 이미 깊숙히 관여하고 있는 틈새 시장이 아닌 곳에서는 잠재고객을 어디서 찾아야 할지를 알아내기가 어렵다. 사람들을 찾는 방법은 꽤 다양하다. 그리고 여러분의 제품을 필요로 하는 사람을 찾으려면 다소의 시행착오를 거쳐야 할 것이다.

인맥을 통해 소개를 부탁하라

첫 시작점은 여러분 바로 옆의 친구나 동료가 되어야 한다(여러분은 자신과 주위 사람이 이미 어느 정도 알고 있는 시장에 진출하려 하고 있을 것이다. 만약 진출하려는 시장과 자신의 인맥이 아무 관계가 없다면, 이는 관련 지식이 전혀 없는 시장으로 진출하려 한다는 신호일 테고, 이는 물론 매우 좋지 않은 생각이다).

어떻게 시작해야 할까? 여러분에게 500명의 대상자가 있다고 해도, 그냥 500명을 수신자로 해서 이메일을 뿌릴 수는 없다.

여러분에게는 해결하려는 문제와 아무 관계도 없는 사람과 인터뷰를 할 시간 여유가 없다. 마구 낭비할 정도로 인맥을 넉넉히 갖고 있는 것도 아니다.

옛 상사, 아이들의 축구 선생님, 시시콜콜한 고민을 상담하는 가까운 친구에게 인터뷰를 요청해서는 안 된다(물론 그들이 여러분이 해결하려는 문제를 안고 있다면 인터뷰를 해야 한다). 반면 여러분은 몇 명의 잠재고객을 이미 알 수도 있는데 그렇다면 더 넓은 2단계 인맥[7]을 활용하여 대상자를 찾을 가능성도 있다. 여러분과 가까운 사람의 친구, 동료, 가족 중에 여러분이 해결하려는 문제를 안고 있는 사람이 있다면, 그들에게 여러분의 제품을 소개하도록 부탁할 필요가 있다.

주변에 이런 사람이 있으면 제게 소개해주겠어요?

내 경험상 좋은 방법이 하나 있다. 여러분이 누구에게 소개를 부탁하든, 그 사람은 소개를 부탁하는 이유를 분명히 이해하고 있어야 한다. 여러분이 아마추어 육상 선수를 소개받으려면 철인 3종 경기를 하는 친구에게 부탁하고, 간호사를 소개받으려면 의료계에서 일하는 옛 동료에게 부탁하는 것이다. 이렇게 하면 부탁받는 사람을 기쁘게 할 수 있고 본인이 그 부탁을 들어주기에 적합한 사람이라는 느낌을 줄 수 있다.

친구와 동료는 여러분을 돕고 싶어 하지만, 한편으로는 조심스럽다. 그들은 스스로 위험을 감수하면서 여러분을 다른 사람들에게 보증하는 것이며, 그들의 친구와 동료까지 알 수 없는 상황으로 들어가게 하는 것이다.

친구와 동료의 인적 네트워크의 문을 열기 위해서는, 여러분이 무엇을 부탁하는지를 매우 명확히 해야 한다. 시간, 약속, 프라이버시 보호, 질문 내용 등 그들이 가장 걱정할 만한 부분에 대해 미리 예상하고 알려주어야 한다. 또한 친구와 동료가 여러분에게 관련 있는 사람들을 소개하는 것이 가능한 한 쉽고 편안한 일이 되도록 해야 한다.

가장 마찰이 적은 접근법은 친구에게 어떤 조건의 사람들과 대화하고 싶은지를 밝히고 그들의 연락처를 얻을 수 있도록 친구를 설득해서 대상자들과 직접 연락하는 것이지만, 잘 통하는 방법은 아니다. 여러분의 친구는 중재자로 남아 있지 않은 한 불편함을 느낄 가능성이 높다. 만약 친구가 대상자에게 이메일을 전달

----

7 역주_ 쉽게 말해, 친구의 친구

(포워딩)해준다면 이 또한 친구가 여러분을 확실히게 보증해주는 일이 된다. 그렇게 되면 응답률을 높이는 데도 도움이 되고 인터뷰 대상자들의 마음을 편안하게 할 수도 있다.[8]

소개 부탁하기

친구와 동료에게 보내는 메시지에 반드시 포함해야 하는 정보가 있다. 나는 대상자와 방금 전화 통화를 마쳤거나 만나서 대화를 나눈 다음에도 언제나 이 요청사항을 이메일로 보낸다.

대량 메일로 시간을 절약하려고 하지 마라. 메시지를 대상자 각 개인에 맞춰 쓰면 그것은 개인적인 부탁이 된다. 수신자를 숨은 참조(BCC)에 넣은 통상 이메일은 무시받기 쉬운 스팸 메일이다.

여러분의 주변 사람이 가능한 한 쉽게 여러분을 도울 수 있도록 이 메시지를 다듬어야 한다. 그들은 단순히 여러분의 메시지를 전달할 수도 있고, 그들이 바라는 대로 편집할 수도 있고, 다른 매체(문자 메시지 등)에 맞게 요약할 수도 있다.

- 대략적으로(5~10단어 내외) 여러분이 해결하려는 문제를 서술하라.
- 여러분의 주변 사람이 왜 여러분에게 도움이 될 수 있는지를 명확히 알려주라.
- 그들이 알고 있는 관계자들에게 이 메시지를 전달해줄 의향이 있는지 질문하라.
- 이 연락이 여러분에게 얼마나 큰 도움이 될지를 설명하라.
- 여러분의 메시지를 전달해줄 것을 분명하게 부탁하라.
- 프라이버시 보호, 만남에 소요되는 시간, 여러분이 찾고자 하는 것이 무엇인지를 설명한 정보를 바로 전달할 수 있도록 해당 내용을 미리 작성해서 메시지에 포함하라.

예시를 하나 들어보겠다.

저는 엔지니어링팀에서 애자일 개발 방법론을 어떻게 받아들이고 있는지를 알고자 합니다. 인사팀에 계셔서 엔지니어링 채용 담당자들을 많이 알고 계시리라 생각됩니다. 몇몇 관계자 분들께 이 메시지를 전달해주셔서 저를 좀 도와주실 수 있을까요?

---

8 더불어 이 방법은 여러분의 메일이 스팸으로 분류될 가능성을 낮춰준다.

응답해주시는 분들과는 그분들이 현재 사용하는 엔지니어링 프로세스에 대해 20분 정도 전화 통화를 하려고 합니다.

사전 준비는 따로 하지 않으셔도 됩니다. 그저 그분들의 경험을 듣는 것만으로도 지금 제가 수행 중인 프로젝트에 큰 도움이 될 것입니다. 관계자 분들께 바로 전달하실 수 있는 메시지를 다음과 같이 보냅니다.

————

제 이름은 _____입니다. 제가 지금 진행 중인 프로젝트를 위해, 엔지니어링팀이 애자일 개발 방법론을 어떻게 받아들이고 있는지를 좀 더 배우고자 합니다.

귀하의 경험과 몇 개의 질문에만 답변을 해주시면 저희에게 정말 큰 도움이 될 것입니다. 소요 시간은 20분 안쪽이며 답변을 미리 준비하실 필요도 없습니다.

다음주쯤 전화 통화를 하실 수 있도록 시간을 내주시겠습니까?

감사합니다

[자신의 이름, 연락처 정보]

더 넓은 그물을 던질 것

개인적 인맥과 주위 사람들의 직접 소개만 가지고는 대상자를 충분히 확보하기가 어렵다. 다른 일도 마찬가지겠지만, 통하는 방법을 찾아내려면 여러 각도로 접근해볼 필요가 있다.

링크드인에서 사람 찾기

링크드인은 특정 업계에서 일하는 사람이나 구체적인 직함을 가진 사람을 찾기에 가장 쉽고 보편적인 방법이다. 사람들의 기술이나 분야에 따라 검색 범위를 좁힐 수도 있다. [9] (물론, 직함이나 경력은 소비자 대상 제품보다는 기업 대상 제품에 대

---

[9] 링크드인을 어떻게 사용해야 하는지 정보가 좀 더 필요하다면 무빙월드의 CEO 마크 호로쇼프스키(Mark Horoszowski)가 쓴 글을 참고하라(http://customerdevlabs.com/2012/06/24/anybody-that-knocks-linkedin-does-not-know-how-to-use-it/).

해 검색할 때 더 관련이 크다.)

1촌(1단계 인맥) 또는 2촌(2단계 인맥)인 사람 중에서 여러분이 세운 기준을 충족하는 사람을 몇 명 정도 찾을 수 있을 것이고, 그 정도면 사전조사를 시작하기에 충분하다. 요청을 잘 받아들여주는 사람 한두 명이 여러분이 대화해야 하는 사람을 더 많이 찾아내도록 도와줄 수 있다.

1촌인 사람에게는 바로 메시지를 보낼 수 있다. 링크드인의 자체 메시지 시스템을 사용할 수도 있고, 사람들의 프로필에서 이메일 주소를 찾아 이메일을 보낼 수도 있다(대상자의 전체 프로필을 보려면 링크드인에 로그인해야 한다). 만약 대상자가 2촌이라면 링크드인에서는 대상자에게 메시지를 전달하기 위해 간단한 요청을 할 수 있게 해준다.

내(신디 앨버레즈)가 1촌인 에릭 리스의 소개로 2촌인 스티브 블랭크에게 메시지를 보낸다고 할 때, 메시지의 예시는 다음과 같다.

> 제목: 린 스타트업에 대해서 이야기를 나눌 수 있을까요?
>
> 안녕하세요, 에릭.
>
> 저는 지금 린 고객 개발에 대한 책을 쓰고 있는데 스티브 블랭크와 이야기를 나누면 참 좋을 것 같습니다. 스티브 블랭크에게 이 메시지를 전달해주실 수 있나요? 만약 스티브가 답을 한다면 20분 정도 전화 통화를 하도록 준비하려고 합니다.
>
> 제 메시지 내용은 아래와 같습니다:
>
> 안녕하세요, 스티브. 저는 신디 앨버레즈입니다. 저는 지금 린 고객 개발에 대한 책을 쓰고 있습니다. (…)

이와 같이 2촌에게 메시지를 보낼 때는, 1촌이 더 쉽게 소개할 수 있도록 사전에 준비된 메시지 내용을 포함하라.

링크드인에서 3촌에게 메시지를 전달하는 것은 추천하지 않는다. 두 단계가 떨어져 있으면 보증 심리가 많이 옅어진다. 만약 3촌과 연락해서 응답률을 최대화하고 싶다면 차라리 링크드인 계정을 프리미엄 멤버십으로 업그레이드하고 링크드인의 자체 메일인 inMail을 이용해서 직접 연락하는 방법이 나올 것이다.

링크드인 프리미엄 멤버십에는 inMail 크레딧이 포함되어 있다. inMail로 메시지를 보내면 돈이 들기 때문에 수신자들은 inMail 메시지를 스팸 메일로 생각하지 않는다. 그리고 수신자가 여러분의 inMail 메시지를 수신했을 때만 비용이 지불되므로 여러분의 메시지를 저렴하게 수정할 수 있다.[10] 프리미엄 멤버십을 사용하면 여러분이 사람들을 찾는 데 도움이 되는 추가 필터를 사용할 수 있다.

몇몇 경우에는 링크드인 검색을 간단한 고객 개발 도구로 활용할 수도 있다. 하지만 특정 직종이나 특정 업체에 대한 상세 검색 결과가 기대한 만큼 많이 나오지 않을지도 모른다. 이는 여러분의 목표시장 규모가 너무 작다는 뜻일 수도 있다.

링크드인을 사용할 때 어려운 점 하나는 구인 담당자들과의 경쟁이다. 구인 담당자들 중 일부는 막연한 키워드 검색 결과에 나타난 사람 아무에게나 일단 메시지를 뿌리고 보는 접근방법을 사용한다. 어떻게 여러분을 차별화할 것인가? 비결은 구체적으로, 각 개인에 맞추어서, 간결한 메시지로 접근하는 것이다.

링크드인으로 여러분을 소개하기

링크드인 메시지는 1000자로 글자 수 제한이 있으므로 여러분의 목적과 방법에 대해 간결하게 설명해야 한다. 포함되어야 할 정보는 다음과 같다.

- 메시지를 받는 사람이 여러분을 도와줄 수 있는 이유를 명확히 하라.
- 여러분이 해결하고자 하는 문제를 간결하게 설명하라(영문 기준 5~10단어).
- 최소한 어느 정도의 시간이 필요한지 명확하게 요청하라(예를 들어 3개 문제로 된 설문조사 또는 5분의 전화 통화).

예시 메시지를 적어보겠다.

안녕하십니까, 제 이름은 _____입니다. 소규모 기업들이 SaaS 제품을 선택하는 방법을 연구하고 있습니다. 2분 정도의 시간을 내주셔서 3개의 문제로 된 간단한 설문조사를 해주실 수 있으십까? [문서 주소]

---

10 역주_ 링크드인 홈페이지의 inMail 시스템 설명을 참고하기 바란다(http://linkd.in/1FlelUU).

시간을 내주셔서 감사합니다. 보답해드릴 수 있는 방법이 있다면 어떻게든 보답하고 싶습니다!

감사합니다.

설문조사의 목적은 고객 인터뷰를 대체하는 것이 아니다. 이 시나리오에서 설문조사에는 두 가지 목적이 있다. 첫 번째 목적은 대상자가 우리와 연관성이 있는 목표 고객인지를 몇 개의 질문을 통해서 확인할 수 있다는 것이고, 더 중요한 목적은 초기 접촉을 위한 시발점이 될 수 있다는 것이다. 링크드인을 통해서 사람들과 연락하는 일은 다소 정감 없게 느껴질 수 있으니, 응답을 얻으려면 최초 요청을 보낼 때 가능한 한 가볍게 보내야 한다. 일단 누군가와 대화를 시작했다면 대화 상대가 후속 질문이나 더 자세한 인터뷰 요청을 받아들일 가능성이 매우 높아진다.

쿼라에서 사람 찾기

기술적 주제와 인터넷에 관련된 주제에 편중되어 있기는 하지만, 쿼라^{Quora} 사이트도 고객 제품 및 기업 제품을 위한 대상자를 찾기에 좋은 도구이다(초기에 쿼라는 초대된 사람들만 이용할 수 있었으며 초기 커뮤니티는 샌프란시스코와 뉴욕의 기술적 모임에 집중되어 있었다).

쿼라는 링크드인이나 트위터보다 사용자 수가 훨씬 적지만, 좀 더 열정적이고 의견을 잘 내는 사람들이 모이는 경향이 있다. 내 경우에는 쿼라를 통해서 사람들을 찾을 때 운이 좋은 적이 더 많았는데, 이런 이유 때문인지는 잘 모르겠다(또 나 자신도 링크드인으로 온 요청보다 쿼라를 통해서 온 요청에 개인적으로 더 잘 응답한다는 걸 깨달았다).

쿼라를 사용하려 한다면 먼저 해둬야 할 일이 있다. 쿼라 사용자들은 자신들의 커뮤니티를 상당히 보호하려 든다. 단순한 구독자가 아니라 도움이 되는 구성원이 되어야 한다. 기본적인 활동을 하라. 사진을 올리고, 프로필을 충실하게 작성하고, 관련된 주제에 관심을 보여라. 여러분의 제품 분야와 관련된 주제에 대한 질문과 답변을 읽어보라. 답변을 작성하려 노력하고 최소한 답변에 댓글을 달도록 하라. 자신을 광고하려 하지 말고 커뮤니티에 가치를 더하려 노력하라.

이런 활동을 하면서 덤으로 어떤 질문을 더 추가해야 하는지 아이디어를 얻을 수 있을 것이다. 여러분의 관심사에 대해 질문과 의견을 쓴 사람들이 좋은 출발점이 될 수 있다. 그 사람들은 스스로를 전문가로 생각한다. 그리고 주제에 대해서 계속해서 이야기할 의향을 갖고 있다. 하지만 단지 주제에 대해 단순한 관심만 갖고 있는 사람이라도 어느 정도는 참여할 의향이 있을 수 있으며, 여러분의 메시지에 답을 줄 수도 있다(그림 3-3).

그림 3-3 쿼라에서 "고객 개발: 가설을 어떻게 검증하고 테스트하시나요?"라는 질문을 올리면 팔로우하는 사람들을 볼 수 있다.

부디 쿼라의 게시판에서 고객 개발 참가자를 구하려고 하지 않기를 바란다. 여러분의 질문이 순식간에 반대표를 얻고 여러분이 의견을 얻고 싶어 하는 바로 그 사람들을 성나게 할 수 있다.

그 대신, 각 사람을 위한 개인적 메시지를 공들여 쓰는 것이 좋다. 관심이 가는 사람을 찾게 되면 그 사람의 이름을 클릭해서 프로필 페이지로 들어가라. 사용자 프로필 페이지의 사이드바에서 그 사람에게 직접 메시지를 보낼 수 있는 링크를 찾을 수 있다(그림 3-4).

쿼라 사용자들에게 도움이 될 수 있는 메시지를 몇 개 보내는 것에서부터 시작하라. 그리고 여러분이 보낸 메시지가 그들에게 도움이 되었는지를 확인해보라(여러분의 메시지를 수정해야 할 수 있으므로 처음부터 모든 사람에게 메시지를 보내지는 말도록 하자). 만약 메시지 수신자가 새 메시지를 이메일로 받아볼 수 있도록 하는 설정을 꺼놓았다면 답장을 받는 데 며칠이 걸릴 수도 있다.

포럼과 사적인 온라인 커뮤니티에서 사람 찾기

학부모, BMW 팬, 만성 질환을 치료한 사람, 다이어트에 열심인 사람, 와인 전문가 등을 찾고 있는가? 이런 사람들은 쿼라 같은 일반적 커뮤니티보다는 특정 주제에 대한 포럼, 메일링 리스트, 또는 회원제 기반 커뮤니티에서 찾을 수 있을 가능성이 높다.[11]

저런 종류의 커뮤니티들은 대부분 공개적으로 찾을 수 있지만 최고의 커뮤니티를 찾는 가장 좋은 방법은 목표 고객에게 직접 물어보는 것이다. "당신이 [주제]에 대해 가장 좋은 의견을 듣고 싶으면 어떤 커뮤니티를 찾아보시나요?"

이런 커뮤니티를 고객 개발 인터뷰 대상자들을 모으기 위한 장소로만 취급해서는 안 된다. 커뮤니티의 문화를 존중해야 한다. 단지 커뮤니티에서 진행되는 대화를 미리 읽어보는 것만으로도 아이디어를 검증할 수 있는 간단한 방법을 찾아낼 수 있을 것이다. 그러다 보면 어떤 질문이 많은 답변을 받고 어떤 질문이 답변을 못 받는지를 알게 될 것이다. 이 방법은 여러분의 잠재고객이 무엇을 힘들어하며 무엇을 통해 동기를 얻는지 알아보는 데 좋은 대안이다.

쿼라와 마찬가지로 커뮤니티에 정성을 들이는 일부터 시작하는 것이 중요하다. 우선 얼마 동안은 조용히 대화를 읽고 답을 제공하라(의견보다는 확실한 답을 하는 편이 더 안전하다). 인터뷰를 요청하는 글을 무작정 올리기보다는 공동체에 활발히 참여해서 몇몇 개인과 연결되는 방법을 활용하라.

그림 3-4 사용자 프로필 페이지의 왼쪽 사이드바에 그 사용자에게 개인적으로 메시지를 보낼 수 있는 링크가 있다.

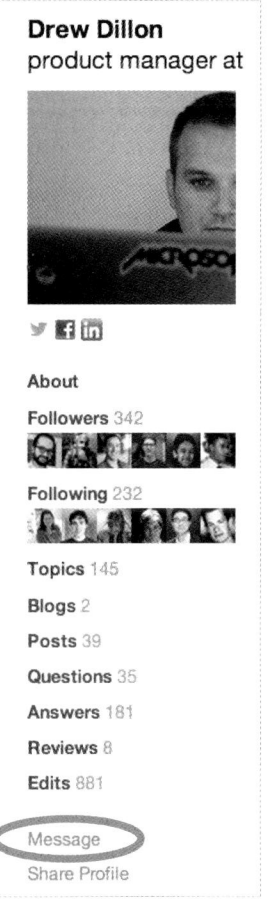

---

11 역주_ 국내의 경우 다음이나 네이버 등의 포탈 사이트 카페 같은 커뮤니티 서비스도 이용해보자.

오프라인에서 사람 찾기

때로 유망고객을 찾는 가장 간단한 방법은 직접 그 사람들이 있는 곳에 가보는 것이다. 5km 또는 하프 마라톤 결승점보다 달리기를 좋아하는 사람들이 많이 모여 있는 곳은 없을 것이다. 치과 전문가들을 찾으려면 대규모 치과 학회가 열리는 곳의 길 건너편에 있는 스타벅스가 가장 확실하다.

오프라인에서 사람들에게 접근하는 일은, 여러분이 그들을 방해해야만 하므로 좀더 섬세하게 진행해야 한다. 여러분의 유망고객이 끝내야 하는 일(줄 서기, 비즈니스 상대와 이야기를 나누는 것, 귀여운 여성의 번호를 얻는 일, 물건 구매 등)을 충분히 생각하고 끝낸 '다음에' 접근하는 것이 요령이다.

이들은 또한 여유가 별로 없을 가능성이 높다. 방금 마라톤을 마친 사람들은 길게 이야기를 나누기에는 너무 지쳐 있을 것이다. 치과 의사들은 다음 발표를 놓치지 않기 위해 서둘러 가야 할 수도 있다. 긴 인터뷰를 계획하지 말라. 한 개의 질문에 집중하거나 일단 문제를 신속히 알려주고 다음에 다시 이야기할 수 있도록 연락처를 받아두라.

콘퍼런스에 스폰서로 참여하는 방법도 있다. 하지만 콘퍼런스 부스를 차린다고 해도 부스에 오는 사람이 거의 없다는 것은 우리 모두 잘 알고 있다(정말 매력적인 기념품이나 경품 추첨을 준비하면 조금 낫겠지만). 사람들에게 연락처를 받거나 질문에 대한 답을 얻으려면 적극적으로 접근할 필요가 있다.

유망고객이 모여 있는 곳으로 가라

육포를 고급 와인 옆에 나란히 놓는다면?

크레이브의 CEO인 존 세바스티아니Jon Sebastiani는 이렇게 말했다. "육포라고 하면 주유소에서나 파는 남자들의 저질 간식이라는 인식이 있었죠." 하지만 세바스티아니는 소비자들이 고단백 다이어트와 유기농 음식을 선호하는 흐름을 보았고 육포를 고급 요리로 받아들일 준비가 되었다고 가정했다. 세바스티아니는 궁금했다. "육포에 대한 인식 자체를 바꾸려는 것은 너무 무모한 도전인가? 이것이 우리의 원래 직무이었다."

세바스티아니는 소노마에서부터 검증을 시작했다. 그는 농담 삼아 소노마를 "고급 요리 문화의 중심지, 자신의 음식 선택에 대해 도가 지나칠 정도로 오만한 사람들이 있는 곳"이라고 부른다. 세바스티아니는 그의 유망고객이 이미 있는 곳으로 갔다. 지역 내의 홀푸드마켓Whole Foods Market[12]과 매년 열리는 와인 경매 이벤트장 말이다.

동시에 세바스티아니는 버클리-컬럼비아 경영진 MBA 프로그램에서 스티브 블랭크의 린 실무 과정 강의에 참여했다.[13] 세바스티아니는 매주 배운 내용을 수업에 반영했고 블랭크로부터 피드백을 받았다.

크레이브 팀은 잠재고객들이 크레이브 팀의 가설을 얼마나 열광적으로 검증해주었는가에 매우 놀랐다. "이건 마치 억눌려 있던 고급 육포에 대한 수요를 저희가 풀어낸 것 같았습니다. 사람들은 남몰래 육포를 좋아하고, 있었고 어디서 좋은 육포를 살 수 있는지 알고 싶어 했던 거죠."

고급 육포에 대한 수요를 확인한 다음에는 고객들의 이런 기대를 확실하게 만족시킬 수 있는 제품을 만들 필요가 있었다. 세바스티아니는 잠재고객들에게 어떻게 구매를 결정하는지, 영양 정보를 볼 때 무엇을 주로 보는지, 어떤 점을 보고 천연 고급 간식을 정의하는지를 질문했다. 질산염과 인공 조미료는 제외되었다. 세바스티아니는 "영양학적으로 최고급 제품 취급을 받기 위해서 얼마나 많은 노력을 해야 되는가를 깨닫고 나서 충격을 받았습니다"라고 말했다.

물론 고객 수요는 정답의 일부분에 불과하다. 목표 고객에게 제품을 보여주기 위해서 크레이브는 상점의 진열대를 확보해야 했다. 유통업자와 소매상에게 신제품은 일종의 도박이다. "진열대를 확보하기 위한 경쟁은 매우 치열합니다. 진열대 한 칸을 확보하는 데 엄청난 비용이 듭니다. 고객의 동향에 따라 진열대 배치가 결정됩니다. 고객이 이 제품에 돈을 쓸 것이라는 확신이 필요하죠." 세바스티아니는 고객 인터뷰 결과를 세이프웨이에 보여줄 수 있었고 그 결과 50만 달러의 주문을 받을 수 있었다. 그는 "우리는 고객이 우리 제품을 살 준비가 되었다는 것을 증명

---

12 역주_ 유기농 재배한 고급 농수산물을 전문으로 판매하는 체인점

13 나는 스티브의 강의에 멘토로 참여했기 때문에 미국에서 손꼽히는 슈퍼마켓 체인에서 크레이브 육포를 팔고 있는 걸 발견했다. 꽤 놀라운 일이었다.

할 수 있었습니다"라고 말했다. 세바스티아니는 다른 매장에 입점을 요청할 때 세이프웨이의 매출 실적을 유용하게 사용했다.

2012년 크레이브는 미국과 캐나다에서 15,000개 이상의 상점에 입점했으며 120만 달러 이상의 매출을 올렸다. 하지만 크레이브 제품을 슬림 짐^{Slim Jim}[14] 제품 옆에서 찾지는 말기 바란다. 크레이브의 바질 시트러스 또는 치폴레 맛 육포는 팝칩스^{PopChips}, 오드왈라^{Odwalla}, 클리프 에너지바^{Clif Bar}[15] 같은 상품과 함께 건강식품 코너에서 찾을 수 있을 것이다.

블로그 포스트 사용하기

여러분이 조사하는 분야에서, 블로그 전체를 관련 내용으로 채울 수 있는 사람은 매우 드물 것이다. 하지만 소수라도 그런 사람들이 분명히 존재하며 우리는 그들을 찾아서 연락해봐야 할 것이다. 몇 종류의 메타블로그(블로그를 모아놓은 블로그 사이트)로 다음 같은 것들이 있다.[16]

- Alltop.com
- Blogarama.com
- Blogs.com

물론 특정 주제에 대한 내용만이 모여 있는 블로그보다 개인 블로그에서 그 주제에 대해 쓴 포스트가 훨씬 더 많을 것이다. 특정 주제에 대한 개별 포스트를 찾으려면 메타블로그가 아니라 검색 엔진이 필요하다.

끈기를 가지고 시행착오를 거치면서 엄청난 수의 문서를 뒤지다 보면 언젠가는 결과를 찾겠지만, 요령을 하나 알려주겠다. 구글 검색을 사용한다면 '검색 도구'에서 '모든 날짜' 옵션을 '지난 1년'으로 설정해보라(그림 3-5). 우리는 2005년이 아니라 최근에 문제를 경험한 사람을 찾아야 한다.

---

14 역주_ 가느다란 육포 스낵 제품
15 역주_ 각각 감자 건강 간식, 기능성 음료 브랜드, 유기농 에너지바
16 역주_ 국내에도 메타블로그가 몇 곳 있지만 안타깝게도 본서 내용에 적합한 곳은 없는 듯하다.

그림 3-5 블로그 포스트를 찾은 때 오래된 견과를 제어하려면 '지난 1년' 필터를 사용하라.

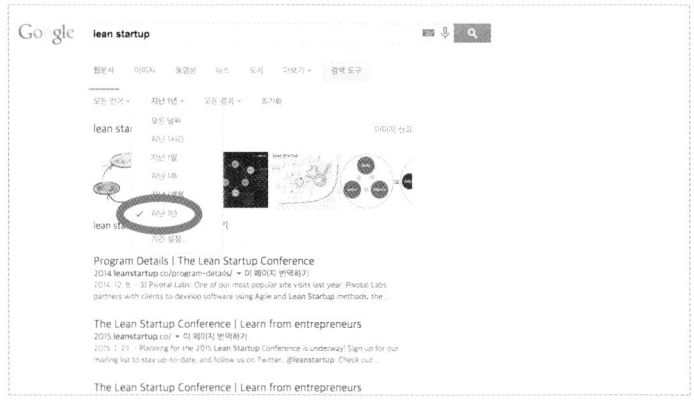

트위터 활용하기

트위터에는 공적인 연락처 정보가 없기 때문에 다른 매체들보다는 직접 사람과 연락하기가 좀 더 어렵다. 특정인에게 멘션을 보낼 수도 있지만 어떤 부탁을 하거나 자기소개를 할 때도 모든 내용을 140자 이내로 써야 한다. 트위터는 이미 어느 정도 이상의 팔로워가 있는 기업이나 사람들에게 유용하다. 팔로워들과 이미 관계가 맺어져 있기 때문에 이를 통해서 연락처 정보를 모으거나 간단한 설문조사 링크를 띄워서 답변을 부탁할 수 있다.

대부분의 사람들에게 트위터를 가장 생산적으로 사용할 수 있는 방법은 여러분의 목표 고객이 트윗을 올릴 때나 공유 글을 검색할 때 사용하는 해시태그(#)를 찾아내는 것이다. 예를 들어 제품 관리자들은 트윗에 #prodmgmt(#제품관리)라는 해시태그를 종종 덧붙인다. 자폐증을 앓는 아이의 부모는 자신들의 트윗에 #autism(#자폐) 태그를 붙일 수도 있다. 이런 해시태그들을 찾아내면 여러분의 목표 고객이 관심을 갖는 글을 찾는 데 큰 도움이 된다. 마치 고객들이 콘퍼런스나 이벤트 행사장에 실제로 모여 있는 것과 비슷하다.

어떤 종류의 고객을 목표로 하는가에 상관없이 고객이 이미 무엇을 하고 있는가를 스스로 질문해볼 수 있다. 무슨 제품 또는 서비스를 이미 구매했는가? 어떤 웹사이트를 이미 사용하고 있는가? 고객들은 어디서 시간을 보내는가? 대규모 구매를 결정할 때 어떤 방법으로 조사를 하고 누구에게 조언을 구하는가?

크레이그리스트를 사용하지 말라

여러분이 포스팅에 쓰는 시간을 아낄 수 있도록 하고 이상한 사람으로 표시되는 것을 막아주려고 한다. 대화할 사람을 크레이그리스트[17]에서 직접 찾지 말라. 크레이그리스트에는 매일 엄청난 수의 사기글이 올라온다. 여러분의 요청글 또한 수상하게 보일 것이다. 여러분이 대화를 나눠야 할 사람들은 인터뷰를 부탁하는 이상한 요청글을 읽지 않는다. 인터뷰 대가를 지불하겠다는 조건은 돈이 급하게 필요한 사람과 실업자만을 끌어들일 뿐이다.

하지만 경우에 따라서는 여러분의 목표 고객이 이미 크레이그리스트에서 거래를 하고 있을 수도 있다. 여러분이 해결하려는 문제가 부동산, 데이트 상대 찾기, 구인/구직, 지역 행사에 관한 것인가? 만약 그렇다면 여러분의 목표 고객은 이미 크레이그리스트를 샅샅이 뒤지고 있을 수도 있다.

많은 사람이 이런 종류의 접촉을 선을 넘는 것으로 여길 수 있다. 개를 데리고 살 수 있는 아파트를 찾는 남자가 여러분이 찾던 사람일 수도 있지만, 아무런 정보 없이 그 사람에게 메일을 보내게 되면 그를 속이는 일이 될 수도 있다(여러분이 우연히 개를 키울 수 있는 아파트에 대한 정보를 정말로 갖고 있다면 또 모르겠지만). 이 방법을 쓴다면 신중하길 바란다. 그리고 스팸에 대한 비난을 받아들일 준비를 하라.

대가를 줄 것인가, 말 것인가?

"인터뷰에 응해주는 사람에게 얼마를 주어야 할까요?"

나의 원론적인 대답은 "아무것도 주지 말라"이다.

내 대답은 여러분이 사람들을 이용한다거나 사람들의 시간이 소중하지 않다는 의미가 아니다. 사실은 그 반대다. 여러분은 자신의 시간, 집중력, 문제를 해결하려

---

17 역주_ 개인 광고, 직업, 주택, 이력서, 토론 공간 등을 제공하는 안내 광고 및 게시판 웹사이트이다. 지역 기반으로 운영되며 서울도 사이트가 있다.

는 누력을 들여서 인터뷰 대상자들에게 보상을 해주고 있는 것이다.

고객 개발을 실행하는 이유는 실제로 존재하는 특정한 문제를 정말로 심각하게 받아들이는 사람이 누구인지를 검증할 필요가 있기 때문이다. 비용과 시간을 들여서 해결책을 개발하기 전에, 여러분에게는 구매자가 있을 것이라는 강한 확신이 필요하다. 만약 어떤 사람이 금전적 보상 없는 20분간의 대화에 참여할 마음이 없다면 6개월 뒤에 자기 지갑에서 돈을 꺼낼 확률이 얼마나 되겠는가?

여러분만 이득을 얻어야 한다는 말이 아니다. 고객과 대화를 진행할 때는 여러분이 뭔가를 배우는 한편으로 고객이 말하고 싶은 방향에 따라 대화가 진행될 수 있도록 해야 한다. 이는 고객에게 더 개인적이고 귀중한 보상이다. 기존 고객과 대화를 나누는 동안, 여러분은 미래의 자기 시간 중 일부를 은연중에 고객에게 제공하고 있는 셈이다.

그렇다고 잠재고객에게 한 푼의 돈도 써서는 안 된다는 의미로 오해하지는 말기 바란다. 만약 스타벅스에서 인터뷰 참가자를 찾으려 한다면 참가자들에게 커피 한 잔은 사줘야 한다. 만약 고객에게 추가로 더 많은 시간을 요청할 경우에는 실물로 감사의 표시를 하고 싶을 수도 있다(야머에서는 고객들에게 원하는 자선단체를 골라서 고객 명의로 소액 기부를 할 수 있게 했다. 이걸로 사람들이 그날 하루 두 번째 선행을 했다고 느끼게 하기에 충분했다). 요점은 인터뷰 이후에 여러분이 제공하는 것이 고객이 느끼기에 '일당'이 아니라 '감사의 표시'가 되어야 한다는 것이다.

랜딩 페이지 사용하기

트래픽을 끌어들이기 위해서 랜딩 페이지를 만들고 구글 애드워즈를 사용하는 방법은 가장 기본적인 고객 개발 기법이다. 에릭 리스는 이 방법에 대하여 글을 썼고 키스메트릭스를 포함한 많은 회사가 이 방법을 사용했다. 하지만 점점 많은 사업자가 애드워즈를 사용하게 되자 클릭당 단가가 매우 높아졌다. 여러분의 목표가 틈새시장인 경우를 제외하면, 애드워즈를 통해 방문자를 늘리는 데 들어가는 비용이 터무니없이 비싸질 수도 있다.

하지만 여러분에게 기존 고객이나 인기 있는 블로그, 다수의 트위터 팔로워가 있다면 적절한 트래픽을 얻을 수 있다. 여러분 스스로 할 수도 있고 트위터를 통해 여러분의 사이트를 홍보할 수 있도록 도와주는 런치락LaunchRock[18]같은 호스팅 서비스를 이용할 수도 있다. 랜딩 페이지를 사용하면 짧은 설문조사를 수행하면서 동시에 추가 인터뷰를 위해 사람들의 연락처를 얻을 수도 있다(그림 3-6).

그림 3-6 짧은 설문조사는 응답률을 낮추지 않고도 잠재고객을 선별해내는 데 도움이 된다. 나중에 후속 질문을 할 수 있도록 이메일 주소를 모으는 것을 잊지 않도록 하자.[19]

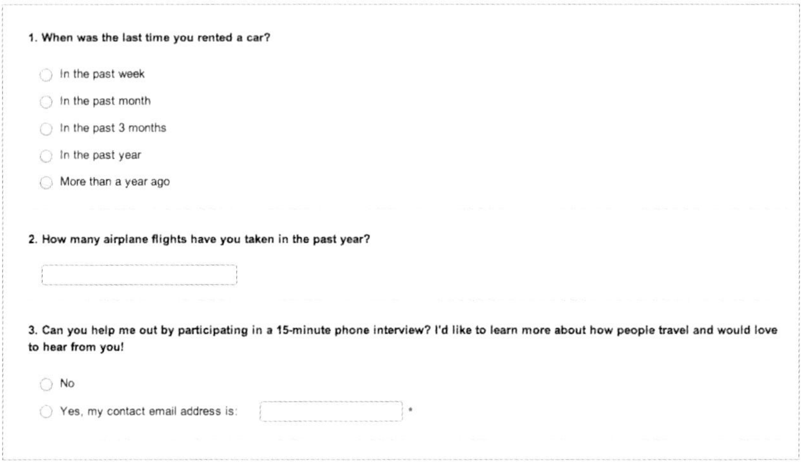

1. When was the last time you rented a car?

- In the past week
- In the past month
- In the past 3 months
- In the past year
- More than a year ago

2. How many airplane flights have you taken in the past year?

3. Can you help me out by participating in a 15-minute phone interview? I'd like to learn more about how people travel and would love to hear from you!

- No
- Yes, my contact email address is: *

인터뷰는 어떻게 진행해야 하는가?

고객 개발 인터뷰를 진행하는 가장 좋은 방법은 여러분과 여러분의 목표 고객이 가장 편안하게 인터뷰를 할 수 있게 하는 방법이다. 각 접근법마다 장단점이 있지만 만약 스케줄을 조정하는 데 너무 오래 걸린다거나 또는 여러분 자신이 인터뷰 스케줄을 미루거나 바꾸게 되면 어떤 방법을 써도 의미가 없을 것이다. 몇 가지 인터뷰 방법을 단계별로 여러분에게 보여주고 이 방법들이 여러분에게 잘 맞거나 잘 맞지 않을 이유를 설명하려 한다.

---

18 역주_ http://www.launchrock.com

19 랜딩 페이지 없이 독립적인 설문조사만 진행하는 것도 가능하다. 서베이몽키(SurveyMonkey) 또는 우푸(Wufoo) 같은 무료 툴을 사용하면 된다(나는 우푸를 선호한다). 독립적 설문조사의 불리한 점은 랜딩 페이지보다 신뢰성이 낮아서 응답률이 떨어진다는 것이다.

고객의 집이나 사무실 방문하기

인튜이트에서는 고객의 집이나 사무실로 방문하는 것을 '집으로 따라오세요'라고 부른다. 사용자 연구자들은 이를 민속학적 인터뷰 또는 현장 방문이라고 부르기도 한다. 이 방법은 린 스타트업 운동이 있기 수십 년 전부터 존재했다.[20]

자연스러운 환경에서 고객을 관찰하는 것은 고객 개발의 본 의미에 가장 충실한 방법이다. 고객을 지켜보면서 고객이 겪고 있는 환경의 소음 수준, 정돈 상태, 고객이 개인적인 공간을 갖고 있는지 또는 지속적으로 방해를 받는지, 구식 기술을 쓰고 있는지 최신 기술을 쓰고 있는지, 어떤 사람이 고객과 이야기를 하러 오는지 등을 배울 수 있다. 만약 고객에게 특정한 일을 어떻게 하는가를 물어보면 말로 설명하는 대신 직접 보여줄 수도 있다.

일대일 대화는 좀 더 개인적인 접근이다. 대화 상대는 여러분의 얼굴과 몸짓을 볼 수 있으며 잠재적 초기 지지자인 대화 상대와 관계를 형성하는 데 도움이 된다. 추후에 후속 질문을 하러 갔을 때 가정이나 직장에서 다른 대상자들을 만나게 될 수도 있다.

현장 인터뷰는 조정하기가 정말 어렵다. 보안 문제 때문에 직원이 외부인을 데리고 들어갈 수 없는 곳도 있다. 아니면 들어가기 전에 NDA를 작성해야 할 수도 있다. 개인 고객은 어질러진 집이나 가족들의 방해 때문에 인터뷰를 꺼릴 수도 있다. 사전에 허가를 받아야 할 필요성 때문에 인터뷰는 연기되거나 갑작스럽게 취소될 수도 있다.

그럼에도 다음과 같은 상황에서는 현장 인터뷰가 더 효과적이다.

- 기존 제품과 고객이 있는 회사(8장에서 더 자세히 다룬다)

----

[20] 문자 그대로 수십 년 전부터! 인튜이트는 1989년에 '집으로 따라오세요' 프로그램을 개발했다. "인튜이트 직원이 지역의 컴퓨터 가게에 머물러 있다가 누군가가 회계관리 프로그램인 퀴큰(Quicken) 패키지를 선반에서 집어 들고 구입하면(사람들이 이런 방법으로 소프트웨어를 사는 시기였다) 구매자에게 집에 따라가 퀴큰의 설치가 얼마나 어려운지 지켜봐도 되겠느냐고 물었다. 인튜이트 직원은 제품의 비닐 포장이 얼마나 잘 벗겨지는가 하는 소소한 점에서부터 제품 설명서의 어느 부분이 새로운 사용자를 당황스럽게 하는가에 이르기까지 모든 내용을 조용히 지켜보았다." (http://www.inc.com/magazine/20040401/25cook.html)

- 물리적 환경이 큰 비중을 차지하는 문제를 다루는 경우
- 다양한 이해관계자가 관련된 문제를 다루는 경우
- 가정에서 사용되는 제품

제3의 장소에서 개인적인 대화 나누기

고객 개발 인터뷰의 본래 의미에 충실한 또 다른 방법은 여러분의 사무실이나 고객이 있는 곳이 아닌 제3의 장소에서 대화하는 것이다. 유망고객의 시끄러운 사무실 자리나 엉망인 주방을 볼 수는 없지만, 그래도 그들의 보디랭귀지를 볼 수 있고 그들이 자신의 문제를 설명할 때 어떤 표정을 짓는지를 관찰할 수 있다. 유망고객 또한 여러분을 지켜보기 때문에 이 방법은 고객과 친밀감을 쌓는 데 도움이 된다.

이 방법의 단점은 현장 방문과 비슷하다. 적절한 인터뷰 장소를 찾아야 한다는 점이다. 적절한 장소를 결정했으면 고객에게 인터뷰 장소로 갈 수 있는 방법과, 주차는 어떻게 할 수 있는지, 여러분을 어떻게 알아볼 수 있는지를 알려주어야 한다(여러분과 인터뷰 대상이 만난 적이 없다고 가정하면). 내 생각에는 노트에 필기하기가 가장 어려운 인터뷰 방법이다(주변이 시끄러운 경우가 많고 때로는 필기할 노트를 마땅히 놓을 데가 없기도 하다).

제3의 장소에서의 개인 인터뷰는 다음과 같은 경우 효과적이다.

- 두 명 또는 그 이상의 인터뷰 대상과 함께 주변의 방해(배우자 또는 동료 등) 없이 인터뷰를 진행하고 싶은 경우
- 제품의 대상 고객이 일반인이기 때문에 스타벅스나 다른 공공장소에서 여러 사람들을 대상으로 연속 인터뷰를 하려는 경우

전화 인터뷰

전화 통화는 고객 개발 인터뷰를 할 때 내가 가장 자주 쓰는 방법이다.

시각적 정보를 얻을 수는 없지만 사람들의 억양과 대화 중에 잠깐 멈추는 부분 등

에서 많은 것을 배울 수 있다(또한 추측건대 사람들은 눈을 마주칠 필요가 없을 때 부끄럽거나 불만스러운 사안에 대해 좀 더 솔직하게 이야기하는 것 같다).

더 중요한 점은 인터뷰를 신속하게 진행할 수 있고 그래서 더 빨리 배울 수 있다는 것이다. 전화 인터뷰를 요청하면 응답률이 높다. 실제 인터뷰와는 달리 이동 시간 계산이나 외출 허가 같은 고민을 할 필요가 없기 때문이다. 상대에게 결례를 범하지 않으면서도 노트북 등의 컴퓨터를 사용할 수 있기 때문에 인터뷰 내용도 더 충실하게 기록할 수 있다.

전화 인터뷰는 다음과 같은 경우 효과적이다.

- 바쁜 사람과 연락하는 경우
- 다른 시간대나 다른 장소에 있는 사람과 이야기하는 경우
- 짧은 시간에 가능한 한 많은 사람과 인터뷰를 마쳐야 하는 경우

비디오 채팅 또는 영상 통화

비디오 채팅의 장단점은 전화 통화의 장단점과 거의 같다. 컴퓨터 화면을 통해서 이긴 하지만 고객의 표정이나 보디랭귀지를 볼 수도 있다. 만약 목표 고객이 신기술에 매우 익숙한 사람이라면(혹은 나이가 20대 이하라면) 매우 좋은 인터뷰 방법이 될 수 있다. 그렇지 않다면 조심스럽게 접근하기 바란다. 비디오가 작동하는지 알아내려고 시도하는 데 5분을 쓰고 나면, 당황한 고객은 나머지 15분 동안 최선의 정보를 줄 수 없을 것이다.

비디오 채팅은 다음과 같은 경우 효과적이다.

- 화상회의를 준비하는 데 어려움이 없으며 신기술에 익숙한 대상
- 사용자의 사용법이나 문제점을 이해하려면 사용자의 컴퓨터 화면을 보는 것이 매우 중요한 경우

메신저 사용하기

솔직히 나는 인터넷 메신저로 하는 인터뷰를 좋아하지 않는다. 문자로만 의사소통을 하게 되면 정보는 별로 얻지 못하면서도 의미를 오해하게 될 위험은 매우 커진다. 우리 대부분은 글로 쓰여진 메시지에서 글쓴이의 격렬한 감정이나 글쓴이의 의도를 이해하는 데 어려움을 겪는다.[21] 또한 다년간의 다양한 사용자 연구 프로젝트를 수행하면서 사람들은 무언가에 대해서 말할 때보다 글로 쓸 때 다른 사람의 시선을 좀 더 의식하고 내용을 스스로 검열하게 된다는 점을 알게 되었다.

그래도 가끔은 문자로 의사소통을 하는 것이 가장 좋은 방법일 때가 있다. 채팅 앱을 사용하면 웹사이트를 보면서 대화할 수 있다. 만약 그 유망고객과 실시간으로 대화하지 않으면 나중에 그 사람과 연락할 방법이 없을 것이다. 오디오 음질이 걱정되어 인터넷 메신저로 대화하고 싶을 수도 있다. 예를 들면 인터뷰 대상이 외국에 있는데 VoIP 품질을 신뢰할 수 없거나 또는 인터뷰 대상이 독특한 악센트를 갖고 있어서 무슨 이야기를 하는지 이해하기 어려운 상황이 있을 수 있다.

인터넷 메신저는 다음과 같은 경우 효과적이다.

- 직접 대화를 불편해하는 유망고객과 인터뷰하는 경우(수줍어하는 사람, 악센트가 강한 사람, 공유하는 정보를 통제하고 싶어 하는 사람)
- 인터넷 URL이나 소스 코드 같은 정보를 교환하면서 대화를 진행해야 하는 경우

추가로 확인하기

초기 소개 메시지 양식에 일정에 관한 부분이 빠져 있던 것을 눈치챘는지 모르겠다. 수신자를 개인적으로 알지 못한다면 초기 메시지의 내용을 짧게 유지해야 한다.

일정을 잡기 위해 두세 문장이 추가되면 여러분의 메시지가 무거워진다. 응답을

21 수신자가 느끼기에 메시지가 심각한 내용이었는지 비꼬는 내용이었는지를 물었을 때 56%의 사람만이 이메일 메시지의 분위기를 제대로 파악했다(음성 녹음에서는 75%를 넘었다). "이메일은 메시지의 내용을 가지고 의사소통을 하는 경우에는 괜찮지만 감정적 주제를 가지고 의사소통을 하기에는 좋지 않다." (http://www.apa.org/monitor/feb06/egos.aspx) 4장에서 이야기하겠지만 정보의 우선순위를 정하는 데에는 감정이 지대한 영향을 미치기 때문에 텍스트 기반의 인터뷰는 될 수 있으면 추천하지 않는다.

언기에는 너무 긴 메시지가 되는 것이다. 사람들은 그 메시지를 읽을 시간이 생길 때까지 그 메시지를 치워놓는다(즉, 절대 읽지 않게 된다).

메시지 내용이 모바일에서 보기 편한가?

수신자들이 여러분의 메시지를 핸드폰에서 확인할 가능성이 급격히 높아지고 있다는 점을 명심하라. 리트머스Litmus[22]에 따르면 2013년 12월 기준으로 이메일의 51%가 핸드폰에서 확인되고 있다.[23]

다른 사람에게 메일을 보내기 전에 자신에게 메일을 먼저 보내고 핸드폰에서 확인해보라(그림 3-7). 요점을 파악하기 위해서 스크롤을 내려야 하는가? 만약 그렇다면 메시지 길이를 반으로 줄이는 것을 목표로 하라.

그림 3-7 너무 긴 이메일 메시지의 예시. 수신자에게 요청하는 내용, 인터뷰 예정 시간 같은 메시지의 요점이 화면 아래에 묻혀 있다. 스크롤을 내려야만 볼 수 있는 상황이다.

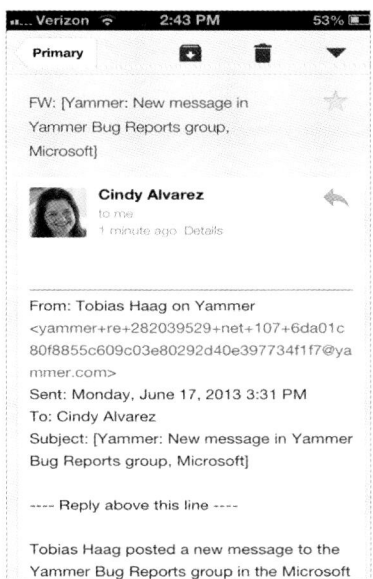

22 역주_ 이메일 마케팅 및 분석 업체
23 https://litmus.com/blog/mobile-opens-hit-51-percent-android-claims-number-3-spot

전화 인터뷰 일정 잡기

대상자로부터 긍정적인 답변을 받았다면 그다음에는 좀 더 상세한 내용으로 들어갈 수 있다. 여러분이 해야 할 일은 대상자가 최대한 쉽게 인터뷰 시간을 정할 수 있도록 준비하는 것이다.

> 요청에 응해주셔서 감사합니다!
>
> 20분 정도 통화하실 수 있는 시간을 정하려고 합니다. 전화 통화를 위해 따로 준비하실 것은 없습니다. 그냥 _____에 대한 여러분의 경험을 개인적인 관점에서 말씀해주시면 됩니다. 저희에게 큰 도움이 될 것입니다.
>
> 다음 시간 중 편하신 시간을 정해주시겠습니까?
>
> 7월 7일 월요일, 오전 9시
>
> 7월 7일 월요일, 오전 11시
>
> 7월 8일 화요일, 오전 10시
>
> 7월 10일 목요일, 오후 2시

전화 통화 약속을 잡을 때 일주일 중 같은 날이나 하루 중 같은 시간에 겹치지 않도록 3~4개의 안을 제시할 것을 추천한다. 시간대가 다른 고객과 통화를 한다면 '7월 8일 월요일, 서부표준시간 오전 9시 (동부표준시간 오후 12시)'처럼 여러분이 제시하는 시간이 어느 표준시간대 기준인지도 명확하게 해야 한다.

더 좋은 방법은 인터뷰 대상자가 어느 표준시간대에서 사는지를 미리 파악하고 적절한 시간대를 추천하는 것이다. 만약 여러분이 뉴욕에 있고 인터뷰 대상이 로스앤젤레스에 있다면 아침 9시에 전화 인터뷰를 하자고 요청하는 일은 배려가 부족한 것이다.[24]

구글 메일을 사용한다면 래포티브^{Rapportive}라는 웹브라우저 플러그인을 설치해보기 바란다. 이메일 주소를 입력하면 래포티브가 링크드인, 트위터, 구글 등에서 공개된 정보를 검색해서 이메일 작성창 옆의 사이드바에 보여준다. 사진, 장소,

---

24 역주_ 뉴욕이 아침 9시라면 로스앤젤레스는 아침 6시다.

지한, 최근 소셜미디어에서 작성한 내용 등이다(그림 3-8).

그림 3-8 래포티브로 대상자가 소셜미디어를 통해 공유한 내용(아바타, 위치, 직함)을 볼 수 있다.

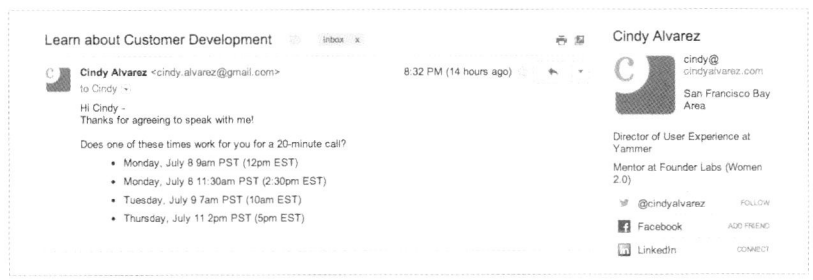

만약 윈도우에서 아웃룩을 사용한다면 메시지를 작성할 때 아웃룩 소셜커넥터[25]를 사용하여 링크드인에서 관련된 정보를 볼 수 있다. 링크드인 프로필이 없는 사용자들도 많지만 대부분의 사업자들과 지식근로자들은 최소한 직함과 위치 정도는 프로필에 적어둔다.

대면 인터뷰 일정 잡기

대면 인터뷰를 진행하기에 가장 좋은 장소는 사람이 많지 않아서 적당한 자리를 잡을 수 있고, 지나치게 시끄럽지 않으며, 자동차나 대중교통 중 어느 것을 이용해도 편리하게 올 수 있는 곳이다. 나는 보통 스타벅스에서 만나기를 제안한다. 사람들은 스타벅스에서 회의를 하는 것에 익숙하고 와이파이도 믿을 만하다. 호텔의 넓고 조용한 로비도 좋은 장소이다.

아래는 키스메트릭스에서 사용했던 예시이다.

> 키스메트릭스의 베타 리스트에 등록해주셔서 감사합니다. 같이 커피를 드시면서 30분 정도 이야기를 나누면 좋겠습니다. 다음 날짜와 장소 중 적당한 게 있으신가요?
>
> • 5월 10일 화요일, 아침 9:30, 웨스트 포털의 그린하우스 카페
> • 5월 12일 목요일, 오후 3:00, 포트레로 힐의 팔리스 커피하우스

----

25 http://www.linkedin.com/static?key=microsoft_outlook

- 5월 13일 금요일, 오전 11:30, 메트레온 근처의 스타벅스

이 시간 중에 괜찮은 시간이 없다면 편하신 시간을 말씀해주세요. 오전 9시~오후 4시 사이라면 샌프란시스코 내 어디든 괜찮습니다.

감사합니다!

-신디

이 메시지를 통해 수신자가 결정을 내리는 데 필요한 모든 정보를 줄 수 있다. 예상 소요 시간, 일정을 체크해봐야 할 시간대, 인터뷰 장소의 위치(동선이 길어지는 걸 방지할 수 있도록), 주변 정보[26] 등을 말이다.

메시지를 보낼 때 다양한 선택지를 제공하면 약속을 잡기 위해 이메일을 여러 번 주고받을 필요가 없어진다. 여러분이 제공한 선택지 중에 인터뷰 대상자에게 적합한 것이 없어도 이메일 안에 어떤 기준으로 약속을 정할 것인지에 대한 정보가 있으므로 인터뷰 대상자가 쉽게 다른 대안을 제시할 수 있다.

인터뷰 대상자가 시간을 정하면 여러분의 핸드폰 번호뿐만 아니라 캘린더 일정 초대도 함께 보낼 것을 추천한다. 또한 인터뷰 전날 또는 인터뷰 날 아침에 약속을 상기시킬 수 있도록 이메일을 보내는 방법도 유용하다.

인터뷰 간격 정하기

여러분 중에 수십 명의 유망고객이 여러분과 인터뷰를 하기로 동의해서 인터뷰 일정을 억지로 맞추려고 애쓰는 사람은 거의 없을 것이다(만약 그런 상황이라면, 축하한다! 행복한 고민이다). 하지만 반나절의 시간을 따로 준비해서 그 시간에 가능한 한 많은 인터뷰를 처리해야겠다고 생각하고 있을 수도 있다. 초반에는 이런 방법으로 성공적인 결과를 얻지 못할 것이다.

....

26 나는 대체로 메일을 보낼 때 인터뷰 장소의 옐프(샌프란시스코에 본사를 둔 지역 정보 리뷰 서비스) 링크를 첨부해서 보낸다. 인터뷰 대상자에게 장소의 이름과 위치를 지도로 쉽게 알려줄 수 있고 스마트폰이 있으면 장소를 검색해서 찾아오기도 쉽기 때문이다.

여러분이 인터뷰를 준비하고, 인터뷰를 수행하고, 인터뷰를 마친 직후에 필기한 내용을 검토하고, 요점을 찾아내는 각각의 활동을 하는 데에는 각각의 시간이 필요하다. 그리고 다음 인터뷰를 준비하기 위해서 또 몇 분의 시간이 필요하다(여러분이 인터뷰 상대를 편안하게 다룰 수 있게 되면 인터뷰 하나를 마치고 다음 인터뷰를 준비하는 데 걸리는 시간은 매우 짧아진다. 하지만 초반부에는 휴식이 필요할 것이다).

이런 이유 때문에 처음에는 한 시간에 30분 길이의 인터뷰 하나씩만을 진행하는 것부터 시작하기를 추천한다(그림 3-9).

그림 3-9 인터뷰 스케줄을 이렇게 계획할 수도 있다. 인터뷰 전에 준비할 시간과 인터뷰 후에 내용을 정리할 시간을 반드시 비워두어야 한다. 6장에서 더 자세히 이야기하겠다.

10a	
	인터뷰 준비('바쁨' 표시해둘 것)
11a	Bartosz와 통화: 스카이프
12p	Kara와 통화: 내 휴대폰으로 걸 것. 415—⋯
1p	Raj와 Nika 통화: Raj에게 걸 것. 510—⋯
2p	
	Maile와 통화: 연락처 알아낼 것.
3p	오늘 통화 내용 정리, 요약

왜 이렇게 진행해야 하는가?

- 만약 인터뷰가 몇 분 늦게 시작되더라도 실제 30분 동안 대화할 수 있는 시간을 확보하기 위해서
- 만약 인터뷰가 정말 잘 진행되는 상황이라면 인터뷰 대상자가 최대 45분 동안은 계속 이야기할 수 있도록 해주기 위해서(5장에서 왜 인터뷰가 더 길게 진행되어야 하는지를 다룰 것이다)
- 인터뷰가 끝나자마자 필기 내용을 점검하고 여러분이 배운 점 중에 가장 중요한 것이 무엇인지 확인할 시간을 얻기 위해서
- 다음 인터뷰 전에 짧게 휴식을 취하기 위해서

시간이 지날수록 인터뷰 간격을 조금씩 줄일 수 있을 것이다. 나는 대개 한 시간 동안 20분 길이의 인터뷰를 두 번 진행하는 데는 무리가 없다. 지금 나는 인터뷰에 좀 더 익숙해졌고 최초 20분 동안에 인터뷰 대상자로부터 최대한의 정보를 얻을 수 있다. 하나의 주제에서 다른 주제로 변경하는 것도 더 쉬워졌다. 여러분도 인터뷰를 하면 할수록 점점 더 쉬워질 것이다!

인터뷰 시 돌발사항 대처법

내 경험상, 일이 얼마나 잘 진행되는지를 알면 여러분은 놀랄 것이다. 여러분이 고객 개발 인터뷰를 처음 시작한다면 궁금한 점이 있을 것이다. 어떤 부분이 잘못될 수 있고 어떻게 대처해야 하는지를 살펴보자.

대답해주는 사람이 아무도 없다면?

인터뷰 요청을 처음 보내고 난 후에는 최소 며칠 정도 답을 기다리기를 추천한다. 기업 고객들의 경우 나는 보통 일주일을 기다린다. 그 시점에서 다음과 같은 메시지를 추가해서 다시 요청을 보낸다. "저는 여전히 당신과 대화하고 싶습니다. 만약 이번 주에 가능하시면 저에게 알려주시고 시간을 맞춰볼 수 있도록 해주십시오." 대략 20% 정도의 대상자는 이 추가 요청에 응답하며 성공적으로 일정을 잡고 인터뷰를 마칠 수 있다. 만약 그래도 응답이 없다면 더 이상 부담을 주지 말기 바란다. 괴롭히는 상황이 되지 않도록 하자.

만약 여러분이 여러 번 요청을 보냈는데도 응답하는 사람이 없다면, 친구나 동료를 모아서 여러분의 메시지를 읽고 피드백을 해달라고 부탁하라. 메시지를 더 짧고 명확하게 만들거나 어조를 바꾸는 것으로 충분할 수도 있다.

만약 피드백을 받아서 메시지를 수정한 후에 10명 또는 그 이상에게 요청을 보냈는데도 응답이 없다면? 여러분의 첫 번째 가설이 틀렸다고 생각하자. 적합하지 않은 사람에게 연락을 했거나 여러분이 제시한 주제가 흥미롭지 않았던 것이다. 만약 이런 상황이라면 2장으로 돌아가서 여러분의 가설을 수정하는 것을 고려할 필요도 있다.

인터뷰 불참

내 경험상 인터뷰 약속의 5~10% 정도는 약속이 취소되거나 대상자가 나타나지 않았다.

내가 사용성 테스트나 인터뷰를 하루 종일 할 때면 이 경험에 맞춰서 계획을 세운다. 내 경험으로는 참가자 10명 중 1명은 나타나지 않을 것이다. 그렇기 때문에 나는 보통 중간 휴식 없이 인터뷰 계획을 세운다(만약 빠지는 사람 없이 모두 인터뷰를 하게 되면 나는 점심을 걸러야 한다는 뜻이다).

경험상 고객 개발 인터뷰보다 사용성 테스트가 불참할 확률이 높다. 나는 그 이유가 고객 개발은 참가자에게 개인적으로 접근하는 방법을 사용하기 때문이라고 생각한다. 얼굴을 모르는 사용자 연구팀 담당자보다는 개인적으로 알고 있는 사람을 실망시키는 일이 더 힘든 법이다.

만약 대상자가 인터뷰를 취소하거나 인터뷰 장소에 나오지 않으면 하루나 이틀 정도 기다렸다가 일정을 다시 조정하자는 메시지를 보내라. 대부분의 대상자들은 응답을 하고 일정을 다시 잡을 수 있을 것이다. 만약 응답이 없다면 그냥 놔둬라.

다음 단계: 고객 인터뷰 준비하기

이제 여러분은 목표 고객이 어디 있든지 연락할 수 있는 방법을 알게 되었다. 이 장에서 설명한 방법들을 전부 다 쓸 필요는 없을 것이다. 몇 종류를 시도해보면 초반에 소수 인원을 모으기 위해 어떤 방법을 사용하면 가장 성공적일 것인지가 명확해질 것이다(결과적으로 그 소수 인원이 더 많은 잠재적 인터뷰 대상자들로 이끌어줄 것이다). 다음 장에서는 목표 고객에게서 무엇을 배워야 하는가와 고객으로부터 가장 가치 있고 실행 가능한 통찰을 이끌어내기 위해 무슨 질문을 해야 하는가를 다룬다.

요점 정리

- 그 문제를 가장 심각하게 겪고 있는 사람들을 찾으라. 그들은 그 문제를 해결하고 싶어 하며 여러분의 초기 지지자가 될 수도 있다.

- 사람들이 여러분과 대화하는 이유는 다른 사람을 돕고 싶고, 똑똑해 보이고 싶고, 무엇인가를 고치고 싶고, 불평하기를 좋아하기 때문이다.

- 주변 사람들에게 여러분을 소개해주도록 부탁하라. 왜 그 사람에게 이런 부탁을 하는지를 명확하게 설명하라.

- 온라인에서 사람을 찾을 때는 링크드인, 쿼라, 트위터, 토의 그룹, 포럼을 사용하라. 하지만 크레이그리스트는 사용하지 말라.

- 오프라인에서 사람을 찾을 때는 목표 고객들이 모여 있는 곳으로 가라.

- 초기에 연락하는 메시지는 짧고 명료하며 대상자가 답변하기 쉽도록 써라.

- 인터뷰가 길어지는 경우를 대비해서 다음 인터뷰 전에 이전 인터뷰를 검토할 수 있도록 인터뷰 사이에 충분한 시간 간격을 두라.

CHAPTER 4

무엇을 배워야 하는가?

> 고객이 무엇을 원하는지를 알아내려 할 때 가장 어려운 부분은 여러분이 무엇을 알아
> 내야 하는가를 알아내는 일이다.
>
> _폴 그레이엄, Y Combinator 창업자 및 이사

> 고객 가치 제안의 모든 측면을 이해하기 위해 시간을 투자하라. 스스로에게 질문하라.
> 왜 여러분의 고객이 여러분의 제품을 사야만 하는가? 고객의 일상생활에 여러분의 제
> 품이 잘 어울리는가? 고객이 제품의 가치를 결정할 때 어떤 부분을 중요하게 생각하는
> 가? 여러분의 제품은 무엇을 대체하는가? (모든 제품은 무엇인가의 대체재이다) 그리
> 고 왜 여러분의 고객은 새로운 제품으로 내체하는 위험을 감수해야만 하는가?
>
> _게리 스와트, oDesk CEO

내가 고객 개발 인터뷰를 처음 시작할 때에는 인터뷰 대상과 제품에 대해 구체적
이고 완벽한 질문을 만들어내는 데 많은 시간을 썼다. 대화가 어느 방향으로 진행
되더라도 대응할 수 있도록 30분 길이의 인터뷰에서 할 수 있는 질문보다 훨씬 많
은 양의 질문을 준비했다.

그러나 인터뷰에서 중요한 내용은 최초의 기본적인 몇 개의 질문에서부터 비롯된
다는 걸 깨닫는 데까지는 그리 오랜 시간이 걸리지 않았다.

결국 가장 큰 위험은 두 가지의 일반적인 오류 중 하나에서 시작된다. 고객이 겪
고 있는 문제를 해결하는 데 실패하거나, 문제의 해결책을 고객이 선택할 만큼 매
력적으로 만드는 데 실패하는 것이다.

내가 거의 모든 인터뷰에서 사용하는 기본적인 질문으로 이 장을 시작하려 한다. 이 질문들은 다양한 고객과 업종에서 유용하게 사용할 수 있다.

또한 다음과 같은 내용을 다룰 것이다.

- 왜 고객들은 자신이 무엇을 원하는지 모르는가?
- 집중해서 들어야 할 점과 고객의 반응을 유도해야 하는 부분은 무엇인가?
- 객관적 질문으로 주관적 답변을 얻으려면 어떻게 해야 하는가?

이 장 후반부에서는 사회심리학에 대해 더 살펴보겠지만, 순수하게 이론적으로만 접근하지는 않을 것이다. 사람들이 생각하는 방법을 이해하면 효과적으로 질문하는 데 도움이 된다. 또한 사람들(우리 자신도 포함해서)의 선천적 한계와 편견을 극복하는 방법에 대해 이야기할 것이다.

이런 질문에서부터 시작하자

나는 회사나 프로젝트가 바뀌어도 내 인터뷰 대본을 많이 바꾸지 않는다. 상황에 따라 별도의 맞춤 질문을 추가하거나 인터뷰 대상에 따라 어조를 조절하기는 하지만, 그 외에는 기본 인터뷰 대본을 따른다.

고객 인터뷰 시 기본 질문

- 오늘 _____을 어떻게 하셨는지 말씀해주십시오.
- _____을 완료하기 위해서 쓰시는 [도구/제품/앱/요령]이 있습니까?
- 만약 마법 지팡이를 휘둘러서 오늘 할 수 없는 일을 아무것이나 할 수 있다면 무엇을 하고 싶으십니까? 실제로 가능한 일인지는 걱정하지 마시고 아무 일이나 말씀하셔도 좋습니다.
- 마지막으로 ____을 하셨을 때, 그 일을 시작하기 직전에 뭘 하고 계셨습니까? 그 일을 마치고 나서는 뭘 하셨습니까?
- _____에 대해서 제가 더 여쭤봤으면 하는 것이 있나요?

만약 랩톱으로 내용을 정리한다면, 각 질문마다 약 8줄 정도의 여백을 두고 문서 양식을 만들면 그 양식에 바로 내용을 정리할 수도 있다. 자세한 문서 양식이 필요할 것 같다고 걱정하지 말라. 그냥 가능한 한 자세히 내용을 적어두면 된다.

겨우 질문 다섯 개를 가지고 어떻게 20분 동안 인터뷰가 가능할지 걱정이 될 수도 있다. 물론 인터뷰를 진행하면서 다른 질문들을 하게 되겠지만, 사전에 미리 준비하는 질문은 이것뿐이다(다양한 종류의 질문과 각 질문을 통해 무엇을 배울 수 있는지 더 알고 싶다면 부록을 참고).

고객과 대화를 할 때, 나는 고객의 답변과 연결되는 열린 질문을 던진다. 인터뷰 상황에 따라 다르지만 예를 들어 이런 질문들을 할 수 있다.

- 그 프로세스가 어떻게 진행되는지 좀 더 자세히 설명해주시겠습니까?
- 그 결정을 내리는 데 관여하는 사람은 누구인가요?
- 마지막으로 _____을 마치는 데 얼마나 걸렸습니까?
- _____을 살 때 주로 어디로 가시나요?
- 왜 그런 결론을 내리셨는지 여쭤봐도 될까요?

이것들은 질문이라기보다는 맞장구 정도로 생각하라. 고객이 이야기를 계속하도록 하거나 대화의 주제를 약간 바꿀 때도 유용하게 사용할 수 있다. 만약 대화 내용을 적기 바빠서 이런 말을 할 시간이 없다면, 매우 좋은 상황이다. 고객이 계속 이야기하고 있다는 뜻이니까!

고객은 자신이 무엇을 원하는지를 모른다!

자신이 무엇을 원하는지 알아내는 것은 고객이 할 일이 아니다.

_ 스티브 잡스

고객이 무엇을 원하는지 알지 못하는 것처럼 보일 때가 얼마나 자주 있는가? 고객이 원하는 것과 고객에게 필요한 것 사이에는 명백한 불화가 있다. 업계의 전문가인 제품 개발자(비즈니스 모델, 특정 분야, 기술 개발에 수많은 시간을 쏟는 사람들)도 모르는 내용을 고객이 밝혀낼 수 있다고 한다면 회의적으로 들릴 것이다.

"우리 고객들은 별로 깊은 생각이 없어요." 나는 이 이야기를 여러 번 들었고, 내가 동의한다고 말하지 않으면 거짓말일 것이다.

우리 대부분이 고객 피드백을 기반으로 제품을 만들었음에도 고객이 여전히 만족하지 않는(또는 결국 제품을 사지 않는) 경험을 해본 적이 있다. 정말 미칠 노릇이다. 이런 일을 몇 번 겪고 나면 많은 기업은 고객이 어렵고, 괴팍하며, 자신이 무슨 이야기를 하는지 모른다고 결론을 내리게 된다. 고객의 피드백은 공손히 듣고 대부분 잊어버리는 그 무엇이 된다.

책 제목에 '고객'이라는 단어를 넣은 걸 보면 내가 이에 대해 얼마나 뼈저리게 느끼는지 추측할 수 있을 것이다. 그래도 고객의 목소리를 무시해서는 안 된다.

하지만 고객들이 밝히는 요구사항과 제품 구매의사에 대한 이야기가 왜 신뢰할 수 없게 되는가에 대해 좀 더 시간을 들여 알아볼 필요는 있다. 그리고 나는 '우리'라는 단어로 이 주제에 대한 이야기를 시작하고 싶다. 여러분도 나도 이런 종류의 한계에 똑같이 영향을 받기 때문이다.

고객 각자의 생활환경을 고객 자신만큼 잘 아는 사람은 없다. 하지만 그 경험을 말로 쉽게 풀어낼 수 있는가는 다른 차원의 문제다.

고객은 자신에게 영향을 미치는 문화적·시간적, 자원의 제약사항을 알고 있지만, 이것들을 자발적으로 이야기하지 않는다.

우리가 한계를 체험한 뒤 여기에 일단 적응하게 되면, 그 한계에 대해 의문을 갖지 않게 되거나 심지어 한계가 있다는 것을 의식하지 못하게 되기도 한다. 그 한계와 제약사항이 원래부터 그런 것이라고 당연시하게 되면 우리는 그 제약사항에 대해 이야기하지 않게 된다. 사회학자들은 이것을 '당연시되는 가정'이라고 부른다.

고객은 과거에 실패했던 방법을 알고 있지만, 여러분에게 그 내용을 들려주기 위해 그 기억을 다시 떠올리고 싶어 하지 않는다.

우리의 뇌는 최근에 일어났던 일에 더 무게를 둔다. 새로운 해결책을 제시하려 할 때, 과거의 실패는 언급하지 않으려는 경향이 있다. 우리가 어떤 프로세스나 도구를 포기했다면 그것들의 어느 부분이 유용했는지 바로 기억해내지 못할 수 있다.

고객은 (최소한 어느 정도는) 자신의 능력과 한계에 대해 알고 있지만, 자진해서 나서지는 않을 것이다.

고객은 자신에게 익숙하지만 결과가 의도만큼 좋지는 못한 방법론을 알고 있다. 우리는 자신이 특정한 기술이나 프로세스에 익숙하지 않으면 앞으로 잘 나서지 못한다.

고객이 자신이 사용하는 도구와 프로세스에 능숙하다고 해서 그 작동 원리까지 이해하는 것은 아니다.

도구나 프로세스의 원리를 이해하지 못해도 사용은 능숙하게 할 수 있다. SF 작가인 아서 C. 클라크의 표현을 빌리자면 "고도로 발달한 과학기술은 마술과 구분할 수 없다." 그리고 대부분의 사람이 매일 사용하는 제품을 바라보는 시각도 이와 크게 다르지 않다. 내가 아이폰 안에 있는 시리siri에게 뭔가 질문을 하면 납득할 만한 답을 얻을 수 있다는 점은 확실히 마법처럼 느껴진다. 제품을 만드는 사람으로서 우리는 자신만의 세상에 깊이 빠져 있다. 우리는 기술, 프로세스, 자동화로 무엇을 할 수 있는지 익숙하다. 우리의 고객들은 아마 우리보다 10년은 뒤처져 있을 것이다.

고객은 전문가이지만 그렇다고 그냥 앉아서 그들이 하는 이야기를 듣기만 하면 안 된다. 그 대신 표면적인 대답 이상의 이야기를 할 수 있도록 고객에게 방향을 제시해야 한다.

여러분은 대화를 주도하고 예상 결과를 설정하면서 동시에 고객의 경험을 따라가야 한다. 이 어려움을 극복하기 위해서 예/아니요로 명확하게 대답할 수 없는 질문들을 해야 한다. 가능한 한 질문은 객관적으로 전달하고, 고객으로부터는 개인적이고 주관적인 답변을 이끌어내야 한다.

고객은 자신이 무엇을 원하는지 모를 수 있어도 무엇이 필요한지는 숨길 수 없다.

여러분이 해야 할 일은 바로 고객에게 필요한 것을 찾아내는 일이다. 세부적인 정보를 모아서 이전의 해결책들이 왜 실패했는가, 어떻게 실패했는가를 추론해내는 것도 여러분의 일이다. 또한 여러분과 함께 일하는 고객이 솔직해질 수 있도록 편안한 분위기를 만드는 것도 여러분이 해야 할 일이다.

문제는 여러분이 생각하는 그것이 아니다

밀크셰이크란 무엇인가?

밀크셰이크를 아이스크림, 우유, 인공 향신료의 조합으로 생각한다면, '해결책'의 관점에서 생각하는 것이다. 그 관점으로는 고객이 해결해야 하는 '문제'에 대해서는 아무것도 알 수가 없다.

제품을 만드는 사람으로서 우리는 밀크셰이크를 가지고 우리가 만들어낼 이득의 관점에서 생각한다. 우리는 우리 분야에서 최고가 되고 싶어 한다. 만약 우리가 밀크셰이크를 판매하려고 한다면 가격, 영양소, 식감, 맛에 대해 생각해볼 수 있을 것이다.

『혁신 기업의 딜레마』(세종서적, 2009)의 저자이자 하버드 경영대학원의 교수인 클레이튼 크리스텐슨은 한 패스트푸드 체인이 밀크셰이크 매출을 증가시키려고 시도했던 일화를 들려준다. 그 회사는 매출 데이터와 인구 통계를 주의 깊게 보았다. 목표 고객들로부터 이상적인 밀크셰이크와 빨대의 조건에 대해 들었고 거기서 얻은 기준들을 만족시켰다. 하지만 매출은 변하지 않았다.

크리스텐슨은 이 패스트푸드 체인이 밀크셰이크 매출을 늘리기 위해 한 명의 연구원을 고용해 다른 종류의 접근법을 사용했을 때 어떤 일이 일어났는지를 설명

한다.[1]

그 연구자는 밀크셰이크 매출의 40%가 아침 개점 시간 출근하는 사람들이 포장해 가면서 발생한다는 사실을 발견했다. 그는 밀크셰이크를 한 손에 들고 떠나는 고객들에게 이런 질문을 했다. "무슨 일을 시키려고 밀크셰이크를 고용하셨나요?"

그는 이렇게 썼다. "대부분의 고객이 밀크셰이크를 주문하는 이유는 비슷했습니다. 길고 지루한 출근길을 가야 하고, 심심함을 떨치기 위해 빈손으로 뭔가를 하고 싶어 했습니다. 아직 배가 고프지는 않지만 아침 10시쯤 되면 배가 고파질 것도 알고 있습니다. 그래서 점심 때까지 허기를 달랠 수 있는 무언가를 지금 미리 먹고 싶었던 겁니다. 그런데 제약이 있습니다. 고객들은 아침에 바쁘고, 출근을 위한 복장을 하고 있으며, 빈손이 (많아야) 하나밖에 없다는 겁니다."

고객에게 무슨 일을 시키려고 밀크셰이크를 '고용'했느냐고 질문하는 것이 이상해 보일 수도 있다. 하지만 이 질문을 통해 생각의 관점을 제품 그 자체에서 고객이 제품을 구매하는 이유로 바꿀 수 있었다.

고객의 관점에서 문제를 보면 새로운 기회를 만들 수 있다. 좀 더 잘 팔리는 밀크셰이크를 만들려고 한다면 선택지가 몇 개 없다. 하지만 배고프고 지루하며 빈손이 하나밖에 없는 사람의 어려움을 줄여줄 수 있는 방법을 생각해본다면 훨씬 많은 선택지가 있을 것이다.

스무디나 커피셰이크 등 음료수의 종류를 늘릴 수도 있고, 아니면 컵에 담을 수 있고 한 손으로 쉽게 먹을 수 있는 음식이라면 어떤 종류든 좋을 것이다. 출근자용 선불카드를 만들어서 사람들이 미리 카드를 충전해놓고 드라이브 스루 시설에서 빨리 결제할 수 있도록 하는 방법도 있다. 이와 동시에 매출에 도움이 안 되는 활동 몇 가지도 명확하게 알 수 있다. 밀크셰이크의 맛이나 식감을 개선하는 일, 가격 인하, TV 광고 같은 것들 말이다.

....

1 http://hbswk.hbs.edu/item/6496.html 참고. 다음 링크에서 크리스텐슨이 직접 설명하는 4분짜리 영상을 볼 수 있다. http://www.youtube.com/watch?v= s9nbTB33hbg

무엇에 귀를 기울여야 하는가

고객 개발에서 사용하는 다섯 개의 기본 질문을 최대한으로 활용하려면 무엇에 귀를 기울여야 하는지 알 필요가 있다. 유망고객과 실제 구매하는 고객을 구분할 수 있는 객관적 사실과 주관적 사실이 있다.

- 현재 여러분의 고객이 어떻게 행동하고 있는가(고객이 내일 어떻게 행동할지를 예측할 수 있게 해준다)
- 고객의 행동과 선택에 영향을 미치는 제약조건들
- 고객에게 동기를 부여하거나 고객을 좌절시키는 것들
- 여러분의 고객이 어떻게 결정을 내리고, 돈을 쓰고, 가치를 결정하는지

이제 앞에서 언급한 내용이 고객들의 의사결정에 어떻게 영향을 미치는지 상세히 살펴보고, 가장 중요한 세부사항들을 밝혀내기 위해 어떻게 후속 질문을 준비해야 하는지도 알려주려 한다.

인터뷰를 꼭 해야 하는가?

대부분의 회사에서는, 그렇다.

인터뷰는 여러분의 고객이 지금 무엇을 하고 있고 어떤 어려움을 겪고 있는지를 가장 쉽고 빠르게 알아내는 방법이다.

하지만 신속하게 새로운 버전을 배포하고, 변화를 평가할 수 있는 기존 고객, 제품, 인프라가 있는 경우라면 그렇지 않을 수도 있다.

페이스북의 중소기업 부문 관리자인 댄 레비Dan Levy는 다음과 같이 설명한다. "우리는 믿을 수 없을 정도로 신속하게 제품을 개발할 수 있습니다. 그리고 제품 공개 후 15분 정도면 제품이 고객들에게 잘 먹히는지 확인할 수 있을 만큼의 트래픽을 확보할 수 있습니다. 트래픽을 보면 누가 제품을 사용하고 있으며 얼마나 많이 사용하고 있는지를 확인할 수 있습니다. 이렇게 얻은 정보를 바탕으로 반복적인 시도를 할 수 있습니다."

페이스북은 중소기업 광고주의 페이스북 페이지가 좀 더 자주 나타나도록 하는 광

고 포스트Promoted Posts 기능을 제공한다. 이 기능으로 신규 광고주의 절반 이상을 확보했다.

광고 포스트 기능은 처음 시작할 때만 해도 매우 강력한 도구였지만 곧 사용자가 급격히 줄었다. 그 이유를 찾고 가설을 세우기 위해 고객과 대화할 필요는 없었다. 광고 포스트 기능을 사용하려면 선택해야 할 것이 너무 많았고, 담당자들은 선택을 하다가 실수할까 봐 두려워했다. 그래서 프로세스를 포기해버린다.

레비는 별도 화면이 아니라 고객 페이지에서 버튼 하나로 광고 포스트를 구매할 수 있게 바꾸는 것부터 변화를 시작했다. "새로운 글을 올리는 방법은 이미 누구나 알고 있습니다. 이제 고객들이 해야 할 일은 홍보에 예산을 얼마나 쓸 것인지 우리에게 알려주는 것뿐입니다. 우리는 50개의 선택지를 기본적인 것 하나로 줄였습니다."

결과는 어땠을까? 2013년 신규 광고주는 두 배 이상 늘었다. 그중 62%는 광고 포스트 채널을 통해 확보한 광고주였다.

레비는 반복이 중요하다고 덧붙인다. "관점을 한 번 바꾸는 것으로는 부족했습니다. 인터페이스는 아직 충분히 명확하지 못했습니다. 초기 솔루션을 만들고 나서도 얼마나 많은 진전이 있었는가를 생각해보면 놀랍습니다. 우리는 솔루션의 효율을 높이기 위해 추가적인 최적화 작업을 여러 번 계속했습니다. 사람들은 큰 변경이 있는 변화는 알아채지만 매일매일 얼마나 많은 최적화 작업이 더해지는지는 깨닫지 못합니다."

첫 번째 시도부터 제대로 해낼 수는 없다. 여러분이 인터뷰를 생략하고 바로 뭔가를 만들어야겠다고 생각할 때 기억해야 할 점이다. 많은 경우, 개발팀에서 간단한 버전을 하루 이틀 만에 만들 수는 있을 것이다. 하지만 다음을 생각해보자.

- 그 간단한 버전을 수백 명(또는 수천 명)의 고객에게 선보이는 데 얼마나 오래 걸릴 것인가?
- 얼마나 많은 사용자가 그 버전을 사용하고 있는지 효율적으로 측정하려면 어떻게 해야 하는가?
- 만약 고객이 그 버전을 사용하지 않는다면 이유를 찾아낼 방법이 있는가?
- 그러면 다음 버전을 만드는 데는 시간이 얼마나 걸리는가?

페이스북 개발팀이라면 하루에 여러 개의 가설을 테스트할 수 있다. 하지만 대부분의 조직에서는 비현실적인 속도다. 하지만 고객 인터뷰를 통해 여러 개의 가설을 검증하는 것은 대부분의 조직에서 실현 가능하다.

고객이 이미 하고 있는 일은 무엇인가?

여러분의 고객이 지금 하고 있는 일을 발견하는 것이야말로 여러분이 해결하려는 문제를 이해하는 데 핵심이 된다.

여러분의 고객이 지금 하고 있는 일은 다음과 같은 것들을 알려준다.

- 고객은 무슨 일을 할 수 있는가?
- 고객이 무슨 일을 할 때 편안함을 느끼는가?(그리고 그 이유는 무엇인가)
- 고객이 어떤 결정을 내리고 있는가?

고객의 현재 행동이 여러분의 경쟁 상대이다. 그들의 현재 행동이 얼마나 효율적 또는 비효율적으로 보이는가는 상관없다. 그것이 고객에게 익숙한 행동이고 효과가 있는 것이다(최소한 어느 정도는).

고객들에게 이런 질문을 던짐으로써 고객들이 지금 어떻게 행동하고 있는지를 배울 수 있다. "_____을 어떤 방법으로 하시는지 말씀해주세요." 혹은 "_____을 사용하시는 방법을 차례대로 보여주세요."

한 단계 위의 개념으로

저 빈칸을 어떤 방법으로 채우는가도 역시 중요하다. 여러분의 잠재고객이 말하는 내용을 너무 성급하게 제한하지 않도록 문제를 폭넓게 정의하는 것이 핵심이다. 만약 여러분이 구체적인 문제 하나를 해결하고 있다는 생각이 들면 한 단계 위의 개념으로 생각을 옮기도록 시도해보고 고객들에게도 그 문제에 대해 지금보다 한 단계 위에서 생각해보도록 요청하라.

> **NOTE_** 한 단계 위에서 생각해보는 일은 점진적이고 따라 하기 쉬운 개선을 능가하는 파괴적 혁신을 할 수 있도록 기회를 준다.

예를 들어 누군가에게 어떻게 온라인에서 식재료 배달을 주문하는지 묻는 대신, 어떻게 가족들에게 음식을 해주는지를 물어보라. 어떻게 파일을 업로드하고 공유히는기를 믿는 대신, 지난번에 서류 작업을 하면서 동료가 서류에 내용을 추가해야 할 때 어떻게 했는지를 물어보라.

만약 티보Tivo[2]가 비디오 테이프를 녹화하는 방법에 대해 고객과 인터뷰를 했다면, 아마 녹화하는 방법을 단순화해달라는 피드백을 받았을 테고 디지털 비디오 레코딩 사업을 개척할 기회도 놓쳤을 것이다. 실제로 비디오 레코더를 개선하려는 초기의 시도들은 이런 식이었다.[3]

저런 질문 대신 고객들에게 〈트윈 픽스〉 최종화의 마지막 10분이나 슈퍼볼 게임의 결정적인 플레이를 놓쳤을 때에 대해 질문했다면, 고객들이 얼마나 빨리(그리고 열정적으로) 문제점들을 이야기했을지 상상하기는 어렵지 않다. 티보는 이로부터 생방송의 일시정지 기능, 코드 대신 프로그램 이름으로 녹화하는 기능, 광고 건너뛰기 기능 등의 아이디어를 얻었을 것이다.

(단지) 제품에 대한 것이 아니다

고객 개발은 고객들이 새로운 행동방식에 적응할 것이라는 가정 대신에 지금 고객에게 익숙한 행동방식을 기준으로 여러분의 생각을 조정할 수 있도록 해주며, 그 결과 시간과 비용을 절약할 수 있다.

기업가이자 제품 관리자인 제이슨 샤Jason Shah는 다음과 같이 말했다. "저희는 그냥 소셜미디어가 SEO와 PR을 넘어서는 효과적인 유통 채널이 될 것이라고 가정했던 거죠."

샤는 TechPolish라는 이름의 서비스형 소프트웨어(SaaS) 추천 엔진을 만들고 있었다. 샤는 추천 엔진 자체에 대해서는 긍정적인 피드백을 받았다. 기술적 솔루션을 자세히 알아볼 만한 시간적 여유가 없는 중소기업들은 좋은 솔루션을 추천받기

---

2 역주_ 미국의 디지털 비디오 레코더(DVR) 업체
3 일례로 젬스타라는 회사에서 VCR+라는 제품을 출시한 적이 있다. 녹화할 프로그램의 시간과 채널을 비디오 레코더에 직접 입력(이것만으로 악몽이다)하는 대신, 각 TV 프로그램마다 고유의 4자리 코드를 지정하는 방식이었다. 고객들은 지역 신문의 TV 프로그램 리스트에서 원하는 프로그램을 찾아서 프로그램에 지정된 코드를 입력하기만 하면 되었다(http://en.wikipedia.org/wiki/Video_recorder_scheduling_code). 이것도 개선은 개선이었다. 여러분이 실수로 TV 리스트를 버리거나, 4자리 코드를 잘못 읽거나, 출근 전에 코드를 입력해놓는 것을 잊어버리지만 않는다면.

> 를 원하고 있었다.
>
> 하지만 제품은 비즈니스 모델의 일부일 뿐이다. 샤는 이렇게 설명한다. "소셜미디어가 저희 제품의 인지도를 높이고 반복적인 사용을 이끌게 될 것이 뻔해 보였습니다. 그래서 TechPolish의 추천 내용을 페이스북, 링크드인, 트위터에서 공유할지 여부를 아무에게도 물어보지 않았습니다. 고객들이 과거에 제품 업데이트를 어떻게 공유했는지도 물어보지 않았습니다. 저희는 소셜미디어와 제품을 통합하는 데 많은 시간을 들였지만 사용하는 사람이 거의 없었습니다. 어느 사용자든 저희에게 이것이 비효율적인 유통 채널이라고 말해줄 수 있었던 일에 많은 시간을 허비했습니다."

결과가 아니라 과정에 집중하라

여러분이 고객에게 질문을 할 때면 구매 방법, 등록 절차, 주요 업무를 끝내는 방법 등 핵심사항에 대해 바로 질문하고 싶은 유혹을 느낄 수도 있다. 핵심사항을 이해해야 성공적으로 제품 개발을 할 수 있다는 관점에서 보면 "어떻게 _____을 하는지 말씀해주세요" 같은 추상적 질문은 별 상관없는 내용처럼 느껴질 수도 있다.

하지만 고객이 뭔가 결정을 내릴 때는 고객이 속한 환경, 사용할 수 있는 자원, 갖고 있는 능력, 고객의 과거 경험 등이 복잡한 영향을 미친다. 고객이 의사결정을 하면서 맞닥뜨리게 되는 요소를 이해하게 되면 제작, 마케팅, 제품 판매의 세부사항에 대한 우선순위를 정하기가 훨씬 쉬워진다.

과정에 대한 질문을 통해서 고객 자신의 이야기를 차근차근 이끌어낼 수 있다. 고객이 자신의 세계를 이해하는 방법을 밝혀내는 것이다. 고객이 세부사항을 건너뛰거나 잠재적인 가정을 생략할 수도 있다. 무엇인가 이해가 되지 않을 때면 고객에게 설명을 요청하라.

예를 들면 고객이 인터뷰 중에 '나'와 '우리'를 번갈아 가면서 쓸 수도 있다. 고객이 업무를 진행하거나 결정을 내리는 상황에 대해 이야기하고 있다면, '우리'가 누구인지 정확하게 알아내는 것이 중요하다!

고객: 우리는 토요일 저녁에 달력을 보면서 다음 주 계획을 세워요.

인터뷰 담당자: 아, 잠시만요. '우리'라고 하셨는데 어떤 분들이신가요?

고객: 아, 예. 제 남편, 저, 그리고 큰딸요. 큰딸은 고등학생이라 자기 일정이 많아서 계속 확인을 해야 해요.

인터뷰 담당자: 고맙습니다. 그러니까 세 분이 달력을 보면서…

고객이 직접 수행하는 구체적 활동도 중요하지만 어떻게, 왜, 언제, 누구와 함께 같은 인접 요소도 동일하게 중요하다. 이런 요소가 제품의 성패를 좌우하는 잠재된 근본적 원인이다. 여러분의 고객이 말할 때, 이런 인접 요소를 찾을 수 있도록 열린 질문으로 대답할 준비를 하라.

미래가 아니라 현재에 집중하라

누군가에게 "나중에 _____을 하실 건가요?"라고 질문하면 불분명한 답변이 돌아오곤 한다. 어떤 사람들은 너무 친절해서 부정적으로 답변하지 못한다. 또 어떤 사람들은 긍정적인 답변이나 사회적으로 듣기 좋은 답변을 할 것이다(흡연자 아무에게나 주변 사람들에게 나중에 담배를 끊겠다는 이야기를 얼마나 자주 했는지 물어보라).

우리가 지금 이 순간 내리는 결정은 나중에 내릴 결정과는 달라지곤 한다. 구체적으로 미래의 우리 자신은 좀 더 도덕적이다. 일리노이 대학교 어배너-샘페인에서의 한 연구에 따르면, 사람들은 나중에 보고 싶은 영화를 고르라는 질문에 〈쉰들러 리스트〉나 〈피아노〉 같은 지적이거나 예술성이 두드러지는 영화를 선택했다. 하지만 지금 보고 싶은 영화를 물었을 때는 〈미세스 다웃파이어〉나 〈스피드〉 같은 대중적 영화를 선택했다.[4] 우리 자신의 행동에서도 비슷한 예는 쉽게 찾을 수 있다. 우리는 헬스클럽에 등록하지만 운동을 하러 가지는 않는다. 오늘 밤에는 햄버거를 먹으면서 내일 점심에는 샐러드를 먹을 것이라고 합리화한다. 또 다음 소

---

4 Daniel Read, George Loewenstein, and Shobana Kalyanaraman. ｉ"Mixing Virtue and Vice: Combining the Immediacy Effect and the Diversification Heuristic. ｉ± Journal of Behavioral Decision Making, (12) pp. 257－273, 1999.

프트웨어 릴리즈 때는 꼭 기술 부채[5]를 해결하겠다고 약속한다.

야머에서 일할 때, 소규모이지만 많은 의견을 내는 고객들에게서 야머의 토픽 기능(트위터나 페이스북의 해시 태그 기능과 비슷하다)을 강화해달라는 요청을 자주 받았다. 하지만 우리의 분석 데이터를 보면, 몇 퍼센트의 사용자만이 토픽 태그를 사용하거나 다른 사용자의 글에 달린 토픽 태그를 클릭했다(그림 4–1).

그림 4-1 소수의 고객이 야머에 토픽 태그를 강화해달라고 요청했지만, 그 기능을 사용해본 사용자는 거의 없었다.

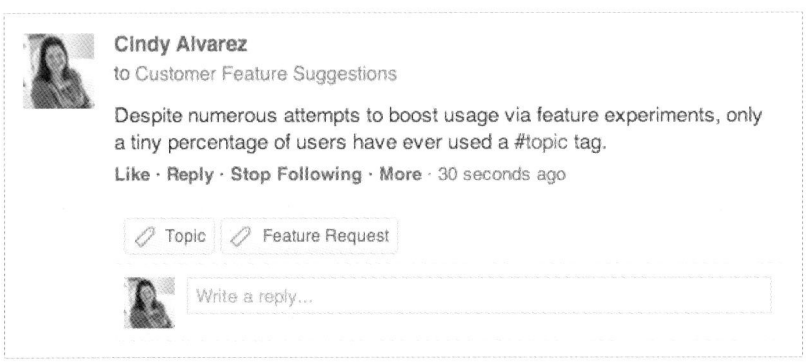

우리는 토픽 기능의 사용빈도를 높이려고 디자인과 기능을 여러 번 바꾸는 등 다양한 시도를 했지만, 고객들의 패턴은 변하지 않았다. 사용자들은 미래의 행동에 대해 약속했지만("만약 토픽 기능이 더 좋아지면 우리가 야머 네트워크를 보조할 수 있을 거에요! 만약 우리가 토픽 기능을 더 많이 사용할 수 있다면 사람들이 내부 지식 저장소를 만드는 데 그 기능을 쓸 수 있을 거에요!"), 현재 실제 사용량을 보면 대부분의 사람이 이 기능에 큰 흥미가 없음을 알 수 있다.

고객에게서 가장 정확한 답을 얻으려면 현재 또는 최근의 구체적인 질문이나 사건을 중심으로 질문을 구성해야 한다. [표 4–1]에 몇 가지 예가 있다.

---

5 엔지니어링 분야에서 마감 기한을 맞추기 위해 소프트웨어 코딩 시 차선책이나 미봉책을 사용하는 것을 의미하는 단어. 금전적 부채와 마찬가지로 미래에 부채를 해결하지 않으면 악영향을 미치게 된다.

표 4-1 구상적인 답을 얻이내는 질문 vs 실제적인 답을 언어내는 질문

추상적 질문	구체적 질문
_____을 사용하실 가능성이 얼마나 됩니까?	지난번에 _____와 같은 것을 사용하셨던 경험에 대해 들려 주십시오.
_____ 상황이 얼마나 자주 일어납니까?	지난달에는 _____ 상황이 몇 번 일어났습니까?
만약 _____가 일어나면 여러분의 회사에서 얼마의 비용을 지불해야 되겠습니까?	마지막으로 _____가 일어났을 때, 여러분의 회사에서 얼마의 비용을 지불했습니까?
만약 여러분이 _____라는 결정을 한다면 여러분의 가족이 어떻게 받아들이겠습니까?	마지막으로 중대한 결정을 하셨을 때, 가족들이 어떻게 받아들였습니까?

키스메트릭스에서 고객 인터뷰를 수행할 때, 나는 다수의 스타트업 창업자들과 대화를 했다. 그들은 패턴을 찾기 위해 데이터를 사용하고 비즈니스 모델을 최적화하기 위해 스플릿 테스트split test[6]를 하는 데 열심이었다. 하지만 그 창업자들 대부분이 현재 구글 웹 분석 서비스의 기본 설치 이상의 데이터는 수집하고 있지 않다고 인정했다.

"비즈니스에 필요한 데이터를 '지금' 어떻게 측정하고 계신지 말씀해주십시오." 이 질문을 통해 고객이 현재 환경과 고객 자신의 능력을 정직하게 이야기하도록 이끌 수 있다. 그 결과 우리는 그 고객 집단에 가장 중요한 기능에 집중할 수 있게 된다.

어떤 제약사항이 고객을 방해하고 있는가?

문제를 해결하지 못하는 고객을 볼 때, 우리는 그 이유가 해결책을 얻지 못했거나(단지 이 제품이 없어서) 동기가 없어서(단지 해결할 생각이 없어서)라고 생각하는 경향이 있다. 즉 고객이 문제를 해결해주는 제품을 구할 수 있다면 고객은 문제를 해결할 준비가 끝났다고 보는 것이다. 또는 고객이 현 상황에 도전하고 해결책을 찾을 정도로 관심이 있다면 이제 해결책을 찾을 수 있다고 간주한다.

---

6 역주_ 두 개의 시안을 주고 사용자에게 어느 쪽이 더 좋은지를 판단하게 하는 A/B 테스트와 유사한 테스트이다. 시안이 두 개 이상인 경우 버킷 테스트 또는 스플릿 테스트라고도 부른다.

현실은 다르다. 고객은 다양한 제약조건의 영향을 받는다. 제약사항 모두가 고객에게 객관적으로 똑같이 적용되는 건 아니지만, 그렇다고 각 조건의 영향력이 줄어드는 것은 아니다. 여러분의 고객에게 한계를 지우는 제약조건을 이해해야 할 필요가 있다. 왜냐하면 그 제약조건들을 바탕으로 고객에게 어떤 후속 질문을 해야 하고, 어떤 종류의 해결책이 고객에게 매력적으로 보이고, 또 궁극적으로 효과가 있을 것인가를 판단해야 하기 때문이다.

내가 깨달은 일반적인 제약사항은 다음과 같은 것들이 있다.

- 문제를 문제로 인식하지 못함
- 기술적으로 무엇이 가능한지 잘 모르고 있음
- 제한된 자원(환경, 시간, 예산)
- 행동을 제한하는 문화적, 사회적 기대

이제 이 제약사항들 하나하나에 대해 이야기해보자. 그러면 여러분은 이 제약사항들이 왜 문제를 일으키는지와 어떻게 하면 고객들이 제약사항을 넘어서는 시야를 갖도록 이끌 수 있는지를 알게 될 것이다.

문제를 문제로 인식하지 못함

사람들은 원래 자신이 가장 익숙한 업무나 프로세스에 집중한다. 우리에게 마쳐야 할 일이 생길 때 우리는 그 일을 하는 방법을 최적화하기보다는 그냥 그 일을 마치는 데 집중한다. 우리는 새로운 가정을 시험해보지 않는다. 이는 기능적 고착이라는 개념으로, 사회심리학자인 카를 둔커Karl Duncker는 "문제를 해결하기 위해 어떤 사물을 새로운 방법으로 사용하는 시도에 방해가 되는 심리적 장애"라고 설명했다. [7]

여러분은 기능성 고착에 대한 고전 실험을 알고 있을지도 모르겠다. 실험 참가자들은 성냥 한 갑, 양초, 압정 한 상자를 받는다. 실험의 목적은 주어진 도구로 양초를 벽에 붙이되 촛농이 바닥에 떨어지지 않도록 하는 것이다. 문제를 해결하려

---

7 http://en.wikipedia.org/wiki/Functional_fixedness

번 명함한 이 물건들의 사용 방법을 다시 생각해야 한다. 입김이 들이 있는 싱지를 비우고 빈 상자를 압정을 이용해서 벽에 붙인다. '선반'을 만드는 것이다. 그리고 촛농을 접착제로 사용해서 양초를 선반에 붙이면 된다.

우리는 이렇게 새로운 생각을 하는 데 익숙하지 않다. 일상생활에서는 어떤 물건이나 프로세스가 하나의 용도만을 갖고 있다고 생각하는 것이 일의 효율을 높이는 데 도움이 된다. 하지만 이런 효율 중심의 생각이 복잡한 문제를 풀기 위한 새로운 해결책을 찾아내는 데는 되려 큰 방해가 된다.

양초와 상자 실험에서 참가자들은 해결해야 할 구체적인 문제가 있다는 것을 알고 있었다. 정답이 있다는 것도 들었다. 다만 정답이 무엇인지를 찾아내는 것이 문제였다. 현실에서는 문제가 있어도 문제를 인식하지 못하는 경우도 있다. 우리에게 무엇인가가 부족하거나 일에 방해가 되는 것이 있어도, 그 상황과 비교할만한 뭔가가 없다면 상황이 얼마나 나쁜지 잘 깨닫지 못한다. 사실, 다니엘 핑크가 지적하듯이 '고정관념을 벗어나기' 위해 높은 인센티브를 제공해도 효과가 없다.[8]

온라인으로 신발을 사는 경우를 생각해보자. 신발이 발에 맞는지를 알기 어렵기 때문에 대부분의 사람은 신어보지 않고는 신발을 사지 않는다. 같은 브랜드의 동일한 사이즈 신발을 수년간 신었더라도 말이다. 슈피터Shoefitr는 피츠버그에 본사를 둔 회사로 신발의 내부 치수를 재는 데 3D 이미징 기술을 사용한다.[9] 고객들은 사려고 하는 신발의 치수를 보고 지금 신고 있는 신발의 치수와 비교할 수 있다.

사용자 연구자인 그레이스 오맬리Grace O'Malley가 고객들과 대화했을 때, 고객들은 본인에게 맞는 신발 사이즈를 찾기 위한 다양한 방법을 이야기했다. 오맬리는 이렇게 설명한다. "어떤 사람들은 다양한 치수의 신발을 여러 켤레 산 후에 발에 맞지 않는 신발은 반품합니다. 많은 사람은 깔창을 깔거나 다른 조잡한 방법으로 신발을 발에 맞춰서 신습니다. 그냥 알아서 하는 것이죠. 또 어떤 사람들은 온라인

---

8 http://www.ted.com/talks/dan_pink_on_motivation.html

9 온라인 신발 판매 업체인 러닝웨어하우스(Running Warehouse)에 따르면, 반품의 65%가 사이즈가 맞지 않기 때문에 발생한다. 슈피터를 사용하기 시작한 후 2년 동안 사이즈와 관련된 반품은 23%로 감소했고, 그 결과 이익률은 2.5% 증가했다(http://www.runblogrun.com/2012/05/shoefitr-use-of-online-fitting-application-increases-rate-of-returns-decreases-release-from-shoe-fit.html).

에서 신발을 사지 않습니다. 하지만 그 누구도 신발을 사기 전에 어떤 신발이 자기 발에 맞는지 미리 찾을 수 있는 해결책이 있는가 물어보지는 않았습니다."

고객들이 가능한 해결책을 평가하도록 하려면 자신에게 문제가 있다는 것을 깨닫도록 할 필요가 있다. 이렇게 하는 한 가지 방법은 고객에게 이미 익숙해진 행동에 대해 좀 더 깊이 생각하도록 만드는 것이다.

예를 들어 온라인 뱅킹 솔루션 업체였던 요들리Yodlee에서 일할 때, 나는 온라인 청구서 결제에 관련된 문제를 생각하느라 많은 시간을 썼다. 내가 깨달은 것 한 가지는 사람들이 마음속으로 다양한 약어를 사용한다는 점이다. 우리는 은행 웹사이트에서 결제할 계좌를 결정하고 지불 버튼을 클릭하는 활동뿐만 아니라 고객이 온라인 결제를 하기 위해 별도로 수행하는 일련의 활동을 모두 묶어 '온라인 청구서 결제'라고 불렀다. 별도 활동의 예로는 달력에 결제 표시하기, 잔고 계산하기, 수표가 지불되었는지 확인하기, 잊어버린 암호 다시 설정하기 등이 있었다.

이노베이션 엑셀러레이터의 CTO인 토니 매카프리Tony McCaffrey는 '포괄적 부분 기법'이라고 부르는 방법을 사용한다. 매카프리는 다음과 같이 설명한다. "각 목표를 부분으로 분리하고 두 개의 질문을 하라. 질문을 더 분리할 수 있는가? 여러분의 서술이 사용법을 함축하는가? 그렇다면 좀 더 일반적으로 묘사해보라."

내 경험상 고객들은 온라인 청구서 결제에 대해 이야기할 때 그 활동에 어느 정도 시간을 쓰는가에 대해 만족하고 있었다. 하지만 이 친숙한 활동의 구성요소를 일반적인 부분으로 분리해서 보면, 고객들은 멈춰서 그 활동에 얼마의 시간과 노력을 쏟았는지 의문을 갖게 된다.

고객이 자신의 행동을 설명할 때 여러분은 고객들이 습관처럼 하는 행동이나 당연하다고 생각하는 가정이 사실은 선택의 여지가 있는 문제이고, 더 나은 선택지가 있을 수도 있다는 점을 깨닫게 해야 한다.

인식하지 못하는 문제를 깨닫게 하는 또 다른 방법은 지금 현재 고객의 생활과 미래에 고객의 문제가 해결되었을 때의 생활을 비교해보도록 하는 것이다. 이때 여러분의 특정 제품을 꼭 언급해야 하는 것은 아니다. 그 대신 문제가 어떻게 고객을 힘들게 하는지를 자세히 알아내는 것이 중요하다. 고객이 가족과 함께 보내야 할 시간을 그 문제로 낭비하고 있는가? 그 문제 때문에 일주일에 드는 비용이 일주일 치 연료비와 맞먹는가? 그 문제가 인간관계를 어렵게 하고 사회적 마찰을 일으키는가? 이와 같은 구체적인 상황을 알아볼 필요가 있다.

기술적으로 무엇이 가능한지 잘 모르고 있음

해결할 방법이 잘 보이지 않는 문제는 문제라기보다는 기정사실처럼 느껴진다. 만약 문제를 해결할 방법이 없다고 믿게 되면 사람들은 그 문제에 대해 더 이상 불평하지 않게 될 수도 있다. 우리가 제안하는 해결책은 우리가 문제를 해결할 수 있다는 관점에 뿌리를 둔다. 그래서 고객들은 근본적인 변화보다는 점진적 개선을 제안하는 경향이 있다.

우리처럼 제품을 만드는 사람들은, 우리의 세계에 빠져 있다. 우리는 기술, 프로세스, 자동화로 할 수 있는 일들에 익숙하지만, 고객들은 그렇지 못하다.

애플의 시리를 생각해보자. 몇 년 전만 해도 대부분의 사용자들이 경험한 음성인식 기능은 대개 전화기에 대고 "1번, 3번, 상담원 연결, 상담원, 상담원!"이라고 소리 지르는 악몽 같은 경험뿐이었다. 그러다 결국 진저리를 치며 전화를 끊게 되는 식이었다. 음성인식과 자연어 처리 기술에 대한 경험이 저것뿐이라면 어떻게 고객이 시리와 비슷한 물건을 생각할 수 있겠는가?

고객이 현재는 존재하지 않는 해결책에 대한 확신을 갖고 있을 때라도 혹시 그 아이디어가 바보처럼 들리지 않을까 걱정되어 생각을 공유하지 않으려 할 수 있다. 사람들은 어려운 일과 불가능한 일의 차이를 가릴 수 없다는 점을 인정하려 하지 않는다. 실수로 바보 같은 요청을 해서 망신당하고 싶은 사람이 누가 있겠는가?[10]

고객들이 스스로 할 수 있다고 믿는 영역을 뛰어넘어 생각하게 만드는 일은 쉽지는 않지만 가능한 일이다.

....

10 이런 상황에 대한 두려움은 코미디 영화 〈오스틴 파워〉에 잘 묘사되어 있다. 닥터 이블이 1969년으로 시간을 거슬러 올라가 대통령을 협박하는 장면이다. 닥터 이블: "대통령 각하, 워싱턴 DC를 파괴하고 나서 다른 주요 도시를 한 시간에 하나씩 파괴할 거요. 나에게… [폼을 잡고] 1000억 달러를 준다면 관두겠지만!" 닥터 이블의 요구가 너무나 터무니없기 때문에, 대통령을 비롯한 각료들은 무서워하는 대신 자지러지게 닥터 이블을 비웃는다. "닥터 이블, 지금은 1969년이야! 그만한 돈은 존재하지도 않아! 그건 그냥 돈을 무진장 많이 달라는 이야기밖에 안 된다고!"

이 책 전체를 통틀어 내가 계속 인용하게 될 질문이 있다. 바로 이것이다.

"실제 가능한지 아닌지는 잊어버리세요. 마법의 지팡이를 휘둘러서 어떤 문제든 해결할 수 있다면 무엇을 하실 건가요?"

'마법의 지팡이 질문'은 고객의 심적 부담감을 상당히 줄여준다. 고객은 말하는 내용이 실제로 가능한 일인지를 걱정하지 않아도 된다. 틀린 답이 없는 것이다. 이런 방향으로 인터뷰를 준비하게 되면 다음과 같은 이야기로 말문을 여는 경우가 종종 있을 것이다. "음, 좀 어이없는 내용이지만…" 그럼 진정한 문제와 창의적인 아이디어가 이어질 것이다. 고객이 제안하는 아이디어는 대부분 불가능하거나 실용적이지 못한 것이지만, 좋은 아이디어로 여러분을 이끌 수도 있다.

"어깨 위의 작은 악마처럼 방문자 어깨 위에 앉아 있을 수 있었으면 좋겠어요. 그리고 그 사람이 제 웹사이트를 떠나는 바로 그 순간에 '왜?'라고 물을 수 있었으면 좋겠어요." 키스메트릭스에서 온사이트 조사 툴인 KISSinsights를 설계할 때 마법의 지팡이 질문을 통해 들은 대답이다. 고객이 느끼는 좌절감을 완벽하게 포착한 대답이었다.

제한된 자원

고객들은 근무 환경이나 생활환경의 제약을 받기도 한다. 기숙사나 아파트에 사는 사람, 칸막이로 공간이 구분된 사무실에서 일하는 사람이라면 공간을 물리적으로 변경해야 하는 해결책은 별 이득이 없을 수 있다. 어린 아이들이 있는 부모들에게는 두 손을 써야 하거나 깊이 집중해야 하는 해결책은 별 도움이 되지 않을 수 있다. (제품 디자이너 앤 핼솔Anne Halsall은 다음과 같이 썼다. "아들이 태어나고 나서 3주간은 컴퓨터를 전혀 쓸 수 없었다. 한 손밖에 쓸 수 없었기 때문이다. 그 순간부터 아이패드 미니가 주로 사용하는 컴퓨터가 되었다.")[11]

---

11 매우 좋은 예시이기에 좀 더 인용한다. "부모가 되기 전에는 '한 손밖에 쓰지 못하는 사람들'에 대해서 전혀 생각해본 적이 없었다는 점을 깨달았다. 이런 사람들은 일하는 환경이나 생활하는 중의 여러 상황 때문에 두 손으로 사용해야 하는 기기를 쓸 수 없다. 이런 사람들은 찾아보기 시작하면 어디에서나 찾을 수 있다. 이 사람들은 기기가 한 손으로 쓸 수 있을 정도로 작고 가볍지 않으면 쓰지 않는다. 어린아이의 부모도 확실히 이런 사람들에 포함된다. 자주 서 있거나 자주 이동하는 일을 하는 사람들도 마찬가지이다." (http://contextsensitive.quora.com/Seeking-the-one-armed-man)

일시적인 환경에서 오는 한계도 많이 있다. 소음, 나쁜 날씨, 붐저이는 공간, 잘 끊어지는 인터넷 연결, A지점과 B지점 사이의 거리 같은 것을 고려해보라. 이런 것들은 상황을 조금 더 어렵게 만들 뿐이지만 그래도 고객의 행동을 방해하기에 는 충분하다.

물론 대부분의 고객은 어떤 형태로든 자원의 제약을 받는다. 그러므로 어떤 자원 이 부족한지를 이해하는 것이 핵심이다. 바쁘게 일하는 부모가 돈을 아끼기 위해 시간을 쓰는 경우는 많지 않다. 대학생은 정반대의 성향을 보인다. 키스메트릭스 에서는 초기 고객 중에 기술력이 부족한 고객이 많았다. 즉 이 고객들은 길고 복 잡한 설치 과정을 감내하는 대신 전문가가 아닌 사람도 간단하게 설치하고 설정 할 수 있도록 하는 기능에 비용을 더 지불할 의향이 있었던 것이다.

행동을 제한하는 문화적, 사회적 기대

야머에서는, 우리 제품을 사용하는 방법에 대해 내부적인 규칙을 가지고 있는 고 객들을 자주 볼 수 있다. "나는 모든 질문을 읽지만 내 동료가 질문한 내용에만 답 을 합니다. 상사에게 답을 하는 게 불편해서요."

소프트웨어상에는 이런 식의 기능 제한이 없다. 그 회사에 누가 누구와 이야기해 야 한다는 명백한 지침이 있을 것 같지도 않다. 하지만 암묵적 규칙이라도 해도, 계급적 조직 문화가 행동에 영향을 미칠 수 있다.

고객이 여러분의 해결책을 시도했다가 실패하면 부정적인 평가를 받을 것이라고 느끼는가? 만약 그렇다면 의사결정을 내릴 때 고객이 느끼는 위기의식을 어떻게 줄일 수 있는가? 여러분의 고객은 새로운 행동을 하기 전에 허락을 받아야 생각 하는가? 만약 그렇다면 고객이 허가를 받아야 할 사람으로 생각하는 다른 이해관 계자들에게 초점을 맞춰야 한다(이 장 후반의 '고객은 어떻게 결정을 내리고, 돈 을 쓰고, 가치를 결정하는가' 참고).

또 다른 문화적 장애물은 고객이 자신을 어떻게 보여주고 싶어 하는가와 제품 사 이에 충돌이 있을 수 있는 경우이다.

몇 년 전에 나는 사람들이 귀중품을 잃어버리는 문제를 해결하고자 하는 스타트업 팀과 일하고 있었다. 이 팀은 누구든지 물건을 잘 잃어버리는 사람을 알고 있으면 추천해달라고 개인적 네트워크를 통해 부탁했고, 아이폰, 노트북, 스키 장비, 그 외 다른 귀중품을 자주 잃어버리는 사람들을 찾아냈다. 인터뷰 대상자들은 매 주마다 몇 시간씩을 낭비하며 잃어버린 물건을 다시 사느라 몇 백 또는 몇 천 달러의 돈을 쓴다고 털어놓았다.

하지만 유망고객들에게 이 해결책에 얼마를 지불할 의향이 있는지를 조사하기 시작할 때, 우리는 저항에 부딪혔다. 한 고객은 마침내 이렇게 인정했다. "저는 불가피하게 잃어버리는 물건을 다시 사기 위해서 돈을 따로 마련해두는 데 익숙해졌어요. 저는 괜찮습니다."

사람들은 지난달에 노트북을 잃어버렸고 집 열쇠를 지난주에만 두 번 잃어버렸다는 사실은 객관적으로 인정하더라도, 자신이 부주의한 사람이라고는 생각하지 않을 수도 있다. 물건을 잃어버리지 않게 해주는 제품을 산다는 것은 곧 자신이 물건을 잘 잃어버리는 사람이라고 인정하는 것과 같은 뜻이다.

이것은 3장에서 언급했던 스티브 블랭크의 초기 지지자 다이어그램의 훌륭한 예이다. 이 고객들은 이상적으로 보일 수도 있지만 실제로 열심히 해결책을 찾지는 않는다. 이제는 돌아서서 새로운 목표 고객들을 찾을 때이다.

여러분의 고객도 사회적, 문화적 한계를 명확하게 보지 못할 때가 있다. 가끔 고객들이 여러분의 제품을 사용하고 싶지 않거나 여러분의 제품을 사용하면 불편한 느낌을 받게 될 것 같다는 자신의 감정을 완전히 인식하기도 하지만, 일반적으로는 잘 깨닫지 못한다. 고객에게 문제를 해결하는 자신을 상상해보도록 부탁하고, 고객의 몸짓이나 목소리 톤 변화를 관찰해보라. 문제를 해결할 가능성을 보면서 안심하거나 흥분한 것처럼 보이는가? 또는 망설이거나 갈등을 느끼는 것처럼 보이는가?

무엇이 고객을 좌절하게 하는가(또는 고객에게 동기를 부여하는가)?

사람은 합리적이기만 한 존재가 아니다. 이성적이고 경제적인 기준만으로 결정을 하지도 않는다. 우리는 더 멋져 보여서 더 비싼 것을 선택한다. 뭔가 우리를 불편하게 만드는 것이 있어서 잠재적인 해결책을 거부하는 경우도 있다.

여러분의 잠재고객이 지금 무엇을 하고 있는지를 설명할 때, 그들을 좌절하게 하거나 그들에게 동기부여가 되는 것들이 무엇인지 알 수 있는 힌트를 얻기 위해 주의를 기울여야 한다.

왜 그런가?

여러분의 제품이나 서비스가 얼마나 효율적인가에 상관없이, 고객은 여러분의 제품에 투자를 하고 사용하기 위한 노력을 해야 한다. 여러분의 고객이 노력과 투자를 계속하기 위해서는 긍정적인 피드백이 필요하다. 어느 고객에게는 동기부여가되는 점이 다른 고객에게는 그 반대가 될 수도 있다. 무엇이 고객에게 동기부여가되는가뿐만 아니라 어떤 종류의 좌절감 때문에 고객이 거래를 포기하게 되는지도밝혀낼 필요가 있다.

내가 경험해본 고객의 다양한 의욕상실 이유 중 가장 대표적인 것이 불확실성이다. 서비스가 어떻게 제공될 것인가, 또는 어떻게 하면 제품을 가장 잘 활용할 수있는가 등의 내용이 확실하지 못하면 고객들은 매우 불안해하고 그 결과 떠나게될 수도 있다. 특히 이 문제는 우리에게 큰 단절을 안겨주기 때문에 좀 더 탐구해볼 가치가 있다.

우리는 새로운 제품을 상상하고 만드는 사람이기 때문에 불확실함을 유난히 편안하게 느끼는 경향이 있지만, 고객들은 그렇지 않다.

"이건 어떻게 작동하죠? 제가 뭘 해야 하죠? 만약에 제가 _____을 하면 어떻게되죠?" 고객에게 새로운 기능을 소개할 때마다 가장 먼저 듣게 되는 질문들이다.

또한 무엇이 여러분의 고객이 성공했다고 느끼게 하는지를 알아내고 싶을 것이다. 업무를 완벽하게 이해하는 것이 고객에게 동기부여가 되는가? 아니면 일의 진척이 눈에 보이는 것이나 동료보다 더 나은 성과를 내는 것이 동기부여가 되는가?

여러분이 제공하는 보상은 고객의 가치관과 일치해야 한다. 경쟁을 좋아하는 고객에게는 점수표의 맨 위에 자신의 이름을 올리는 것이 동기부여가 된다. 하지만 도움을 준 사람에게 "고맙습니다"라는 인사를 듣는 것에 가치를 두는 고객에게는 점수표에 이름을 올리는 것이 별 의미가 없는 일이 된다.

고객은 어떻게 결정을 내리고, 돈을 쓰고, 가치를 결정하는가

제품을 구매하는 사람과 제품을 사용하는 사람이 다른 사람일 수도 있다. 아동복이나 장난감은 아이들이 쓰지만 부모가 구매한다. 의약품과 의료 기기는 환자에게 쓰이지만 의사가 처방하고 (일반적으로) 의료보험사가 비용을 낸다. 하지만 주 사용자와 보이지 않는 이해관계자(결정을 내리거나 결정에 영향을 미치는 사람들이나 조직) 사이의 관계가 명확하지 않을 때도 있다.

고객에게 어떤 사람이나 그룹이 이 문제를 직접 겪게 되고 어느 사람이나 그룹이 문제를 간접적으로 경험하게 되는지를 묻고 싶을 것이다. 만약 고객이 다른 사람을 아무도 언급하지 않는다면 문제가 발생했을 때 어떤 사람들이 주변에 있는지, 또는 어떤 사람들과 문제를 의논하는지를 물어볼 수 있다.

보이지 않는 이해관계자들의 일반적인 예는 다음과 같다.

- 아이와 배우자(갈등을 최소한으로 줄이고 싶다)
- 사회적 모임(결정을 피하고 싶다)
- 수표책/신용카드/구매요청서를 들고 있는 사람 누구나
- 기술팀이나 법률 고문처럼 희귀하며 사람들이 필요로 하는 기술을 갖고 있는 사람들
- IT 보안, 금융, 법률 분야처럼 규정을 준수해야 하는 사람들
- 고객과 함께 제품을 사용하는 사람(협업이나 네트워크 효과가 필요한 제품)

주관적인 특성을 객관적으로 보기

나는 이 장 초반에 완전히 반대되는 말을 했었다. 객관적인 질문을 할 필요가 있지만 주관적이고 개인적인 답변을 이끌어내야 한다고 한다는 말이 바로 그것이다.

이 말을 개인적 성격에 대한 질문을 직접 해야 한다는 의미로 해석하지 말기 바란다. 누군가에게 신기술에 얼마나 익숙한지를 묻거나 또는 가격에 얼마나 민감한지를 묻는다면 그 사람을 모욕하는 것이 될 수도 있다. 인터뷰 대상이 여러분의 질문을 무례하다고 느끼지 않더라도, 인터뷰 대상자 자신과 지금 주변에 있는 사람에 대해 알고 있는 내용에 기반해서 답을 하게 될 것이다. 달리 말해, 만약 친구들 중에 헬스클럽에 가는 사람이 자신 혼자뿐이라면, 자기 목숨을 구하기 위해 5킬로미터도 완주하지 못한다 해도 그 고객은 자기 자신을 운동선수로 여길 것이다.

그 대신 고객들의 대답에서 얻을 수 있는 힌트로 고객이 말하고자 하는 바의 상세한 내용을 추론해보라. 예를 들어 다음과 같은 고객의 말에서 무엇을 추측할 수 있는가? "아 그래요, 그 일을 할 때 도움을 받으려고 앱을 써봤어요." 이 문장에서는 다음과 같은 사실을 알 수 있다.

- 스마트폰을 갖고 있다.
- 문제를 해결하기 위해 앱을 찾아보려는 생각이 있음을 보여주었다.
- 앱을 찾고 다운로드할 수 있다.

성급한 추리라고 생각할 수도 있지만, 많은 고객과 대화할수록 이것이 제2의 천성이 될 것이다. 여러분의 고객에 대해 많은 것을 알려주는 미묘한 차이를 점차 깨닫기 시작하게 될 것이다. ("내가 도움을 받으려고 앱을 써봤어요" vs "우리 아이가 나에게 도움을 주려고 이 앱을 내 폰에 설치했어요")

2장에서는 여러분의 목표 고객이 어떻게 보이고 어떻게 행동하려 하는지 여러분이 믿는 내용을 구체화하기 위해 특성 스펙트럼에 관한 이야기를 했었다. 이제 그 스펙트럼의 백지 버전을 생각해보자. 양쪽 끝의 특성 칸에 어떤 종류의 행동이나 단어를 넣으면 고객에 대해 더 많이 밝혀내는 데 도움이 될 수 있을까(그림 4-3)?

어떤 고객이 운동에 늦거나 운동을 제시간에 가려고 노력하는 점을 이야기한다면 '시간을 중요시함'에 가까운 사람일 것이다. "동료가 일을 제대로 못할 때면 정말 싫어요"라고 말하는 사람은 정확성을 위해서 효율이나 사용의 편의성은 다소 희생할 의향이 있는 사람이다. 나는 더 이상 특성 스펙트럼을 인터뷰마다 사용하지는 않지만, 인터뷰를 처음 시작하는 시기에는 도움이 된다. 그냥 던지는 것 같은 말한 마디가 사실은 이 사람이 뭔가를 시도하거나 구매하는 동기부여가 무엇인지 알아내는 소중한 단서가 된다.

그림 4-3 특성 스펙트럼

다음 단계: 고객 개발 인터뷰를 준비하기

이번 장은 다소 빡빡하고 이론적으로 느껴질 수도 있다. 이제는 기법에 관한 영역으로 되돌아가려고 한다. 다음 장에서는 인터뷰가 어떻게 흘러가고 인터뷰를 위해 무엇을 준비해야 하는지를 알려주기 위해서 인터뷰를 차근차근 진행해볼 것이다. 5장을 읽고 나면 사무실 밖으로 나갈 준비가 될 것이다.

요점 정리

- 고객 개발에 사용하는 다섯 개의 기본 질문을 사용해서 고객이 이야기하도록 하라. 그리고 그 대답에 대해 더 상세한 내용을 질문하라.
- 열린 질문을 해서 고객들이 표면적인 문제 너머를 생각할 수 있도록 하라.
- 오늘 고객들이 뭘 했는지를 알아내라. 고객의 현재 행동이 여러분의 경쟁상대다.
- 넓은 관점을 얻기 위해서 한 단계 위의 개념을 생각해보라.
- 실제 하는 행동과 하고 싶어 하는 행동에 집중하라.

- "X가 되면 어떻게 할 거 같습니까?"라는 질문 대신 최근 상황에 근거해서 질문을 하라("지난 번에 _____을 하셨을 때에 대해서 좀 더 말씀해주십시오." 또는 "지난달에 _____가 몇 번이나 있었습니까?").

- 고객이 갖고 있을 수도 있는 심리적 장애(문제를 문제로 보지 못하는 것, 문제를 해결할 수 없다고 생각하는 것, 제한된 자원, 고객의 행동을 제한하는 기대)를 인식하고 이런 장애들을 극복하는 데 도움이 되는 질문을 하라.

- 고객이 결정을 내리는 데 관련된 다른 이해관계자들이 있다면 찾아내라(가족, 관리자, 친구 등)

CHAPTER 5

사무실 밖으로 나가라

서로 간단히 자기소개를 한 다음에는, 인터뷰를 편안한 전화 통화 같은 스타일의 대화로 바꿀 수 있었다. 사람들은 처음에 부탁했던 10분의 시간을 훨씬 넘도록 대화를 계속했고, 나는 다른 어떤 방식으로 인터뷰를 진행했을 때보다도 더 많은 것을 배울 수 있었다.

_닉 소먼, LikeBright CEO

위대한 제품을 만들려면 사람에 대한 깊은 공감이 필요하다. 고객들과 초기부터 자주 대화하지 않으면 이 문제를 풀 수 없다. 유리 벽 뒤에 앉아 사람들이 컴퓨터로 무엇을 하는지 지켜본다고 한들, 그 결과가 현실을 얼마나 반영할 수 있겠는가? 우리는 사람들과 대화해야만 한다.

_카라 데프리아스, 인튜이트 혁신 추진가

지금까지 여러분은 가설을 명문화하고, 대화할 상대를 찾았으며, 대화상대로부터 무엇을 배워야 하는지를 알아냈고, 그것을 이끌어내는 데 필요한 질문을 준비했다. 인터뷰 시간 약속도 잡았다.

이제 정말 어려운 부분을 시작할 차례이다. 실제로 첫 번째 인터뷰를 해보는 것이다.

솔직하게 말하겠다. 나도 처음 몇 번의 인터뷰는 무서웠다.

만약 아무 성과도 얻지 못하게 된다면? 길고 어색한 침묵이 이어지는 첫 번째 데이트 같은 기분이 들게 된다면? 인터뷰 대상자가 시간낭비라고 느끼게 된다면?

그 이후 수천 번의 인터뷰를 경험하고 나서, 인터뷰를 할 때는 내가 대화의 분위기를 통제해야 한다는 점을 깨달았다. 인터뷰어가 자신 있게 이야기하고, 적절한 목표를 설정하고, 순수한 호기심을 나타내면, 사람들은 비로소 말하기 시작한다. 인터뷰를 마치면서 진심 어린 고마움을 전달하는 순간 사람들과의 관계가 형성되고, 인터뷰에 참가했던 사람들은 다음번에 다시 대화를 나누고 싶은 마음이 들게 된다. 나는 고객 인터뷰로 알게 된 수십 명의 사람들과 지금도 연락을 주고받고 있다.

이번 장에서는 여러분에게 인터뷰를 편안하고 건설적으로 만들 수 있는 기법들을 알려주려고 한다. 실제 인터뷰 예시를 차근차근 따라가면서, 효과적인 인터뷰 기법을 이해하고 그 기법들이 왜 통하는지를 설명할 것이다. 다음과 같은 것들을 배울 것이다.

- 인터뷰 전에 어떤 준비를 해야 하는가?
- 사람들이 마음을 열고 편안하게 이야기할 수 있도록 하는 놀라운 요령
- 사람들에게 자신이 전문가라는 느낌을 주는 방법
- 왜 인터뷰 대상이 주제와 관계없는 이야기를 하더라도 받아들여야만 하는가?

이 장을 마칠 때면 여러분은 사무실 밖으로 나가 인터뷰를 진행하면서 놀랍고, 통찰을 주며, 기대하지 못했던 내용들을 배우기 위해 필요한 기법들을 모두 갖게 될 것이다.

연습 인터뷰

일단 한번 해보고 나면 그다음부터 인터뷰는 더 쉬워진다. 따라서 여러분의 목표 고객이 아닌 사람 중에 여러분이 잘 아는 사람과 연습 인터뷰를 해볼 것을 추천한다.

연습 인터뷰로 여러분의 가설을 검증할 수는 없지만, 실제 인터뷰 전에 준비해둔 인터뷰 프로세스를 점검하고 여러분의 인터뷰 기술을 향상시키는 기회가 될 것이다.

연습 인터뷰는 이미 고객과 제품이 있는 상황에서도 도움이 될 수 있다. 이미 거래를 하고 있는 고객들과 함께 가상의 아이디어에 대해 대화하는 경우가 가끔 있을 수 있다. 이때는 매우 섬세하게 주의를 기울여야 하며 이 상황을 이해하는 누군가(고객 말고 동료 등)와 미리 인터뷰를 단계별로 진행해보는 것이 도움이 된다.[1]

누구와 연습 인터뷰를 해야 하는가? 대상에 어떤 기준이 있는 것은 아니지만 그래도 여러분의 아이디어와 크게 관계없는 사람을 선택하는 편이 좋다. 만약 여러분의 친한 친구나 옆자리 동료와 연습을 한다면 진지한 분위기를 만들기가 어려울 것이다. 조금 사이가 먼 동료나 SNS에서 알게 된 지 얼마 안 된 사람이 더 나은 선택일 수도 있다.

야머에서 우리 팀은 해당 제품이나 인터뷰어를 잘 알지 못하는 신입사원을 대상으로 연습 인터뷰를 종종 진행한다. 특별한 지시는 필요하지 않다. 우리 팀은 그저 자신의 경험이나 의견을 바탕으로 질문에 대답해달라고만 이야기했다. 그리고 인터뷰를 마치고 나서 인터뷰 자체에 대해 피드백을 요청했다. 연습 인터뷰 대상자가 누구든 간에, 연습 인터뷰 자체에 대한 평가를 부탁하는 것은 큰 도움이 된다.

녹음할 것인가, 말 것인가

'인터뷰를 할 때 녹음을 하면 어떨까?'라는 생각을 할 수도 있다. 녹음이 필요하다고 생각한다면 아마 인터뷰 대상자의 의견을 정확하게 기록하지 못하지 않을까 걱정되거나, 인터뷰 내용을 기록하느라 인터뷰 대상자와 눈을 맞추지 못해 분위기가 어색해질 가능성을 걱정하기 때문일 것이다.

인터뷰 내용을 녹음하게 되면 다음과 같은 장단점이 있다.

---

1 만약 여러분이 기존 고객과 일하는 상황이라면 고객 개발 중 많은 부분을 변경해서 적용해야 할 수도 있다. 하지만 사람들과 어떻게 대화를 해야 하는가에 대한 기본적 심리학 지식은 변하지 않는다. 8장에서 이런 변동사항과 위험에 대해서 다룰 것이다. 일단 이번 장을 먼저 읽고 난 후에 여기서 배운 점을 여러분의 상황에 맞게 적용하려면 어떻게 해야 할지 생각해보길 추천한다.

장점

- 인터뷰 대상자가 말하는 내용 전부를 기록할 수 있다.

- 기록 내용이 의도하지 않게 왜곡되는 일을 막을 수 있다(들은 내용을 순화하거나 축약해서 쓰게 되는 일).

- 인터뷰 대상의 몸짓이나 얼굴을 통한 감정 표현에 집중할 수 있다.

- 내용을 기록한 문서를 보는 것보다 실제 억양과 대화 속도까지 오디오를 통해 다시 듣는 편이 더 효과적이다.

단점

- 대화를 녹음해도 되는지 묻게 되면 인터뷰가 시작부터 어색해질 수 있다.

- 인터뷰를 녹음하게 되면 녹음 내용을 다시 듣고 녹취록이나 노트를 작성해야 하기 때문에 인터뷰 한 번당 대략 두 배의 시간이 걸린다.

- 대화 내용이 녹음된다는 걸 알게 되면 인터뷰 대상자들이 좀 더 조심스러워질 수 있다(인터뷰 대상자의 허락 없이 녹음을 하는 건 아예 고려 대상이 아니다. 그러면 안 된다).

- 인터뷰 대상자가 회사의 직원인 경우에는 그들의 제품이나 프로세스에 대해 이야기하지 않는다 해도 대화 내용 녹음이 회사 규정의 영향을 받을 수 있다.

- 직접 내용을 기록하는 일(필기 또는 타이핑)은 여러분이 말하는 시간은 줄이면서 인터뷰 대상자가 더 많이 이야기할 수 있도록 권하기에 좋은 방법이다.

인터뷰를 효율적으로 진행하려면 적합한 방법을 결정해야 한다. 어떤 방법이 더 좋을지를 알아내려면 두 방법을 모두 써볼 필요가 있다.

인터뷰 방식이 인터뷰 내용을 어떻게 기록할 것인가에 영향을 줄 수 있다. 나는 고객 인터뷰를 대부분 전화로 진행했기 때문에 내 시선이 노트북 화면으로 가는 것을 크게 신경 쓸 필요가 없었다. 하지만 인터뷰 대상을 직접 만날 때는 노트북으로 타자를 치는 것을 꺼린다. 이 책을 쓰면서 손으로 직접 필기하는 방법이 정확한 내용을 받아쓰기에는 너무 느리다는 것을 깨달았다. 손 필기로는 적절한 속도를 유지하면서 필기를 할 수가 없다!

대화 내용을 녹음했든지 필기했든지 상관없이 매 인터뷰가 끝날 때마다 요점을 정리하기 위해 몇 분의 시간을 투자해야 한다. 만약 인터뷰가 끝나고 기록한 내용을 내버려두었다가 며칠 뒤에 다시 보게 된다면 어떤 방법으로 기록을 했든 간에

(3페이지의 노트든 30분의 음성 녹음이든) 다시 알아보기 어려울 것이다.

비디오 녹화는 하지 말아주세요

비디오 녹화는 사용성 테스트에서 자주 사용되는 방법이긴 하지만 인터뷰 방법으로는 추천하지 않는다. 비디오 영상은 가장 회의적인 동료까지 설득할 수 있을 만큼 효과가 높지만, 동시에 제약사항이 너무 많다. 카메라를 잘 쓸 수 있는 장소가 필요한데, 그런 장소는 보통 사람들이 불편해하는 장소이다. 원격 인터뷰를 할 때는 인터뷰 대상자가 웹캠이 있으며 설치하는 법을 알아야 하는데, 그런 일에 익숙한 사람은 많지 않다. 또한 비디오 녹화는 인터뷰 대상자를 어색하게 만드는 방법이기도 하다. 카메라로 자기 헤어스타일이 어떻게 보일지 걱정되는 상황에서, 어느 누가 긴장을 풀고 전문가처럼 행동할 수 있겠는가?

어떻게 기록을 남겨야 하는가

고객 개발 인터뷰에서 사용하는 기록 방법이 처음에는 좀 낯설게 느껴질 수도 있다. 기존에 학교나 회의에서 사용하던 노트 기록 방법은 전부 잊어버리기 바란다.

만약 기존 방식으로 기록을 하고 있다면 시간을 낭비하고 있는 것이다. 강의를 들을 때나 회의를 할 때는, 내용을 요약하게 된다. 어떤 부분은 생략하고, 어떤 부분은 축약하며, 말하는 사람이 실제 무엇을 의도했는가를 추측해서 듣는 사람의 주관에 따라 내용을 해석한다. 업무 회의를 기록하는 경우에는 기록 내용을 다른 사람들과 공유해야 할 수도 있기 때문에 부적절한 내용을 빼거나 상황에 따라 맥락을 정리하게 된다.

하지만 고객 인터뷰를 진행하는 중에는 무엇이 중요한 내용인지를 아직 알 수가 없다. 여러 번의 인터뷰를 마치기 전까지는 정말 중요한 점이 무엇인지를 알 수 없을 것이다.

가능한 많은 정보를 잡아내는 것이 중요하다. 감정, 감탄사, 상세한 내용을 매우 집중해서 자세하게 잡아내야 한다. 만약 인터뷰 대상이 "X 제품을 썼던 건 이번 주에 있었던 일 중에 말 그대로 최악이었습니다"라고 말한다고 해도 그것은 '고객 이 X 제품을 좋아하지 않는다'는 뜻이 아니다.

당연히 모든 내용을 다 받아 적을 수는 없다(어느 시점에서는 받아 적은 내용들 을 다시 전부 봐야 하므로, 전부 받아 적고 싶은 마음도 안 들 것이다). 요령이 하 나 있다. 여러분은 현재 가설을 검증하고 목표 고객의 고민점을 알아내기 위한 일 을 하고 있음을 기억하라. 인터뷰 대상이 다음과 같은 내용을 이야기할 때 가장 집중해야 한다.

- 여러분의 가설이 옳음을 검증할 수 있는 내용
- 여러분의 가설이 틀렸음을 검증할 수 있는 내용
- 어떤 내용이든 여러분을 놀라게 하는 것
- 어떤 내용이든 인터뷰 대상자의 감정이 가득 실린 것

이런 내용 중 어떤 것이든 듣게 되면 노트에 강조를 해두기 바란다. 동그라미를 치든, 굵게 쓰든, 밑줄을 긋든 어떤 방법으로든 나중에 눈에 띄도록 해두라. 만약 인터뷰를 녹음하고 있다면 이런 내용이 나온 시간대를 적어두었다가 나중에 그 부분을 참고할 수 있도록 하라.

사람들은 "감정이 왜 그렇게 중요합니까? 인터뷰 대상이 우리의 제품 아이디어와 상관없는 부분에 대해 그냥 불평을 토로하는 것일 수도 있잖아요?"라고 묻고는 한다. 사실 불평, 분노, 열정, 혐오감, 회의적인 태도, 부끄러움, 좌절 같은 감정은 우선순위와 관련이 있다. 만약 누군가에게 중요한 것이 무엇인지를 알고 싶다면 중요한 것의 목록을 적어달라고 요청하지 말라. 그런 요청을 하면 자신이 중요하 게 여겨야 하는 것이 무엇인지 의식적으로 생각한 답변을 받게 될 것이다. 이렇게 하는 대신, 인터뷰 대상이 이야기할 때의 감정에 집중하라. 감정적인 반응을 보면 중요한 것이 무엇인지를 알아챌 기회가 있다. 인터뷰 대상이 여러분의 제품과 관 련이 없는 이야기를 하는 것 같더라도, 그 내용은 결국 여러분의 고객을 더 구체 적으로 이해하는 데 도움이 될 것이다.

인터뷰를 기록할 때 신경 써야 하는 점 한 가지는 모든 대화가 다르게 흘러간다는 것이다(만약 인터뷰 내용이 다 비슷하다면, 여러분은 고객으로부터 대화를 충분히 이끌어내지 못하고 있는 것이다). 하지만 여러분은 결국 수십 번의 인터뷰 내용을 모두 비교할 수 있어야만 한다. 각각의 인터뷰를 할 때 인터뷰 기록을 위한 표준 양식을 사용하면 내용을 비교하기가 좀 더 수월할 것이다.

인터뷰 양식은 다양한 종류의 대화에 적용할 수 있도록 유연해야 하지만, 동시에 각 인터뷰마다 가장 중요한 3~4개의 질문을 빠뜨리지 않고 정리할 수 있도록 구조를 정리해두어야 한다. 또한 인터뷰 양식에 인터뷰를 하면서 해야 할 일과 하지 말아야 할 일을 기억할 수 있도록 메모를 만들어놓는 것도 큰 도움이 된다(그림 5-1).

그림 5-1 나의 인터뷰 양식이다. 가장 자주 물어보는 질문 몇 가지와, 오른쪽에는 나 자신을 위한 메모가 있다(나는 주로 전화 인터뷰를 하기 때문에 양식에 바로 입력할 수가 있다).

이름: _____ 날짜: _____ 오늘 _____을 어떻게 하셨는지에 대해 말씀해주십시오. 혹시 그 일을 하실 때 도움이 되는 도구나 특정한 방법 또는 요령이 있습니까? _____을 하기 전이나 하고 난 이후에 항상 하시는 것이 있습니까? 만약 마법 지팡이가 있어서 오늘 하지 못했던 일 중에 아무 일이나 할 수 있다면, 무슨 일을 하고 싶으신가요? (실제로 가능한지는 생각하지 마세요. 아무 일이나 괜찮습니다.) 또한 흥미로운 부분:	웃을 것. 이야기하지 말 것. 나는 그냥 기록자이다. 네/아니요로 대답하는 질문은 하지 말 것. 어떤 것이든 흥미로운 점은 다시 언급할 것. ex) 다른 사람들...

기록 담당자를 섭외하라

야머에서 고객 개발 인터뷰를 할 때는 인터뷰어가 인터뷰 자체에 집중할 수 있도록 별도의 기록 담당자와 함께 인터뷰를 하기도 했다(바로 뒤 '2인 1조 인터뷰' 글상자 참고).

별도의 기록 담당자를 두는 것은 다기능 융합팀의 다른 멤버들이 고객과 대면할 수 있게 하는 매우 좋은 방법이다! 인터뷰를 진행하는 것은 절대 원하지 않지만 기록을 돕는 정도는 함께할 용의가 있는 동료들이 있는 것이다(인터뷰 기록을 도와주는 일에 내부 저항이 없다는 말이 아니다. 처음에는 기록을 도울 내부 지원자들을 유도하기 위해서 수제 쿠키가 필요했었다. 하지만 6개월 정도가 지나자 우리 제품 개발팀 중 누구에게나 한 시간 정도 인터뷰를 기록해달라고 부탁할 수 있게 되었다).

야머에서는 이미 이야기한 바 있는 구분(검증, 반증, 놀라운 점, 감정)에 따라 만든 온라인 양식을 사용한다. 기록자는 인터뷰 장소로 랩톱을 가져와 양식에 바로 입력한다. 이 방법을 사용하면 일관된 서식으로 검색하기 쉬운 기록을 만들 수 있으며 누군가가 녹취를 할 필요도 없다.

2인 1조로 인터뷰하기

내가 야머와 키스메트릭스에서 썼던 방법 중에 가장 효과적인 것 하나는 2인 1조로 인터뷰를 진행하는 것이다. 한 사람이 질문을 하고 인터뷰 대상에게 집중하면 나른 한 사람은 인터뷰 내용을 기록하는 데 집중한다.

이 방법은 더 포괄적이고 유용한 기록을 만들 수 있을 뿐만 아니라, 다음과 같은 세 가지 중요한 이점이 있다.

여러분의 인터뷰 기술이 향상된다

여러분이 직접 이야기하는 동안에는 자신이 너무 많이 이야기하고 있는지, 중요한 질문을 했는지, 대화를 너무 성급하게 끝냈는지 같은 부분을 깨닫기가 매우 어렵다. 하지만 기록을 하는 동료는 그런 점을 훨씬 더 명확하게 볼 수 있다. 인터뷰를 끝내자마자 바로 동료에게 인터뷰 진행에 대한 피드백을 받으면 여러분의 인터뷰 기술을 계속해서 향상시킬 수 있다.

다른 사람들이 인터뷰에 대해 확신을 갖도록 돕는다

많은 경우, 고객 개발에 회의적이거나 도움이 될 수는 있어도 직접 하고 싶지 않다고 생각하는 동료들이 있을 것이다. 동료들에게 새로운 기술을 익힐 생각이 있느

…고 ㅁ기ㅂ다는 30분 정두이 인터뷰 기록에 참여시키는 편이 더 쉽다. 나는 동료가 인터뷰 기록을 두어 번 하고 나면 대개 이런 질문을 한다. "자, 그럼 다음번에는 직접 인터뷰를 진행해보겠어요?"

여러분의 팀에 모든 사람을 포함시킬 수 있도록 돕는다

많은 회사에, 고객과 대화를 하기에는 너무 바쁘거나, 너무 멀리 떨어져 있거나, 고객과 대화하는 것을 지나치게 불편해하는 사람들이 있다. 안타깝게도 이런 사람들이 외부의 관점을 가장 귀 기울여 들어야 하는 사람들인 경우가 많다. 내가 동료의 시간 중 한 시간을 쓸 수 있다면 그 시간을 가장 효율적으로 쓰는 방법은 30분간의 인터뷰 기록을 두 차례 하도록 일정을 정하는 것이다. 인터뷰 기록은 특별한 기술이나 사전 준비가 필요 없고 많은 힘이 들지 않으면서도 동료들이 사무실 밖에 있는 사람들의 목소리를 직접 들을 수 있게 해주는 방법이다.

인터뷰 바로 직전에 할 일

이제 곧 여러분과 대화를 나누게 될 사람에 대해 익숙해지는 게 좋다. 만약 직장인이 인터뷰 대상이라면 직위, 일하는 회사의 종류, 일하는 업종을 주의 깊게 보라. 만약 소비자를 인터뷰한다면 인터뷰 대상이 독신인지, 아이가 있는 부모인지, 시내에 사는지, 교외에 사는지, 신기술에 익숙한지, 아닌지 등을 신경 쓸 필요가 있다. 1분 정도 인터뷰 대상의 입장에 서서 그 사람이 생각할 법한 일이나 걱정할 만한 문제점을 생각해보라.

대화가 진행되는 동안에는, 즉흥적인 참고사항이나 예시를 들 수도 있다. 그런 참고사항이 인터뷰 대상의 상황과 연관이 있는 것이라면 대상자가 좀 더 자유롭고 편안하게 대화를 이어나갈 수 있을 것이다(예를 들어 도심에 사는 독신 남자에게 SUV로 아이들을 등교시키는 내용은 연관이 적은 예시이다).[2]

....

2 온라인 의류 쇼핑몰 자포스(Zappos)의 고객 지원팀은 모든 고객 전화에 대해 개인적이고 감정적인 유대를 만들려고 노력한다. 지리학적 전화 연결법(routing)을 통해 담당자가 고객과 공유할 수 있는 공통점을 갖게 될 확률을 높이기 위해 고객과 같은 지역에 있는 고객 지원 담당자를 연결하도록 한다. 이러한 감정적 유대는 자포스의 매출 중 75%가 기존 고객과의 반복 거래에서 발생하는 이유 중의 하나이다. 여러분도 이렇게 유대감을 북돋아줌으로써 인터뷰 대상 중 몇 명을 여러분의 지지자나 조언자로 만들 수 있다.

정말 일상적인 일들을 잊지 말라. 화장실은 미리 다녀오라. 물을 한 잔 준비하라. 여분의 펜과 종이를 손에 닿는 곳에 준비하라. 휴대폰은 충전되어 있어야 하고 무음 상태여야 한다. 만약 컴퓨터로 타이핑을 한다면, 방해가 될 만한 프로그램들은 전부 종료하라. 인터넷 메신저, 웹브라우저, 이메일, 그 밖에 방해가 될 만한 것들은 모두 꺼두라(나는 대개 와이파이를 아예 꺼둔다). 인터뷰 기록 양식을 앞에 준비해놓고 손으로 적거나 타이핑할 준비를 하라!

인터뷰의 처음 1분

인터뷰 대상에게 전화를 걸거나 대상자가 오기를 기다릴 때면 스스로 긴장도 될 것이고, 어떤 결과가 나올지 확신이 없는 기분이 들 수도 있다. 인터뷰 대상자 또한 그런 기분일 것이다.

대부분의 사람은 고객 개발 인터뷰 같은 활동을 한 번도 해본 적이 없다. 사용성 테스트나 전통적인 마케팅 포커스 그룹에 참여해본 적이 있다고 하더라도, 고객 개발 인터뷰 활동들은 꽤 다른 구성을 따른다. 사용성 테스트와 포커스 그룹은 고객 개발 인터뷰보다는 더 구조적이고 질제된 방식이나. 두 활동 모두 기존 제품, 서비스, 또는 프로토타입에 중심을 두고 있다. 여러분의 인터뷰 대상에게 사전에 요청한 내용이 매우 간단하기 때문에 대상자는 여러분이 무엇을 기대하는지를 완전히 확신하지 못하고 있다.

대화의 첫 1분 동안 여러분이 해야 할 일은 다음의 세 가지이다.

- 인터뷰 대상자가 자신이 도움이 될 것이라는 자신감을 갖게 하라.
- 당신이 아니라 대상자가 대화를 주도하기를 원한다고 분명히 이야기하라.
- 인터뷰 대상자가 대화를 시작하도록 하라(어떻게 하는지는 나중에 설명하겠다).

인터뷰의 처음과 마지막 부분만큼은 무엇을 말할지 미리 연습을 해볼 것을 추천한다. 인터뷰를 시작할 때의 내용을 준비해놓으면 인터뷰 대상에게 내용이 자신있게 들리도록 할 수 있고, 인터뷰에 대한 적절한 목표를 설정하는 데도 도움이 된다. 전화 인터뷰를 시작할 때 좋은 대본의 한 예는 다음과 같다.

인닝하세요, [회사명]의 [이름]입니다. 통화하기 괜찮으시죠?

고맙습니다! 우선, 오늘 시간 내주셔서 감사합니다. 선생님께서 일하시는 분야에서 선생님의 개인적 경험과 일하시는 방법에 대해 말씀해주시는 내용이 저에게는 정말 중요합니다. 그래서 저는 선생님 말씀을 듣는 데 집중하려 합니다.

현재 [일반적인 업무를 처리]하고 계신 방법에 대해서 조금 말씀해주시는 데부터 시작해도 되겠습니까?

꽤 단순하게 들리지만 이 내용에 효과적으로 인터뷰를 시작할 수 있도록 해주는 매우 구체적인 요소들이 들어 있다. 내가 저 내용에서 벗어날 때마다, 또는 저 내용들을 피하려 하는 회사들과 함께 일할 때마다 답변의 질은 나빠졌다. 여기에는 다음과 같은 내용이 들어 있다.

스스럼없이 대화할 수 있도록 하라

만약 여러분이 금융계나 헬스케어 산업 같은 보수적 업계에서 일한다면 이런 식의 도입부가 너무 가볍다고 생각해서 좀 더 정중한 어조로 조정해야겠다고 생각할 수도 있다. 내가 알아낸 점은, 더 정중한 어조를 사용하면 답변이 더 짧아지고 비공식적인 내용을 감추는 경우가 많아지는 경향이 있다는 것이나. 만약 직장인들과 대화를 나눈다고 하면 우리가 듣고 싶은 것은 공식적인 프로세스가 아니다. 우리는 그들의 비밀스러운 불평불만과 일을 어떻게든 끝내기 위해서 대충 짜맞춘 차선책들을 알아야 하는 것이다. 믿을 수 없을 만큼 멋진 제품을 만들려면 이런 종류의 통찰이 필요하다. 휴게실에서 이야기하는 식으로 이야기하라. 임원을 대상으로 프레젠테이션하는 식으로 이야기하면 안 된다.

한 명의 사람으로서 인터뷰 대상을 대하라

대화를 할 때 '저' 또는 '저를' 같은 표현을 사용해야 하며 '우리' 또는 '회사' 같은 표현은 사용하지 말라. 사람들은 얼굴 없는 '우리' 또는 '회사'보다는 실제로 유대감을 느낄 수 있는 누군가를 더 잘 돕는다. 사회심리학 연구가 이 사실을 증명한다.[3]

---

3 이 사실은 호감도와 자기 노출 사이의 관계 때문일 것이다. 자기 자신에 대한 개인적인 정보를 잘 드러내는 사람은 보통 더 많은 호감을 얻는다(http://www.ncbi.nlm.nih.gov/pubmed/7809308). 여러분이 자신의 이름을 밝히고 단지 대본에 따라 인터뷰를 하는 게 아니라는 정도의 성의만 보여주어도, 그것이면 충분할 것이다.

'선생님의 개인적인 경험', '특별히 선생님에게는', '선생님의 환경에서는' 같은 표현을 사용하는 것이 처음에는 다소 어색한 기분이 들 수 있다. 하지만 이런 방법은 인터뷰 대상자에게 자신이 전문가이고 인터뷰 대상자의 특정한 의견과 행동이 가치 있는 것이라는 점을 강조할 수 있다. 사람들에게 다음과 같은 반론을 듣는 것은 매우 자주 있는 일이다. "어, 저는 그냥 평범한 _____인데요. 제가 하는 말에는 별 관심이 없으실 거예요." 인터뷰 대상자로부터 상세한 응답을 이끌어내려면 이런 망설임을 극복할 수 있도록 도와주어야 한다.

그다음 1분

여러분은 방금 인터뷰 시작용 대본을 다 읽으면서 인터뷰 대상자에게 전문가로서 대상이 아는 모든 내용을 공유하는 것이 얼마나 중요한지를 설명했다. 그리고 나면 대개 다음과 같은 일이 일어난다. 인터뷰 대상자는 대화를 주도하고 싶어 하지 않는 것이다(여러분이 대상에게 그렇게 하라고 용기를 주었는데도 말이다). 대상자는 한두 문장 정도를 말하고 나서 멈출 것이다.

어떻게 하면 이 뿌리 깊은 사회적 규범을 무시하고 계속 이야기하도록 설득할 수 있을까?

아무 말도 하지 말고 듣기만 하라. 인터뷰를 시작하기 위해서 우선 "당신에 대해 말씀해주세요"라는 질문을 하고 나서, 기다리도록 하라. 시계를 보면서 60초가 다 지나갈 때까지 아무 말도 하지 말라.

그림 5-2 첫 번째 질문을 하고 난 후 60초가 다 지나갈 때까지 기다리라.

60초는 긴 시간이다. 침묵을 깨기 위해서 뭔가 말을 하거나 다음 질문으로 넘어가고 싶어질 것이다. 그렇게 하지 말라. 다음으로 너무 빨리 넘어가면 여러분은 인터뷰 대상자에게 이 정도로 충분하며 더 이상 듣고 싶은 것이 없다는 신호를 주게 된다. 대상자는, 여러분의 침묵을 깨기 위한 시도를 한두 문장 정도의 대답이면 충분히 자세한 내용이라는 표시로 받아들이고, 짧고 얕은 대답을 하기 시작할 것이다. 이건 전혀 우리가 원하는 바가 아니다!

말하는 대신에 침묵이 흐르도록 놔두면 된다.

나는 최근에 전화에서 뭔가를 말하는 일을 막기 위해서 말 그대로 음소거 버튼을 누르는 것을 추천하는 트윗을 본 적이 있다. 이건 추천하지 않는다. 전화의 반대편에서 완벽하게 아무 소리도 들리지 않으면, 전화가 끊어진 것처럼 느끼기 쉽다. 인터뷰 대상자가 "여보세요? 들리시나요? 전화가 끊어졌나요?"라고 말하고 인터뷰에 방해가 생기기를 바라지는 않을 것이다. 여러분이 숨을 쉬는 소리 같은 미묘한 소리가 들릴 수 있도록 하라.

만약 여러분이 침묵을 지키면, 대부분의 사람들은 이야기를 계속하게 될 것이다.[4] 요약된 말이 아닌 이런 상세한 내용은 대개 유용한 통찰을 담고 있다(만약 인터뷰 대상자가 이야기를 계속하지 않거나 진심으로 불편한 것 같아 보이면, 짧은 말로 분위기를 풀어나갈 필요가 있을 수도 있겠지만, 보통은 그럴 필요가 없다).

첫 인터뷰에서 인터뷰 대상이 대화를 계속 이어나가도록 하는 방법은 기조를 정하는 것이다. 여러분은 인터뷰 대상에게 진심으로 이렇게 말해야 한다. "저는 대부분 듣기만 할 것입니다." 이제 여러분의 인터뷰 대상은 길고 자세하게 이야기를 해도 된다는 걸 깨닫게 된다.

---

4 이 상황에 대해서도 적당한 사회심리학적 근거가 있을 거라고 확신하지만, 영화 〈펄프 픽션〉의 한 장면을 대신 인용하는 걸로 충분할 것 같다.

　미야: 짜증나지 않아요?
　빈센트: 뭐가요?
　미야: 불편한 침묵요. 왜 우리는 말도 안 되는 것들에 대해 이야기를 해야 한다고 느끼는 걸까요? 편안해지기 위해서?
　빈센트: 좋은 질문이네요.

대화가 계속 이어지도록 하라

처음의 "어떻게 하는지 말씀해주세요"라는 질문을 하고 나서, 인터뷰는 상황에 따라 필요한 만큼 자유로운 형태로 이어질 수 있다. 리스트에 있는 질문을 차례차례하게 될 수도 있고, 또는 인터뷰 대상이 이야기를 멈추지 않아 질문 하나에 10분이 지나갈 수도 있다. 가장 중요한 것은 인터뷰 대상이 계속 이야기하도록 하면서대상자가 가장 흥분하는 일에 대해 더 자세하게 설명할 수 있도록 섬세하게 독려하는 일이다.

경고

'60초 동안 침묵 지키기' 방법을 계속 사용하지 말라. 이 방법은 인터뷰를 시작할때 인터뷰의 방향을 정하기에는 정말 좋은 방법이지만, 이 방법을 지나치게 사용하면 인터뷰 대상자에게 여러분이 냉정하다거나 대상자를 조종하려 한다고 느끼게 할 수도 있다. 인터뷰 대상자를 방해하지 않기 위해서나 중간에 말을 끊지 않기위해서 잠깐 침묵을 지키는 것은 좋지만, 2~3초 정도면 충분하다. 일단 대상자가이야기를 하기 시작하면, 그가 스스로 전문가라고 느끼도록 해주고 싶을 것이다. 그러려면 적극적인 청자가 되어야 한다. 대상이 이야기하고 있는 내용에 반응을보이고 질문을 하는 것이다.

가능한 한 자세한 내용을 그려내기 위해서 질문을 계속하라. 더 긴 대답을 하도록격려하라. 가장 좋은 방법 중 하나는 예 또는 아니요로 대답이 끝나지 않는, 열린질문을 하는 것이다.

- 그 프로세스가 처리되는 데 시간이 얼마나 걸립니까?
- 그 일이 어떤 이유 때문에 일어났다고 생각하세요?
- 그 일이 벌어지면 어떤 결과가 나타날까요?
- 이런 종류의 결정에 관여하는 사람이 또 누가 있습니까?
- 이런 종류의 실수를 또 어디에서 보셨나요?
- 마지막으로 그 일을 하신 게 언제인가요?

이런 종류의 후속 질문은 인터뷰 대상자가 계속 이야기하도록 하는 것 이상의 효과가 있다. 사실 이런 질문은 대상자의 답변 태도를 완전히 바꾸게 한다. 키스메트릭스에서 만났던 초기 인터뷰 대상자(웹 분석 회사)의 변화를 읽어보자.

> 고객: 우리는 이미 우리 기술팀에서 만든 몇 종류의 분석 도구를 쓰고 있고, 잘 작동하는 것 같습니다. 우리는 트래픽이나 변환된 내용들을 볼 수 있고 필요할 때 보고서를 얻을 수도 있습니다.

여기까지만 보면 별로 관심이 없는 고객 같다. 그는 이미 자신의 고민점에 대한 해결책이 있다고 말하고 있다. 좌절을 표현하지도 않고 자신이 할 수 없는 일들에 대해 불평하지도 않는다.

다음 질문으로 넘어갈 때인가? 그렇게 빨리 진행하지 말라. 정말 관심 있는 부분이 없는지를 확인하기 위해서 최소한 하나의 후속 질문은 더 할 필요가 있다.

> 인터뷰어: 필요할 때 보고서를 얻을 수 있다고 말씀하셨죠. 마지막으로 보고서가 필요하셨던 때가 언제였습니까?

> 고객: 지난주였습니다. 음... 지난주에는 몇 가지 데이터를 사용할 수가 없었지만, 사실 보고서를 담당하는 기술팀이 몇 가지 버그를 고치고 있는 중이었기 때문에 보고서를 받을 때까지 며칠을 기다려야 했죠.

> 인터뷰어: 데이터가 필요하지만 받으실 때까지 기다려야 하는 경우가 얼마나 자주 있나요?

> 고객: 음, 지난주에 그런 일이 있었죠. 그리고 한 달에 두어 번 정도 있습니다. 하지만 기술팀에게는 보고서를 만드는 것보다 버그를 수정하거나 기능을 고치는 일이 더 중요하죠. [긴 침묵] 맞아요... 결정을 내릴 때 수치를 보는 대신에 추측으로 결정을 하는 것 같네요.

> 인터뷰어: 그런 결정들이 얼마나 중요하다고 생각하세요? 그 수치들이 없으면 어떤 결과가 나올까요?

> 고객: 솔직히, 지금까지는 우리가 한 일이 그렇게 중요하진 않았어요. 하지만 곧 유료화에 직접적으로 영향을 주는 변경을 가할 예정입니다. 만약 여기서 잘못된 추측을

하면, 매출을 잃게 되겠죠. 꽤 직접적으로 연결되는 사안입니다. 으어! 그동안 너무 바빠서 지금까지는 그렇게 생각하지 못했지만, 정말 긴급한 문제군요…

유도신문은 피하라

후속 질문을 할 때는 주의하라. 실수로 유도신문을 하게 되기가 매우 쉽다. 일단 유도신문을 하게 되면, 인터뷰 대상자가 왜곡된 응답을 하게 된다. 유도신문은 종종 다음과 같은 형태를 취한다.

- _____라고 생각하지 않으십니까?
- 만약 _____라면 문제가 될까요?
- _____라는 내용에 동의하세요?
- 만약 _____라면 좋을까요?

이런 형태의 질문은 인터뷰 대상이 "예" 또는 "아니요"로 대답하도록 유도한다. 여러분 자신이 방금 유도신문을 했다는 것을 알아차리지 못할 수도 있지만, 만약에 대상자가 "예" 또는 "아니요"로 답을 했다면 유도신문을 했다고 보면 된다. 기록에 이 내용을 적어두고 이 답변은 회의적으로 다루도록 하라.

물론 여러분이 인터뷰 대상자에게 후속 질문을 던져보는 등의 방법으로 대화를 이끌어내려 한 다음에도 대상자가 흥미로운 내용을 이야기하지 않는 상황이 충분히 있을 수 있다. 억지로 답을 얻으려 하지 말라. 사람에 따라 생산적이라고 받아들이는 질문이 다르다. 다음 질문이나 주제로 넘어가라.

좀 더 깊이 파고들기

일련의 질문들을 마치고 나면, 특정한 상황이나 문제를 이해했다고 생각할 수 있다. 여러분의 직감은 "그래"나 "알겠어"라고 이야기하면서 동의할 것이다. 그냥 그렇게 흘러가지 말라. 분명히 인터뷰 대상자가 생략했거나 여러분이 잘못 이해한 뭔가가 있을 것이다. 흘러가는 대신에 그것들을 명확하게 하기 위한 질문을 하라. 인터뷰 대상에게 여러분이 무슨 일을 하고 있는지를 말해주고, 대상자가 말한 내용을 여러분 자신의 표현으로 요약한 다음에, 내용이 맞는지를 대상자에게 명확하게 확인하라. 인터뷰 대상이 특별히 흥미가 가거나 놀라운 내용을 말할 때 뿐만 아니라, 질문을 다 마쳤을 때나 다른 주제로 넘어가기 전에도 대상자가 말한 내용을 다시 서술해보기를 추천한다.

누군가가 말한 내용을 요약해서 다시 말해주는 것이 어색하게 느껴지거나, 심지어 잘난 체하는 것처럼 느껴질 수도 있다('적극적으로 듣기'라는 표현은 악의 없는 유치원 선생님들을 떠올리게 한다). 이 단계가 어색하게 느껴져서 생략하고 싶을 수도 있다. 인터뷰 대상자가 말해준 것을 요약하는 데 익숙해지면, 내용을 잘못 이해하는 일이 크게 줄어들 것이다.

야머의 사용자와 최근에 진행했던 인터뷰의 예시를 보자.

> 나: 이 내용이 정확한지 확인해볼게요. 파일을 보낼 때 보안이 적용된 인터넷 파일 공유 사이트에 접속하기가 어려워서 이메일을 사용하시는데, 이메일을 통해서 보내는 게 더 쉬워서 그렇다고 말씀하셨죠? 일주일에 두 번 정도 이메일로 파일을 보내시고요? 제가 뭔가 잘못 이해한 게 있나요?

> 인터뷰 대상자: 아니요. 그러니까, 로그인에 문제가 있는 건 맞지만, 우리가 이메일을 쓰는 주 이유는 영업부 사람들은 항상 외근을 다니기 때문에 인터넷에 접속할 수가 없기 때문이에요. 그래도 이메일은 볼 수 있거든요.

> 그래서 이메일을 쓸 수밖에 없어요. 이런 일이 분기 말을 제외하고는 대개 일주일에 두 번 정도 일어납니다. 분기 말에는 영업부 사람들이 전부 계약을 하러 여기저기 뛰어다니기 때문에 대략 하루에 20개 이상의 파일을 이메일로 보내게 되죠.

대답을 살펴보면, 인터뷰 대상자는 더 중요한 다른 문제를 밝혀냈다! 대상자는 또한 이 문제가 단지 일상적인 고민점이 아니라는 것을 일깨워주었다. 중요도가 높은 특정 기간에는 이 문제가 더 심각해지는 것이다.

대개 대상자의 첫 답변에서 드러나지 않는 상세한 내용이란 바로 이런 것들이다. 인터뷰 대상자들이 정보를 붙잡고 내놓지 않으려는 게 아니다. 단지 전에는 외부

인의 관점으로 생각해보지 못했던 것뿐이다.[5]

'왜'라는 질문과 친해질 것

토요타에서 개발된 '5 Whys'는 과거의 표면적인 답변을 파고들어서 문제의 근본적인 원인을 찾기 위한 기법이다. 대부분의 사람들은 질문을 받으면, 가장 직접적으로 분명하게 나타나는 응답에 끌리게 된다. 그런 응답은 대부분 증상에 대한 대응이며, 만약 그 증상을 해결하려 한다면 근본적인 원인을 해결할 수 있는 더 큰 기회를 무시하고 있는 것이다.

에릭 리스의 블로그에 다음과 같은 예가 있다.

여러분의 웹사이트가 다운되었다는 것을 알았다고 해보자. 당연히 가장 먼저 해야 할 일은 웹사이트를 복구하는 것이다. 하지만 위험이 지나가자마자 '왜'라고 묻는 데서부터 시작하는 일종의 해부 훈련을 해야 한다.

- 왜 웹사이트가 다운되었는가? 모든 프론트엔드 서버의 CPU 사용률이 100%가 되었다.
- 왜 CPU 사용률이 치솟았는가? 새 코드 중 몇 줄에 무한루프를 실행시키는 내용이 있었다!
- 왜 이런 실수가 있는 채로 코드가 체크인되었는가? 그 기능에 대한 단위테스트를 하지 않았다.
- 왜 단위테스트를 하지 않았는가? 코드 작성자가 신입 직원이었고, 테스트 주도 개발에 대해서 충분히 교육을 받지 못했다.[6]

첫 번째 '왜'라는 질문에 대한 답만 보면 하드웨어 문제 같다. 세 번째 '왜'에 대한 답을 보고 나면, 엔지니어 탓을 하고 싶은 생각이 들 수도 있다. 다섯 번째로 '왜'라는 질문을 하고 나면, 이런 일이 다시 일어나지 않도록 하기 위해서는 직원의 조직 적응 프로세스 중에 실수가 있는 부분을 보완해야 한다는 것이 명확해진다.

---

5 또는 인터뷰 대상자들은 우리 모두가 그렇듯이 '지식의 저주'에 고통받고 있다. 제품을 만드는 사람들은 그 제품에 너무나 익숙하기 때문에 모든 사람이 제품을 사용하는 방법이나 특정 기능을 찾는 방법을 알 것이라고 가정한다. 또한 제품을 사용하는 사람들이 이 제품에 어떤 결점이 있고 실제 일하는 방법과 제품이 작동하는 방식이 어떤 식으로 차이가 나는가를 알고 있을 것이라고 가정한다. 신시아 바튼 레이브가 말했듯이 "전문가들은 속도를 늦추고 외부인들에게 필요한 정보를 줄 때에 비로소 세상을 다른 관점으로 볼 수 있게 되고, 그 결과 오래된 문제에 대해 새로운 해답을 내놓게 됩니다." (재닛 레이-듀프리(Janet Rae-Dupree)의 「혁신적인 사람들은 다르게 생각한다」에서 재인용. http://www.nytimes.com/2007/12/30/business/30know.html)

6 http://www.startuplessonslearned.com/2008/11/five-whys.html

접점을 잇다

고객 개발 인터뷰의 이러한 개방적인 면모 덕분에 인터뷰 대상자는 겉보기에는 주제와 별 상관이 없는 문제 또는 상황에 대해 이야기하는 데 시간을 쓰기도 할 것이다. 경우에 따라 '왜 저 사람은 내가 듣고 싶어 하는 내용 대신에 이 얘기를 하고 있는 거지?'라고 생각할 수도 있다.

생각해볼 만한 가치가 있는 질문이다. 왜 이 사람은 겉보기에 상관없는 주제에 대해 이야기를 하고 있는 걸까? 만약 누군가가 어떤 화제를 꺼낸다면, 아마 그 주제가 중요하기 때문일 것이다. 아니면 그 주제가 여러분이 해결하려는 문제보다 더 긴급한 문제라는 것을 나타낼 수도 있다. 아니면 그 주제가 여러분의 아이디어에 대해 생각해보기 전에 먼저 걱정해야 하는 일종의 전제조건일 수도 있다. 경우에 따라서는 이 사람이 여러분과 대화해야 할 사람이 아니라는 것을 알게 될 수도 있다.

대화의 방향을 여러분이 원하는 질문으로 되돌리는 대신에, 접점을 찾기 위해 몇 분 동안은 그 주제에 대해 더 대화해보기를 추천한다. 이런 상황에서는 다음과 같은 질문들이 유용할 수 있다.

- [지금 말하고 있는 내용]에 대해서 [원래 주제]보다 더 시간을 많이 쓰십니까?
- [지금 말하고 있는 내용]을 생각하는/하는/승인하는/고치는 사람이 얼마나 됩니까?
- 집/직장에서 [지금 말하고 있는 내용]이 얼마나 중요한 내용입니까?

만약 인터뷰 대상자가 지금 말하고 있는 내용에 더 많은 시간을 쓰고 우선순위를 더 높게 정하는 것이 확실하다면, 인터뷰 대상자에게 다른 인터뷰 대상자를 추천해달라고 부탁하게 될 수도 있다(이 문제에 대해 이야기를 해볼 만한 더 나은 사람이 있냐고 묻지 말기를 바란다. 인터뷰 대상을 모욕하는 것이다. 지난번에 인터뷰했던 사람을 나중에 언제 다시 만나게 될지 모른다). 이런 요청을 하는 방법을 하나 알려주겠다.

> 지금 제 계획은 [지금 말하고 있는 내용]보다 [원래 주제]에 좀 더 초점을 맞추는 것입니다. 그래서 선생님의 시간을 너무 많이 뺏고 싶지 않습니다. 제가 [지금 말하고 있는 내용]에 대해 생각을 좀 더 정리하고 나서 한 번 더 연락을 드려도 괜찮을까요?

끝으로, 만약에 제가 [원래 주제]에 대해 좀 더 알아보려면 어느 분과 얘기하면 좋을까요?

접점으로 나타나는 내용이 처음에는 중요하지 않다고 생각되더라도, 충분한 사람들과 이야기를 나눈 후에 패턴이 보이기 시작하기 전까지는 정말 중요한지 아닌지를 확신할 수 없다. 키스메트릭스에서 고객 인터뷰를 할 때, 많은 사람들이 시작할 때는 분석에 대한 이야기를 하다가 정성적 사용자 연구와 설문조사를 진행하기가 얼마나 어려운지를 불평하는 방향으로 대화가 흘러갔었다. 첫 번째로 이런 이야기를 들었을 때는 그 사람만이 예외인 것처럼 보인다. 일단 같은 문제에 대해 다섯 사람이 더 그 문제를 이야기하고, 똑같은 문제를 이야기하는 사람들이 더 늘어난다면 그것은 명백히 새로운 기회이다. (내가 전화 회의에서 즐겨 쓰는 표현이 있다. "한 사람이 그렇다면 그냥 괴짜일 수도 있다. 하지만 열 명이 그렇다면 괴짜가 아니다.") 이런 접점들은 완전히 새로운 제품을 위한 영감을 준다! 이런 접점에서 발견한 아이디어로 만들어진 KISSInsight(현재는 Qualaroo)는 수천 개의 회사에 인터넷 설문조사와 목표 고객에 대한 상호작용 기능을 제공한다.

보통 원래 주제에서 벗어난 접점에 관련된 대화는 2~3분 정도면 끝나며, 그 이후에는 간단히 다음 질문으로 넘어갈 수 있을 것이다. 만약 그렇게 되지 않으면, 간단하게 사과를 하면서 이야기를 정리하고 다음 질문에 대해 이야기를 할 때임을 확실히 하고 싶다고 말하면 된다.

위시리스트 피하는 방법

어떤 사람들은 여러분의 질문에 대답하기를 피하고 "내가 원하는 건 이겁니다"라고 이야기할 것이다. 그러면서 원하는 기능과 설정에 대해서 늘어놓기 시작할 것이다. 나는 카페에서의 미팅 때 자신이 생각한 시제품을 스케치하기 시작하는 사람을 만난 적도 있다!

표면적으로는 멋지게 느껴질 것이다. 유망고객이 여러분을 위해 실제로 제품의 요구사항을 써주는 것이니까. 사실은 좀 다르다. 수천 개의 실패한 제품들이 고객들이 필요하다고 '말했던' 것을 비딩으로 만들어졌다. 과거에 최소 한 번쯤은 이런 제품을 가지고 일해본 경험이 있을 것이다.[7]

고객이 무엇을 '원하는가'를 배울 필요는 없다. 여러분은 고객이 어떻게 '행동하며' 무엇을 '필요로 하는가'를 배워야 한다. 달리 말하면, 고객이 제안하는 해결책이 아니라 고객의 문제에 초점을 두어야 한다.

기능에 대한 생각에서 벗어나라. 문제에 집중하라

누군가가 기능에 대한 아이디어나 특정한 해결책에 대해 이야기하기 시작하면 즉시 대화의 방향을 돌리는 게 좋다. 인터뷰 대상에게 당신의 아이디어가 좋지 않다는 인상을 주고 싶지는 않을 것이므로, 대화의 방향을 돌리려면 약간의 섬세함이 필요하다. 대상자의 아이디어는 실제로 훌륭한 의견일 수도 있다. 다만 그것이 지금 당장 필요한 것이 아닐 뿐이다. 내가 대화의 방향을 돌리기 위해 사용하는 가장 일반적인 방법은 대상자가 필요하다고 말한 기능이나 제품의 스케치가 어떻게 그들의 문제를 해결할 수 있는지를 묻는 것이다.

> [특정 기능]이 있었으면 좋겠다고 하셨죠? 언제 그리고 어떻게 그 기능을 사용하고 싶으신지를 상세하게 설명해주시겠어요?
>
> [그녀의 대답을 듣고, 기능에 대한 이야기에서 문제로 다시 돌아간다]
>
> 들어보니 _____ 문제가 있는 것 같군요. 제가 정확하게 들었나요? 이 문제에 대해 좀 더 자세히 말씀해주실 수 있으세요? 제가 이 문제를 완전히 이해했는지 확인하고 싶어서요. 그래야 이 문제를 해결할 수 있으니까요.

만약 여러분에게 기존 제품이나 기존의 고객이 있는 상황이라면 인터뷰 대상자들

---

7 〈심슨 가족〉에 이 점을 잘 묘사한 에피소드가 있다. 호머 심슨이 오랫동안 떨어져 있었던 이복형제인 허브를 다시 만나게 되는데, 허브는 가상의 '파월 자동차 회사'를 소유하고 있다. 허브가 호머 심슨에게 일반적인 미국인 고객을 위한 자동차를 디자인해달라고 부탁하자 심슨은 양탄자가 깔려 있고, 아이들을 위한 돔이 별도로 달려 있으며, 「라 쿠카라차」가 재생되는 경적 세 개 달린 차를 디자인한다. 당연히 아무도 이런 차를 사고 싶어 하지 않고, 파월 자동차 회사는 자동차 업계에서 떠나게 된다(http://simpsons.wikia.com/wiki/The_Homer).

흥미롭게도, 한 팀이 르망 24시간 레이스에 참가하기 위해 실제로 호머 차를 만들었다(http://techland.time.com/2013/06/27/finally-homer-simpson-designed-car-the-homer-comes-to-life).

이 기능에 대해 제안하는 문제는 더 곤란한 일이 된다. 이미 여러분에게 돈을 냈거나 계약을 한 사람들은 그들이 기능에 대한 요구를 이야기할 수 있는 권리를 얻었다고 느낀다. (만약 그들이 돈을 충분히 냈다면, 그 기능이 만들어지거나 출시될 때까지 얼마나 시간이 걸리는지도 알려주기를 기대할 것이다.)

비즈니스 혁신가들은 종종 헨리 포드가 말했다는 내용을 인용한다. "만약 고객들에게 무엇을 원하느냐고 물었다면, 더 빠른 말이라고 했겠지." 그 시절에 고객 인터뷰를 했다면 어떤 일이 일어났을지 상상이 될 것이다.

> 고객: 나는 더 빠른 말이 필요해요. 언제쯤 만들 겁니까?
>
> 인터뷰어: 우리가 무엇을 만들든지 그게 당신의 문제를 정말로 해결할 수 있는지를 확실히 하고 싶습니다. 만약 지금 당장 더 빠른 말을 갖게 되면, 그게 어떻게 당신의 삶을 더 쉽게 해주는지 말씀해주실 수 있으신가요?
>
> 고객: 당연히 직장에 더 빨리 갈 수 있죠!

마법 지팡이 질문

고객들이 요청하는 것들은 고객이 이미 알고 있는 내용에 국한되어 있고, 따라서 최적의 해결책이 아닌 경우가 많다. 심지어 고객들은 자신이 완전히 이해하지 못하는 아이디어에 대해 의견을 내는 것을 부끄럽게 느끼기도 한다. 고객들의 관점은 매우 제한적이다. 이런 고객들의 마음을 열도록 도와줄 수 있는 것이 마법 지팡이 질문이다.

> 만약 마법 지팡이를 휘둘러서 [문제에 대해] 무엇이든 원하는 대로 바꿀 수 있다면 어떻게 하고 싶으세요? 실제로 할 수 있는지 없는지는 신경 쓰지 마세요.

다소 바보 같아 보이지만, 진지한 질문이다. 성인 간의 대화에서 마법 지팡이 질문은 보통은 기대하지 못하는 종류의 질문이다. 이런 질문이 사람들을 웃게 하고 긴장을 풀게 한다. 마법 지팡이는 규정이나 조직도, 기술적 한계 같은 것은 신경 쓰지 않는다. 그냥 일이 되게 할 뿐이다. 고객의 상황에서, 마법 지팡이는 좀 더 근본적인 인간적 한계에 대해서 고민하게 한다. 요정 할머니처럼, 마법 지팡이는 돈이나 시간의 구애를 받지 않는다.

마법 지팡이 질문으로 사람들을 자유롭게 해줌으로써 사람들이 좀 더 크고 복잡한 고민점에 대해 이야기하도록 할 수 있다(유망고객이 사실은 전혀 그렇지 않지만 스스로는 무엇인가 불가능한 일이라고 생각하는 일을 부탁하는 경우는 흔히 있다). 그리고 그런 이야기들이 해결이 필요한 좀 더 매력적인 문제들을 우리에게 더해준다.

마법 지팡이 질문을 하는 습관을 들여라. 매우 자주 쓰게 될 것이다. 사람들은 제안을 하거나 특정한 해결책을 요구하는 것은 익숙하지만, 그들의 문제를 묘사하는 데는 그렇지 못하다. 이런 종류의 질문은 고객이 모델 T[8]를 발명하도록 해주진 못해도, 고객이 근본적인 문제라는 면에서 생각할 수 있도록 관점을 전환시켜줄 것이다.

일단 마법 지팡이 질문을 한번 하고 나면, 여러분이 하려고 하는 일이 무엇인지를 조금 더 설명할 수 있게 된다.

> 과거에 우리는 뭔가 특정한 일을 하도록 의도하긴 했지만, 진짜 문제를 해결하지는 못하는 제품들을 만들었습니다. 이제는 이런 제품을 만들지 않고, 여러분이 처해 있는 상황에 도움이 되며 여러분의 삶을 더 어렵게 만드는 일을 해결하는 뭔가를 만들 수 있도록 해보려고 합니다.

이 메시지는 거의 모든 고객이 공감할 것이다. 우리 모두, 기대한 만큼의 결과를 내지 못하는 제품을 산 적이 있으니까.

제품의 상세한 내용은 언급하지 말라

만약 인터뷰 대상자가 여러분의 제품에 대해 세부적인 질문을 하기 시작한다면 어떡해야 하는가? 특히 대상자가 문제를 해결하고 싶어 하는 의욕이 높다면, 여러분이 만들게 될 것을 열렬히 보고 싶어 할 것이다.

---

8 역주_ 포드의 첫 번째 대량생산 자동차

여러분에게 제작 중인 제품이 있을 수도 있고 없을 수도 있지만, 어느 경우이든 인터뷰 마지막까지 인터뷰 대상자에게 여러분의 제품을 보여주거나 상세한 내용에 대해 이야기하지 않는 편이 좋다. 더 좋은 방법은 해결책에 대해 이야기하기 위한 별도의 인터뷰를 계획하는 것이다.

왜 이 단계에서 제품을 보여주는 것이 나쁜 생각일까? 그 이유는 제품의 이미지나 눈에 보이는 요구사항이 여러분의 인터뷰 대상자가 말하려고 했던 모든 내용을 오염시키기 때문이다. 대상자가 자신이 일하는 방법과 좌절하는 사항에 대해 생각하는 대신, 무의식적으로 답변을 여러분의 제품에 맞추게 된다. (이것은 "만약 여러분이 망치를 가지고 있다면, 모든 것이 못처럼 보일 것이다" 법칙의 다른 버전이다.)[9]

만약 인터뷰 대상자가 정말로 여러분의 제품이나 제품 모양을 보고 싶어 한다면, 대상자의 경험과 어려움에 대해 먼저 이야기를 듣고 나서 보는 것이 인터뷰에 영향을 주지 않는다고 설명할 수 있다. 언제든 이후에 추가로 제품 데모를 하기 위한 스케줄을 제안할 수 있지만, 여러분이 무엇인가를 한 번 보여주고 나면 다시는 되돌릴 수 없고 이 사람으로부터 순수한 피드백을 받을 수 없게 될 것이다.

만약 여러분에게 아직 보여줄 만한 뭔가가 없다면, 안 된다고 말하는 것도 괜찮다. 이런 식으로 말할 수도 있다. "우리는 개인적인 재정 문제를 다루는 사람들의 문제를 해결하기를 바라지만, 이 문제를 정말 제대로 해결하기 위해서는 우선 사람들이 지금 정확하게 뭘 하고 있고 어디서 어려움을 겪고 있는지를 이해해야만 합니다."

장기적으로 보라

여러분은 인터뷰 대상에게 20분의 시간을 요청하지만, 그 시간이 지나도록 여전

---

[9] 이 개념은 에이브러햄 매슬로의 책 『The Psychology of Science』에 등장해 유명해졌다. "만약 여러분이 갖고 있는 유일한 도구가 망치라면, 모든 것을 마치 못이 있는 것처럼 다루고 싶어질 것이다." 나는 더 이전에 에이브러햄 캐플런이 했던 말을 더 선호한다. "어린 소년에게 망치를 주면, 소년은 마주치는 모든 것을 두드려야 한다는 사실을 깨닫게 될 것이다." (https://en.wikipedia.org/wiki/Law_of_the_instrument)

히 열광적으로 말하는 경우가 있는 것이다. (내가 30분마다 연이어 인터뷰를 하는 스케줄을 추천하지 않는 이유이다.) 인터뷰 대상자가 계속 이야기하고 싶어 하는 것처럼 보여도, 대상자가 시간 감각을 잃었을 수도 있다. 인터뷰 대상자가 실수로 다음 약속에 늦기를 바라지는 않을 것이다. 만약 30분 정도가 지났는데도 대상자가 계속 이야기를 하고 있다면, 정중하게 다음과 같이 주의를 환기시키는 것도 좋은 생각이다. "죄송합니다. 저도 이 이야기를 더 하고 싶은데, 선생님의 시간을 너무 많이 뺏고 싶지도 않아서요."

여러분과 인터뷰 대상자 양쪽 모두가 얼마나 열정적이든 간에 45분이 넘도록 인터뷰를 계속하는 것은 추천하지 않는다. 응답의 질이 점점 떨어지게 될 것이고 그 사람의 호의를 고갈시키게 될 위험이 있다. 더 나은 접근방법은 이후에 후속 질문을 갖고 다시 이야기를 할 수 있도록 허락을 받는 것이다.

만약 그 사람과 이야기할 수 있는 기회가 이번뿐이라면? 이라는 생각에 첫 번째 대화에 가능한 한 많은 내용을 집어넣고 싶은 생각이 들 것이다. 하지만 우리의 직관과는 반대로, 여러분을 위한 부탁 하나를 들어준다는 건 사실 사람들에게 두 번째 부탁을 들어줄 준비를 시키는 것이나. 소액의 사선 기부를 부탁받고서, 나중에는 더 많은 액수를 재촉받은 적이 있는가? 이것이 문간에 발 들여놓기 기법이며, 첫 번째 만남에서 많은 액수를 부탁하는 것보다 훨씬 효과적이다.[10]

인터뷰 대상으로부터 더 배워야 할 것이 있거나 대상자에게 제품의 초기 스케치를 보여주고 싶다면 두 번째 인터뷰 스케줄을 제시하라. 여러분이 초기에 인터뷰하는 목표 고객 중 일부는 여러분의 미래 초기 지지자가 될 가능성이 높다는 사실도 기억하라. 여러분이 시작한 장소와 마치는 장소가 전혀 다른 곳이 되더라도 말이다.

....

10 위키피디아에서는 문간에 발 들여놓기 기법을 이렇게 설명한다. "누군가가 어떤 아이디어나 개념에 대해 지지를 표현하면, 그 사람은 더 확고한 열정을 보여줌으로써 지속적으로 이전의 지지 표현을 고수하려고 한다." (http://en.wikipedia.org/wiki/Foot-in-the-door_technique).

발 들여놓기 기법에 대해서 가장 자주 인용되는 예시는 1960년대에 진행했던 사회심리학적 시험이다. 발 들여놓기 기법에 대한 더 최근의 메타 분석(http://psp.sagepub.com/content/9/2/181)은 이 현상의 효력에 의문을 갖게 하기도 한다.

그렇더라도, 나는 이 방법이 통하는 걸 경험했다. 만약 여러분의 유망고객이 후속 이메일에 응답하지 않더라도, 나는 사회심리학을 비난하는 대신 여러분이 해결하고자 하는 문제가 더 많은 관심을 끌기에는 설득력이 부족했다는 신호로 받아들일 것이다.

마지막 몇 분

인터뷰 첫 1분이 대상자가 말문을 열도록 하는 데 매우 중요하듯이, 인터뷰를 정리하는 몇 분은 인터뷰 대상자와의 관계를 형성하는 데 매우 중요하다. 인터뷰 대상자가 20~30분의 시간을 내준 것에 대해서 스스로 후회하기를 바라지는 않을 것이다.

인터뷰 마지막 몇 분 동안 여러분이 해야 할 일은 세 가지이다.

- 인터뷰 대상자에게 여러분의 시간을 제공하라.
- 인터뷰 대상자가 여러분을 성공적으로 도왔다고 느끼게 하라.
- 시간을 내준 것에 개인적으로 감사를 표하라.

무슨 내용을 이야기하든지 개인적이며 진실한 내용이어야 한다. 이 대화는 사업 거래를 결론짓는 것이 아니다. 나중에 다시 이야기하고 싶을 수도 있는 사람과의 대화를 마무리하는 일이다. 나는 다음과 같은 내용을 이야기하지만, 어떻게 인터뷰를 마무리하든지 간에 여러분이 말하는 내용이 상대에게 개인적인 대화로 전달되도록 하라.

[   ] 님, 제가 궁금했던 내용은 전부 잘 설명해주신 것 같습니다. 혹시 [   ] 님께서 궁금하신 점이 있나요?

[질문을 듣고, 필요한 만큼 질문에 답변을 한다]

오늘 저와 대화를 해주셔서 정말 감사합니다. [인터뷰 대상과 의논했던 문제 또는 상황]에 대해 말씀해주신 내용이 정말 큰 도움이 됐습니다. 만약 [   ] 님처럼 직접 이 문제를 겪은 분에게 이런 이야기를 듣지 못했다면 이렇게 자세한 내용은 절대 알지 못했을 겁니다.

제가 다음에도 [   ] 님으로부터 뭔가를 더 배울 수 있도록 [   ] 님께 계속 관련 정보를 알려드려도 괜찮을까요? 만약 더 자세한 질문이 생기거나, 뭔가 해결책이 나올 것 같은 상황이 되면 다시 연락드려도 될까요?

[답변을 기다림]

다시 한 번 감사드립니다. 좋은 하루 보내세요!

이것은 발 들여놓기 기법의 또 다른 적용법이다. 사람들에게 다시 연락을 해도 되겠느냐고 물음으로써, 여러분은 그 사람들의 전문가 역할을 더 강하게 만들 수 있다. 여러분은 그들에게 부탁을 하는 것이지만, 사람들에게 그 부탁은 보상처럼 느껴지게 된다.

나는 패턴을 발견하거나 자료가 더 필요할 때면, 프로세스의 후반 또는 고객에게 보여줄 MVP가 나온 시점에서 다시 후속 질문을 하곤 한다.

고객? 무슨 고객?

여기까지 읽으면서 내가 인터뷰 대상자와의 대화에서 고객이라는 단어를 쓰지 않으려고 한다는 사실을 깨달았을 수도 있다. 내가 누군가와 이야기를 할 때는 대상을 절대 고객이라고 부르지 않고 다른 고객을 언급하지도 않는다. 고객 개발에 관한 책인데 좀 이상하지 않은가?

그 이유는 다음과 같다. 아직은 테이블 반대편에 앉아 있는 사람이 스스로를 고객으로 생각하기를 바라지 않기 때문이다. 대화 상대가 스스로를 고객으로 생각하면 협상을 하려는 마음가짐을 갖게 된다. 더 싼 가격으로 물건을 사기 위해 협상을 해본 적이 있는가? 보통 협상을 할 때 낙관적인 모습이나 너무 많은 것을 보여주는 일은 불리한 상황으로 여긴다. 만약 영업사원이 여러분에게 무엇인가가 필요하다는 것을 알고 있다면, 가격을 깎아 줄 가능성이 낮아지는 것이다. 사람들은 협상을 할 때 가능한 한 이야기를 적게 하려고 한다. 우리가 인터뷰 대상자에게 절대 바라지 않는 모습이다.

여러분에게 실제 제품이 없다거나 여러분이 무엇을 팔려고 하는 것이 아니라고 미리 이야기를 했더라도, 누군가를 고객이라는 명칭으로 부르게 되면 그 사람에게 암묵적으로 협상을 하려는 마음가짐을 갖게 만들 수 있다. '당신'이나 '한 사람' 또는 '몇 사람'으로 호칭하며 이야기를 하면 열린 대화의 분위기를 유지시킬 수 있다.

인터뷰 이후

인터뷰 과정은 여러분의 제품을 완성시키는 과정처럼 한 단계 한 단계 평가되어야 한다. 즉 달리 말하면 첫 번째 시도 만에 잘 되지는 않는다는 의미이다. 여러분이 수행했던 인터뷰를 지속적으로 평가해서 얼마나 잘 진행되었는지를 평가하고, 여러분이 바랐던 만큼 잘 되지 않은 분야를 개선해야 한다.

인터뷰 내용이 아직 마음속에 남아 있을 때, 자기 자신 또는 기록 담당자에게 다음과 같은 질문을 하라.

- 인터뷰 첫 시작이 자연스러웠는가? 인터뷰 대상자가 바로 이야기를 시작했는가?
- 인터뷰 대상자의 의견을 왜곡하거나 답변을 유도하는 질문을 무의식중에 한 적이 있는가? (여러분 스스로는 깨닫기가 힘들다. 기록자와 같이 인터뷰를 진행했다면 기록자가 이런 실수를 더 잘 잡아낼 수 있다.)
- 질문 중에 너무 짧은 답변이나 단조로운 답변을 하도록 만든 질문이 있었는가? 그 질문을 좀 더 효과적이고 열린 답변을 이끌어낼 수 있도록 바꿀 방법이 있을까?
- 내가 즉석에서 한 질문 또는 인터뷰 대상자로부터 이끌어낸 질문이나 아이디어 중에 인터뷰 양식에 반드시 포함시켜야 할 만한 내용이 있었는가?
- 이번에 얻으려고 목표했지만 얻지 못했던 정보가 있었는가? 다음번에는 그 정보를 어떻게 얻을 수 있을까?
- 인터뷰 대상자가 가장 감정적인 표현이 큰 지점은 어디였는가? 어떤 질문이 가장 열정적이고 자세한 대답을 이끌어냈는가?

만약 인터뷰 직후에 이 체크리스트를 가지고 점검하지 않으면, 많은 양의 상세 내용을 잊어버리게 될 것이다. 기록은 항상 남지만, 잘 진행되었거나 좋지 않았다 등의 감정은 빨리 사라진다.

또한 이 시간이 여러분이 했던 대화의 주관적 요소에 집중하기 좋은 때이다. 이 사람이 가장 많이 표현한 감정은 무엇이었는가? 분노, 경솔함, 좌절, 부끄러움, 궁금함, 흥분? 친구에게 이 대화의 분위기를 한 문장으로 요약해서 설명해야 한다면, 어떤 문장이 되겠는가? 6장에서 여러분의 기록을 분석하는 방법에 대해 초점을 맞추겠지만, 지금 이 내용은 분석에 관한 것이 아니다. 여러분의 감과 느낌에 관한 것이다. 멀리 사라지기 전에 바로 신속하게 적어두라.

다음 인터뷰를 시작하기 전에 개선이 필요한 부분을 조정할 수 있도록 시간을 가져라. 그리고 프로세스를 처음부터 다시 시작하라!

만약 인터뷰가 잘 진행되지 않으면 어떻게 하지?

사실 이 문단을 쓰는 것을 좀 망설였다. 이유는 여러분이 고객 인터뷰가 특정한 결과를 얻기 위해서 한 치의 어긋남도 없이 진행되어야만 하는 일이라고 생각하지 않기를 바래서이다. 정말 대부분의 상황에서 인터뷰는 잘 진행될 것이다. 여러분이 다소 실수를 하겠지만, 인터뷰 대상자들은 그 실수를 용서하거나 대개는 실수를 했다는 것 자체를 깨닫지 못할 것이다.

그럼에도 불구하고 내가 이 문제 해결 방법들을 나누고 싶은 이유는, 다음과 같은 곤란한 상황에서 돌파구를 찾아내는 데 여러분에게 작은 도움이라도 되기를 바라기 때문이다. 나도 고객 개발 인터뷰 중에 다음과 같은 두 가지 상황 모두가 동시에 일어나는 경우를 많이 겪었다.

인터뷰 대상자가 화난 것 같다

인터뷰 스케줄을 미리 정해두었더라도, 인터뷰를 시작하면서 지금이 인터뷰를 진행하기에 괜찮은 시간인지를 한 번 더 확인해보기를 추천한다. 자주 일어나는 일은 아니지만, 가끔 전화 통화를 하기로 한 사람이 바쁜 경우도 있고 인터뷰 약속을 한 사람에게 좋지 않은 일이 있었을 수도 있다.

만약 위의 내용들이 문제가 되는 것이 아니라면, 대부분 인터뷰 대상자가 인내심을 잃거나 화를 내는 원인은 기대한 만큼의 무엇인가를 얻지 못했기 때문일 경우가 많다. 3장에서 소개 메일에 대한 예시를 제공한 이유가 바로 이것이다. 인터뷰 대상자가 더 짧은 시간의 통화를 원하거나, 기존 제품을 보고 싶어 하거나, 시간을 내준 것에 대한 보상을 바라는 경우도 있을 수 있지 않은가? 이런 일이 생기게 되면 인터뷰 대상자에게도 좋지 않은 경험이 될 것이며, 여러분에게도 유용한 인터뷰가 되지 못할 가능성이 높다.

내가 인터뷰 대상자에게 무례하게 대하는 것 같다

유망고객의 고민점에 대해 더 상세하게 조사할 때, 가끔 고객이 여러분의 말을 비평이나 판단으로 받아들일 수도 있다. 이런 경우는 보통 여러분이 대화를 좀 더 부드럽게 이어가야 할 필요가 있다는 의미이다. 잠깐 대화를 쉬거나, 또는 상세한 질문을 하기 전에 "여쭤봐도 괜찮을까요"나 "그냥 확실히 하려고 합니다" 같은 말을 같이 해줌으로써 인터뷰 대상자가 더 깊은 질문에 대해 준비를 할 수 있도록 여유를 주라. 개인적인 관점으로 볼 수 있도록 하는 단어들(일부, 약간, 소수의, 가끔씩)이 도움이 될 수 있다(더 자세한 사항은 "'왜'라는 질문과 친해질 것" 참고).

만약 인터뷰 대상자가 마음을 닫으려 하는지 열려 하는지 망설인다면, 공감할 수 있도록 만드는 표현이 도움이 될 수 있다. "우리가 겪었던 일…"이나 "다른 사람들은 저에게 이렇게 말하더군요…" 같은 표현은 인터뷰 대상자를 안심시키기에 좋은 문구이다.

밖으로 나가라(당장!)

이제 책 읽기를 멈출 때다! 책을 내려놓고 고객과 대화를 하러 나가라. 지금까지 우리는 물어봐야 할 질문과, 사람들이 이야기를 꺼내도록 하는 방법과 계속 이야기하도록 하는 방법을 모두 다루었다. 빠진 부분은 직접 행동하는 것뿐이다. 내가 지켜보고 있다. 최소한 두 번의 인터뷰를 끝내기 전까지는 6장을 읽지 말라. 밖으로 나가라!

요점 정리

- 동료와 연습 인터뷰를 해보라.
- 인터뷰를 개선하고 고객 개발에 더 많은 사람이 참여하도록 2인1조로 인터뷰하라(고객과 직접 이야기하는 것이 편안하지 않을 수 있는 사람을 참여시켜라).
- 대화의 어조를 일상적이며 개인적인 어조로 유지하라.
- 첫 질문을 하고 나서, 후속 질문을 할 때까지 1분 동안 완전히 기다려라.
- 기록을 할 때 감정적인 표현에 주목하라. 감정은 개인적인 부분이다.
- 여러분을 놀라게 하거나, 여러분의 가설을 검증하는 것 또는 반증하는 것에 주목하라.
- 고객이 접점에 대해 이야기할 때 집중하라. 접점에 대한 이야기가 반복되면, 그 접점은 새롭게 조사해보아야 할 기회가 될 수 있다.
- 고객이 기능이나 해결책에 대해 제안을 하면, 문제에 대해 이야기하도록 다시 이끌어와라.
- 여러분의 인터뷰를 개선하고 인터뷰에서 어떤 내용이 있었는지 다시 떠올리기 위해서 인터뷰가 끝난 직후에 바로 여러분의 인터뷰 기록을 다시 점검하라.

CHAPTER 6

검증된 가설은 어떤 모습인가?

처음에는 사람들이 "좋은 생각이네요"라고 말해주면 나는 신이 나곤 했다. 하지만 인터뷰를 몇 번 더 진행하는 동안, 나는 어떤 깨달음의 순간을 경험하고 열정적으로 이야기하는 사람들을 몇 명 찾아낼 수 있었다. 인터뷰를 더 많이 할수록, 나는 내가 해결하려는 문제를 실제로 겪은 사람들과 나를 친절하게 대하려는 사람들의 차이를 말할 수 있게 된 것 같다고 느꼈다.

_ 바흐토시 말루트코, Starters CEO

이제 여러분은 고객 개발 인터뷰를 시작했을 것이고, 아마 조바심을 내며 답변을 기다리고 있을 것이다. 여러분은 조심이 삽혀 있으며 반증 가능한 가설을 만들었고, 대화해야 할 사람을 찾았으며, 열린 질문을 하고 고객을 전문가로 대하는 원칙을 세웠다. 이제는 인터뷰에서 여러분이 배운 것들을 받아들이고 결정을 내리는 데 도움을 받을 차례이다.

이 장에서는 인터뷰 대상자의 응답으로부터 어떻게 신뢰할 만한 답변을 얻어낼 것인지를 이야기할 것이다. 여기서는 여러분이 잠깐 동안 비관론자가 되어야만 하는 이유와, 여러분이 듣는 내용을 믿지 말아야 할 때가 언제인지, 어떻게 하면 편견을 줄일 수 있는지를 배우게 될 것이다. 또한 다음과 같은 것들을 다룰 것이다.

- 여러분의 팀과 이야기를 공유하기
- 인터뷰를 얼마나 많이 해야 하는가?
- 2, 5, 10번의 인터뷰 다음에는 무엇을 배워야만 하는가?
- 인터뷰가 잘 진행되지 않고 있다면 무엇을 할 것인가?
- 가설이 검증되었음을 어떻게 깨달을 것인가?

가설을 검증한다는 게 무슨 의미일까? 제품이 성공할 것이라는 확신이 있다는 뜻인가? 인터뷰를 충분히 하기 전에는 아무것도 만들 수 없다는 의미인가? 이제 고객 개발을 멈춰도 된다는 이야기인가?

아니다. 아니다. 전부 아니다.

검증이 되었다는 것은 단순히 이 방향으로 계속 노력과 시간을 투자해도 괜찮다는 확신을 얻었다는 의미이다. 또한 코드를 짜기 전에 10, 15, 20번의 인터뷰를 마칠 때까지 기다려야 하는 뜻도 아니다! 고객 개발은 제품 개발과 동시에 진행되는 일이며, 즉 인터뷰를 하면서 어느 시점에든 MVP(최소존속제품)를 만들기 시작해도 된다는 의미이다. 또한 제품이나 서비스를 만들기 시작한 다음에도 고객들과 의사소통을 계속해야 한다는 뜻이기도 하다.

건강한 의심 유지하기

고객 인터뷰는 주관적인 활동이다. 그래서 다음과 같은 문제점이 생긴다. 여러분이 듣고 싶은 것만 듣게 되기 쉽다. 그렇게 하려는 의도가 없더라도, 대부분의 사람들은 긍정적인 부분에 초점을 맞춘다. 우리는 '그럴 수도 있다'라는 말을 듣고 대상자의 웃음을 보지만, 대상자의 망설임이나 긴장된 몸짓을 무시한다. 인터뷰 대상이 그렇게 말하지 않음에도 불구하고 그들의 반응이 여러분의 가설을 증명한다고 해석하기가 매우 쉽다. 만약 여러분이 그렇게 행동한다면 '엄청난 시간을 낭비'한 것이다. 그런 운명은 피하도록 하자.

인터뷰 대상자들이 여러분이 듣고 싶어 하는 내용을 말하고 있는가?

사람들이 너무 간절히 누군가를 기쁘게 하려고 할 때, 여러분은 어떤 것들을 듣게 될까? 공손함과 진실함 사이에는 큰 차이가 있다. 여러분은 대화의 행간을 읽는 법을 배워야 하고, 여러분의 제품이 고객에 집중하는 것인지 아니면 사업에 집중하는 것인지에 따라 대화에서 말로 표현되지 않는 내용들이 조금씩 달라질 수 있다는 것도 알고 있어야 한다.

일반적으로 고객들은 여러분을 실망시키고 싶어 하지 않는다. 만약 여러분이 친밀감을 형성하고 인간적인 교류를 하려는 노력을 잘 했다면 인터뷰 대상자는 여러분에게 협조하며 여러분을 행복하게 하고 싶어 한다. 따라서 대상자들이 거짓으로 그 문제를 겪고 있다고 말하거나 특정한 방식으로 행동한다고 말할 수 있다. 인터뷰 대상이 여러분이 만들고 있는 무엇인가를 완성할 수 있도록 해결책에 돈을 내겠다고 말할 수도 있다. 하지만 실제로는, 절대 그들의 신용카드를 건네주지 않을 것이다.

기업 제품에 관련된 일을 하는 사람들은 이 내용을 다른 어조로 받아들인다. 이런 대상자들은 전문적인 태도를 취한다는 의미를 정직함보다 공손함에 더 가치를 둔다는 뜻으로 생각할 수도 있다. 이 사람들은 사실은 무엇인가를 할 수 있는 가능성이 높지 않다는 것을 알고 있을 때에도 그것이 가능하다고 동의하면서 외교적인 자세를 보일 수도 있다.

또한 인터뷰 대상자들이 이 대화를 일종의 교섭처럼 받아들일 수도 있다. 한 부분에 대해서 여러분의 의견에 동의해줌으로써, 나중에 그들이 원하는 뭔가를 부탁할 권리를 얻었다고 느낄 수도 있다.

이런 상황에서는, 여러분이 듣고 싶었던 내용과 이상하리만치 잘 맞는 답변을 듣게 될 수 있다. 인터뷰 대상자가 여러분의 가정을 확인해주는 무엇인가를 이야기한다면, 거기서 멈추지 말라. 회의적인 태도를 유지하라.

나는 종종 "만약 누군가가 '아마도'라고 말하면, 나는 '아니요'라고 받아쓴다"라고 말하곤 한다.

고객이 현실을 이야기하는가 아니면 바라는 바를 이야기하는가?

누군가가 자신이 무엇인가(제품, 서비스, 일을 처리할 능력)를 원한다고 말하는 것만으로는 충분하지 않다. 말하는 것은 쉽고 비용도 들지 않는다.

실제로 행동을 변화시키는 것, 돈을 쓰는 것, 새로운 것을 배우는 일은 비용이 든다. 여러분은 인터뷰 대상자의 욕구와 의지를 구분할 필요가 있으며, 여러분의 목표 고객에게 어떻게 말할 것인가에 대한 원칙을 정할 때 이 두 가지를 구분하기 위한 방법을 갖고 있어야 한다. 만약 여러분이 질문을 했는데 "네"라고 대답한다면, 그 인터뷰는 대상자가 자발적으로 새로운 주제를 이야기해주는 것보다 훨씬 효과가 적을 것이다.

4장에서 열린 질문을 하는 것이 중요하다고 말했었다. 예/아니요 대답이 나오는 질문은 가능하면 항상 피하는 것이 좋지만, 처음부터 습관을 들이기는 어렵다. 여러분은 가끔 실수를 할 것이고, "X를 하십니까?" 또는 "X를 좋아하십니까?" 같은 질문을 하게 될 수도 있다. 고객의 응답을 액면 그대로 받아들여서는 안 된다는 것을 깨닫고 있다면 저런 질문도 괜찮겠지만, 습관을 바꾸기 위해 노력해야 한다.

몇 년 전에 대형 은행과 직접 고객 연구를 한 적이 있었다. 은행의 경영진은 "여러분의 금융정보 보안에 대해서 주의를 기울이고 계십니까?"라는 질문을 해야 한다고 주장했다. 나는 그 질문에는 누구도 "아니요"라고 대답하지 않을 것이라는 점을 지적했지만, 소용이 없었다. 내가 예상한 대로 10명이면 10명 모두 금융정보 보안과 개인정보에 대해 주의를 기울이고 있다고 대답했다. 응답자 중의 한 명이 자리를 뜨려고 할 때, 나는 그 사람에게 감사 인사를 하면서 "50달러의 사례를 드리기 위해서 선생님 어머님의 성과 사회보장번호가 필요합니다"라고 말했다. 응답자는 아무 망설임 없이 펜을 들고 종이에 그 내용을 쓰려고 했다. 뭔가 쓰기 전에 내가 막기는 했지만, 내가 확인하고자 했던 점은 확실히 확인했다. 사람들은 보안에 대해 걱정한다. 50달러가 눈앞에 보이기 전까지는.

더 좋은 방법으로, 현재의 행동방식에 대해 질문하는 것도 가능하다. 예를 들어 "사람들이 금융정보를 안전하게 지키기 위해서 어떤 행동을 할 수 있다고 생각하시나요?" 같은 질문이 있다. 만약 여러분이 이미 예/아니요 질문을 했고 "예"라는 대답을 얻었다면, 이어지는 인터뷰에서는 열린 질문으로 진행할 수 있을 것이다.

신뢰할 만한 응답은 반드시 확실한 행동이 나타나야 한다. 예를 들어 "안전한 비밀번호를 고른다"나 "은행 웹사이트를 사용한 다음 항상 로그아웃한다" 같은 것이 있다. 반대의 예로는 "잘 모르겠다" 또는 "언제나 누군가가 어디에서 해킹을 해서 신용카드 비밀번호를 알아낸다는 이야기를 읽는데, 당신들이 실제로 그걸 믿을 수 있는 방법이 없다" 같은 응답을 생각할 수 있다.

여러분이 질문을 매우 잘 만든다고 해도, 고객들은 실제로 여러분의 제품을 사거나 사용할 생각이 없는데도 매우 열정적으로 이야기하는 경우가 있을 것이다. 나도 개인 대상 금융 제품을 설계하고 연구할 때 직접 겪었다. 베타 프로그램을 위해 선발된 사람들과 고객 인터뷰를 했을 때, 거의 모든 사람이 자신의 돈을 관리하는 문제에 매우 열정적으로 응했다. 그들은 자신의 문제를 매우 자세히 이야기했다. 데모 버전을 보여주었을 때는, 제품의 아이디어를 매우 마음에 들어 했다. 응답자의 대부분은 확실히 그런 제품이 있으면 사용할 것이라고 말했고, 그 제품을 위해 돈을 쓸 것이라고도 했다. 그럼에도 결국 어떤 것도 사용률 100%에 근접하지 못했다(여러분은 충격을 받았을 것이다. 예상이 된다).

시간이 지나고, 나는 사람들이 사용하는 특정한 단어 사이의 차이점을 알게 되었다. 고객이 된 사람들은 좀 더 적극적인 목소리로 문제를 상세하게 묘사한다. 그렇지 않은 사람들은 수동적인 목소리로 가상적 상황을 나타내는 단어를 사용해서 이야기를 한다. 만약 사람들이 말한 내용 그대로를 적어놓은 노트가 있다면, [표 6-1]과 비슷한 패턴이 있는지를 찾아보라.

표 6-1 실제적인 내용을 말할 때와 바라는 바를 이야기할 때의 말하기 패턴 비교

고객이 된 사람들의 표현	고객이 아닌 사람들의 표현
이미 해봤습니다… 나는 이렇게 해요…	…을 할 계획이에요. 아직 해보지 않았습니다. 계속 그렇게 하려고 합니다.
이게 [목표]를 달성하는 데 도움이 될 겁니다. 만약 저에게 이게 있다면, 저는 이런 일을 할 수 있을 거예요...	_____가 있었으면 좋겠네요. 재미있을 것 같네요. 음, 제가 한번 써보면, 어떻게 써야 할지를 알아낼 수 있을 거예요.
지금 당장...	곧... [어떤 일]이 일어나는 대로... 거의 ___할 준비가....
저는 이렇게 합니다...	아니요, 물론 그렇게 해야 하는 건 아는데요...

내가 그동안 얼마나 많은 사람들이 웃으며 자신이 하기를 바라는 일들에 대해 말하는 것들을 들어왔는지를 깨달았다. 여러분의 재정 상황을 잘 관리하는 것도 그런 바람 중의 하나이다. 5kg 감량이나 매일 치실 쓰기 같은, 모두가 '해야 한다고 생각만 하는 일' 말이다.

미래의 행동을 예측할 수 있는 가장 좋은 단서는 현재의 행동이다. 바라는 바를 이야기하게 되는 경우를 막으려면 현재 행동의 상세한 예시에 집중하는 것이 가장 좋은 방법이다. 만약 인터뷰 대상자가 5kg을 빼고 싶어 한다는 이야기를 한다면, 지난주에 어떤 운동을 했는지를 물어보라. 만약 누군가가 프로젝트 관리 프로세스를 개선하고 싶다고 이야기한다면, 지금까지 어떤 종류의 회의 또는 병목현상을 제거했는지를 물어보라.

만약 여러분의 노트에 감탄사만 가득 적혀 있고 실제 행동에 대한 내용이 거의 없다면, 여러분이 하고 있는 일은 여러분의 가설을 검증하는 것이 아니다. 이 장 후반부에 여러분의 가설을 검증(또는 반증)하는 것에 대해 더 자세히 이야기할 것이다. 가장 중요한 일은 어떤 일을 할지 신속하게 결정하는 것이다. 만약 여러분의 가설이 유효하지 않다면 그 사실을 빨리 알아낼수록 가설을 조정하고 발전시킬 수 있다. 반대로 여러분의 가설을 빨리 검증해낸다면 최소존속제품을 준비할 수 있게 된다(7장에서 더 자세한 내용을 다룰 것이다).

하지만 너무 멀리 나가기 전에, 여러분의 가설을 검증하거나 반증하는 데 도움이 될 노트 기록에 대해서 얘기해보자.

기록을 조직화해서 유지하기

키스메트릭스에서 일할 때, 나에게 가장 중요했던 일 중 하나는 고객 개발에서 얻은 통찰을 팀 전체가 공유할 수 있도록 통합하는 것이었다. 나는 한 주에 평균 10회에서 15회의 고객 인터뷰를 했다(어떤 주에는, 훨씬 더 많이 했다). 키스메트릭스 설립자들은 고객과 많은 대화를 했었다(구조를 갖춰서 하지는 못했지만). 팀이 성장함에 따라서, 고객 지원팀과 영업, 엔지니어링팀도 고객과 매일 대화를 했다. 제대로 유지해야 하는 기록이 매우 많았다!

이렇게 많은 정보를 한 사람이 혼자서 관리하기에는 일이 너무 많다. 그리고 여러분이 팀에서 직접 제품을 만들지 않는 사람이라도, 팀원 모두가 고객 개발에 참여하면서 함께 정보를 관리하는 것이 이상적이다.

만약 20분의 인터뷰에서 누군가가 말한 내용을 정확하게 잘 기록했다면, 여러분의 팀과 효율적으로 공유할 수 있는 분량 이상으로 기록이 남게 된다. 모든 팀원들이 이 기록을 한 자 한 자 빠짐없이 읽기란 불가능하다. 인터뷰 내용을 잘 요약하고 일관성 있게 유지할 수 있는 기록 양식을 만드는 것이 매우 중요하다.

기록은 하나의 파일에 보관하라

내가 인터뷰 진행의 책임을 맡았던 프로젝트에서는 하나의 워드 파일에 모든 고객 인터뷰 내용을 전부 모아서 정리했다. 새로운 인터뷰 대상자와 대화를 시작하기 바로 직전에, 몇 줄을 띄운 다음 대상의 이름과 소속을 굵은 글씨로 적고 그 밑에 내가 사용하는 인터뷰 양식을 복사해서 붙여넣었다(5장에서 언급했던 그 양식이다).

다자 인터뷰를 진행한다면 공동편집 기능을 지원하는 구글 문서Google Docs를 사용하는 편이 더 좋다. 두 명 또는 그 이상의 사람들과 동시에 인터뷰를 진행하며 한 사람의 기록에 다른 사람의 기록을 실수로 덧쓰는 문제를 걱정하지 않아도 된다.

하나의 문서 파일에 모든 인터뷰 기록을 통합해서 관리하면 나중에 필요한 내용을 검색할 때 큰 도움이 된다. 만약 누군가가 인터뷰 도중에 '이메일 통합'에 관한 이야기를 했던 것을 기억한다면, 누가 그 이야기를 했었는지 기억해낼 필요 없이 그 문구를 검색하면 된다. 또한 특정한 단어나 제품이 얼마나 많이 언급되었는지를 계산하기도 훨씬 쉽다. 여러 개의 문서 파일로도 같은 작업을 할 수는 있겠지만, 속도는 훨씬 느릴 것이다.

함께 프로젝트를 했던 사람 중 일부는 에버노트Evernote를 사용해볼 것을 권하기도 했다. 에버노트의 장점 한 가지는 다양한 플랫폼에서 사용할 수 있다는 것이다.

인터뷰 이후에 뭔가 생각이 나면 스마트폰이나 아이패드를 통해서 기록을 바로 보고 내용을 덧붙일 수 있다. 하지만 나는 개인적으로 MS 워드나 구글 문서를 사용한다.

요약본 만들기

나는 요약본을 만들 때 기존 파일과는 별도로 만든 워드 파일을 사용한다. 요약본을 별도의 파일로 관리하면 내용을 훑어보거나 패턴을 찾기가 좀 더 수월하다. 요약본은 다른 팀원들과 정보를 공유할 때 사용할 수 있으며 팀원들이 요약본 때문에 정보에 파묻히는 일이 없도록 간결하게 관리해야 한다.

요약본을 만드는 첫 번째 단계는 각 인터뷰에서 여러분이 무엇을 배웠는지를 요약하는 것이다. 이 때는 단순히 인터뷰 대상자가 말한 내용을 줄여서 적는 것이 아니라 인터뷰로부터 뭔가 결론을 이끌어내고 인터뷰를 마친 후에 진행할 권고사항을 만들어내야 한다. 고객 개발은 여러분의 팀이 효과가 없는 일에 시간을 쓰지 않고 중요한 일에 집중하도록 이끌어야만 효과적으로 진행할 수 있다.

만약 고객이 팀의 가설에 동의하지 않는다면, 요약본이 사람들의 생각을 바꿀 수 있을 만큼의 설득력을 갖추지 못한 것일 수도 있다. 내가 5장에서 언급했던 2인1조 인터뷰를 강조하는 이유이기도 하다. 단순히 기록자로라도 몇 번 인터뷰에 참여했던 팀원들은 요약된 피드백 내용을 더 잘 받아들이게 된다. 고객이 말한 내용에 대해 더 자세한 증거가 필요하다고 말하는 팀원에게는 인터뷰 전체 내용을 보여주고, 이런 팀원들 중에 몇 명이라도 나중에 인터뷰를 할 때 기록자로 참여할 수 있도록 설득해보라.

5장에서 언급했듯이, 기록을 남기면서 가장 중요한 부분은 다음과 같다.

- 여러분의 가설이 옳음을 검증할 수 있는 내용
- 여러분의 가설이 틀렸음을 검증할 수 있는 내용
- 어떤 내용이든 여러분을 놀라게 한 것
- 어떤 내용이든 인터뷰 대상자의 감정이 가득 실린 것

이 내용들이 인터뷰에서 가장 많은 교훈을 얻을 수 있는 부분이다. 나는 요약을 할 때 인터뷰 내용 중에서 가장 흥미로운 정보를 골라 다섯 개에서 일곱 개의 중요 항목으로 압축하도록 스스로 다짐한다. 이렇게 하면 각 인터뷰에서 가장 가치 있는 내용을 뽑아낼 수 있고 내가 들었던 내용 중 어떤 내용이 중요한 것인지 우선순위를 정할 수도 있다.

인터뷰어가 여러 명일 때는 각 사람마다 자신의 기록에서 가설의 입증, 가설의 반증, 흥미로운 점의 세 가지 영역에 대해 다섯 개에서 일곱 개의 중요한 항목을 정하고 우선순위를 정할 수 있다.

중요 항목의 우선순위를 어떻게 정해야 할지 확신이 없다면, 인터뷰 대상자의 감정을 기준으로 해보자. 여러분의 가정 중 하나를 뒷받침해줄 수 있는 사실에 대한 이야기는 여러분에게는 흥미롭겠지만, 대상자가 경쟁사 제품에 대해 5분 동안 열정적으로 이야기한 내용보다는 못할 것이다.

다음은 내가 키스메트릭스에서 한 인터뷰의 중요 항목이다.

조앤, 마케팅 담당자, 중규모 업체

가설의 검증

"구글 애널리틱스를 쓰지만 솔직히 이건 저한테 답을 주는 게 아니라 질문거리만 늘려줘요." (인터뷰어의 가설: 우리는 고객들이 이미 구글 애널리틱스를 사용하고 있지만 구글 애널리틱스가 너무 복잡하다고 가정했다.)

개발자들이 제품 기능을 만들고 있기 때문에 분석은 우선순위가 낮으며, 그래서 대상자는 어둠 속에서 일하는 것 같은 기분이라고 한다. (우리 생각으로는, 개발자 자원이 최소로 필요한 경우에만 제품을 설치할 것 같다.)

가설의 반증

온라인 마케팅에 전혀 신경을 쓰지 않는다! "우리 웹사이트 방문자들이 어디를 통해 유입되는지 파악한다? 글쎄요, 저한테는 아무 영향이 없죠. 그렇잖아요? 그걸 꼭 알아야 되는 건지 확신이 안 서네요." (인터뷰어의 가설: 우리는 기여모델market attribution이 고객에게 큰 의미가 있다고 가정했다. 이 의견은 우리 가정이 '틀렸음'을 보여준다.

또한 흥미로운 점

고객 지원에 대해 긴 이야기를 했다. 회사의 다른 사람들은 고객 지원 이메일에 직접 접속할 필요가 없기 때문에 이 문제를 명확하게 보지 못했다. 베타 서비스를 미리 사용해보는 것에 관심을 보였다. 제품 설치를 지원하는 개발자에게 비용을 지불할 의향이 있다.

새로운 정보 주변으로 팀을 모으기

고객 개발이 제품 개발에 도움이 되도록 하는 가장 좋은 방법은 여러분의 팀에서 가능한 한 많은 사람이 고객과 대화하도록 하는 것이다. 고객과 이야기를 해봤던 팀원들은 제품의 범위, 상세 기능의 구현, 상세 디자인, 마케팅 등의 분야에서 매일 매일 결정을 내릴 때 고객에게서 얻은 지식을 유기적으로 결정에 반영하게 된다.

2인 1조 인터뷰는 더 많은 팀원들을 고객의 세계로 데려갈 수 있는 귀한 방법 중하나이다. 또 다른 방법은 고객의 피드백을 분류할 때 많은 사람을 초대하는 것이다. 이 방법은 피드백을 포스트잇에 다시 한 번 써야 하기 때문에 더 많은 시간이 걸린다. 하지만 실제로 포스트잇을 가지고 움직이는 활동 자체가 팀원들이 좀 더 효과적으로 집중하면서 피드백에 대해 생각해보고 서로 토론하는 데 도움이 된다(그림 6-1).

그림 6-1 고객의 의견을 분류할 때 팀 전체를 초대하면, 팀원들이 고객으로부터 들은 내용에 더 많은 관심을 기울일 것이다.

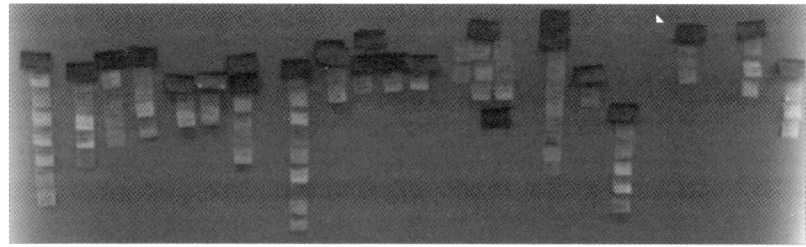

그럼에도, 마음이란 쉽게 변하지 않는다. 누군가가 자신의 가정이 틀렸다는 것을

릭집 보게 되디리도, 새고운 정보를 받아들여서 가설을 수정히는 데에는 시간과 반복적인 연습이 필요하다.

여러분이 해야 할 일은 여러분의 팀이 고객의 관점으로 세상을 보도록 도와주고, 계속 집중하는 데 꼭 필요한 변화가 일어나도록 하며 쓸데없는 노력을 하지 않도록 도와주는 것이다. 다음은 여러분이 고객으로부터 배운 내용을 팀원들과 효과적으로 공유하는 데 도움이 되는 방법이다.

여러분이 얻은 교훈을 팔라

여러분이 고객으로부터 배운 내용은 대단히 중요한 것이다. 여러분이 말해줄 이야기는 여러분의 제품을 구할 수도 있고 망쳐버릴 수도 있다. 고객으로부터의 교훈이 얼마나 중요한가를 여러분 스스로 깨닫고 교훈의 중요성을 그대로 표현해내는 것이 핵심이다. 사람들이 여러분의 이야기를 무시하도록 하고 싶은 게 아니라면 '고객 인터뷰 요약' 같은 지루한 제목으로 이메일을 보내지 말라.

팀원들은 전후사정을 모른다. 전후사정을 제공하라

팀원들에게 인터뷰 내용을 알려줄 때 가장 큰 문제 중의 하나는 팀원들이 전후사정을 모른다는 사실을 잊지 말아야만 한다는 것이다. 다양한 고객들에게서 그들의 행동과 믿음에 대해 이야기를 듣게 되면, 팀원들은 고객의 상황을 모르고 있다는 점을 기억해내기가 쉽지 않다. 이 상황은 고객 개발에서 특별한 일이 아니다. 이는 5장에서 언급한 적 있는 '지식의 저주'로 이어지게 된다. 지식의 저주는 여러분이 결론에 이르기까지 어떤 과정을 거쳤는지 팀원들에게 한 단계씩 설명해주어야만 한다는 사실을 잊어버리게 만든다. 대화에 참여하지 않은 사람들은 어떤 질문, 몸짓, 고객의 의견이 중요한지를 바로 알아차릴 수가 없다.

질문을 하도록 격려하라(권고로 바로 넘어가지 말라)

팀원들이 질문하고 토론하도록 격려하라. 이 과정을 생략하고 여러분의 의견이나 권고를 바로 말하는 것은 여러분의 팀을 고객 개발 과정에서 효과적으로 제외시키는 방법이다. 만약 팀원들이 고객 개발 프로세스에 참여하고 있지 않다고 느낀다면, 고객 개발 프로세스를 미묘하게 거부하기 시작할 수 있다. 사람들이 뭔가에 참여하도록 하는 첫 번째 단계가 무엇인가? 그들이 듣고 있는지를 확인하는 것이다.

결정을 내리는 장소에 있을 것

고객 개발에서 얻은 통찰은 결정과 실제 행동으로 바뀌어야만 한다. 사람들이 듣기만 하고 아무런 행동도 취하지 않는 한 시간짜리 회의를 여는 것보다, 제품의 범위나 우선순위를 결정하는 회의에서 5분 동안 정보를 공유하는 편이 낫다.

고객으로부터 얻은 교훈을 정기적으로 공유하는 시간을 정하라. 그렇다면 얼마나 자주 모여야 할까?

상황에 따라 다르다. 여러분 회사의 규모와 일하는 속도에 따라 얼마나 자주 모일지를 결정하는 것이 좋다. 내가 경험했던 다양한 상황을 얘기해보겠다.

키스메트릭스에서는 일반적으로 일주일에 한 번씩 제품 우선순위를 결정하는 회의 직전에 고객 개발 피드백을 정리한 내용을 공유했다. 특별한 일이 없는 주라면 일주일에 5~10회의 인터뷰를 진행할 수 있었고, 각 인터뷰 내용은 앞의 문단에서 보여준 바 있는 방법으로 정리했다.

야머에서는, 인터뷰를 진행한 사람들이 인터뷰가 끝나는 대로 인터뷰 기록을 야머의 내부 네트워크에 올린다. 프로젝트 팀의 모든 인원들은 인터뷰 기록을 바로 읽고 질문을 할 수 있다. 제품 개발팀 이외의 사람들에게 정보를 전달하기 위해, 사용자 연구와 분석 업데이트를 위한 월간 회의에서 인터뷰 요약본을 공유했다. 이 회의들은 대화 위주로 진행되기 때문에, 우리는 대화에 도움이 될 정도의 간단한 정보만을 담은 파워포인트 프레젠테이션을 한다(그림 6-2).

그림 6.0 야머이 가장 적극적인 고객들과 진행한 고객 인터뷰의 요약본 에시이다. 이런 짧은 요약 슬라이드가 토론을 촉진시킨다.

1%로부터의 교훈

- 그들은 고객과 함께 일하는 경향이 있으며 또한 **끊임없이 변하는 정보**를 다룬다.
- 야머를 팀 전체의 지식을 **축적**하고 공유하기 위해 사용한다.
- 이메일과 비교했을 때 야머의 더 **빠른 속도**에 가치를 둔다.
- **매일 매일, 하루 종일** 로그인해 있다.
- 야머를 처음부터 **한결같이** 사용해왔다.
- 좀 더 효과적인 리더가 되려는 **관리자** 또는 **자신을 돋보이게 하려고 야머를 사용하는 직원**들이다.
- 기기들 사이의 동기화가 일관성이 없다는 것이 가장 큰 좌절이라고 이야기했다.

인터뷰를 얼마나 많이 해야 하는가?

간단한 대답 1. 상황에 따라 다르다.

간단한 대답 2. 15~20회.

앞의 짧은 답변이 정말 도움이 되는지는 확신할 수 없지만, 여러분이 진짜 답을 찾기 위해서 책을 뒤적거리게 하고 싶지는 않다. 그러니 앞의 답변들을 가지고 이야기를 시작하고, 인터뷰를 진행하면서 만나게 되는 상황에 대해 좀 더 설명하겠다.

두 번의 인터뷰 후에는, 여러분의 질문을 보고 기록한 후에 인터뷰를 조정하라.

다섯 번의 인터뷰 후에는, 아이디어에 열광하는 사람을 최소한 한 명은 만났어야 한다.

열 번의 인터뷰 후에는, 여러분이 얻은 답변들에서 패턴을 찾을 수 있어야만 한다.

몇 번이나 인터뷰를 하면 충분할까?

인터뷰를 충분히 하고 나면, 알게 될 것이다.[1] 여러분을 놀라게 할 만한 이야기가 더 이상 나오지 않을 것이다.

이 답변들에 대해 좀 더 이야기하겠다.

인터뷰를 두 번 하고 난 후: 필요한 내용을 배우고 있는가?

5장에서 첫 번째 인터뷰를 마친 직후에 인터뷰의 어떤 부분이 가장 성공적이었는지를 잠깐 생각해보는 것에 대해 이야기한 바 있다. 대개 인터뷰 이후에 가장 먼저 바꿀 부분은 여러분이 이야기하는 어조나 질문의 내용과 관련된 부분일 것이다.

두 번이나 세 번의 인터뷰를 마치고 나면, 좀 더 핵심적인 주제에 대한 평가를 내려야 한다. 여러분은 인터뷰를 통해 자신에게 필요한 내용을 배우고 있는가?

검증된 가설의 구성요소

검증된 가설은 대개 다음과 같은 네 가지 구성요소(열정적으로 표현된다)를 포함한다.

- 고객이 확실히 문제 또는 고민점이 있다고 확인해준다.
- 고객은 그 문제가 해결될 수 있으며 해결되어야만 한다고 믿는다.
- 고객이 이미 이 문제를 해결하기 위해서 무엇인가 투자를 했다(노력, 시간, 돈, 학습 등).
- 고객에게 자신이 통제할 수 없는 범위에서 문제나 고민점을 해결하지 못하게 방해하는 상황이 발생하지 않는다.[2]

---

1 나도 안다. 이 답변이 아주 실망스럽고 주관적인 답이라는 걸 안다. 이 이야기를 할 때면 뉴잉글랜드에서 차를 몰때 구두로 방향을 설명 받았던 일이 생각난다. "마을 중심가로 가서 좌회전하세요." 마을 중심가에 갔을 때 거기가 중심가인지를 무슨 수로 알 것인가? 만약 여러분이 뉴잉글랜드의 작은 마을에 살아본 적이 없다면, 저 설명으로 충분하다는 걸 믿지 못할 수도 있다. 하지만 그런 경험을 한번 해보면, 저 설명만으로도 충분하다는 것을 깨닫게 된다.

2 고객이 시간과 자원을 들여서 문제를 해결하려는 의지가 있더라도, 다른 이해관계자나 규칙, 규정, 사회적으로 용인되는 규범 등에 따라 제약을 받을 수도 있다.
예를 들어 교사는 학생들을 좀 더 효과적으로 가르칠 수 있도록 하는 방법을 사용하고 싶지만, 주 단위에서 지정한 교육 과정보다 우선할 수는 없다. 식당에서는 음식물 낭비를 줄이고 싶어도 위생 규정의 제약을 받는다. 10대 학생들은 직업교육 프로그램에 아무리 참여하고 싶어도, 교육장까지 대중교통으로 갈 수 없는 장소에 살거나 교육장까지 태워줄 어른이 없다면 참여할 방법이 없다.

각각의 인터뷰에서 배워야만 하는 것

인터뷰 기록을 다시 읽을 때, 인터뷰 대상자의 고민과 그 고민을 해결하기 위한 대상자의 의욕이 얼마나 깊은지를 확실히 느낄 수 있어야 한다.

여러분은 다음과 같은 질문에 확신을 가지고 대답할 수 있어야 한다.

- 내가 지금 고객의 문제를 완벽하게 해결할 수 있는 제품을 갖고 있다면, 고객이 이 제품을 사거나 사용하지 못하도록 하는 장애물이 있는가?
- 고객은 이 제품을 어떻게 사용할 것이며, 이 제품은 어떻게 고객 일상생활의 일부가 될 것인가?
- 이 제품이 무엇을 대체할 것인가?
- 고객이 내 제품을 사지 않는다면, 사지 않는 구체적인 이유는 무엇인가?

만약 이 질문들에 대답할 수 없다면, 여러분의 인터뷰 질문을 수정해야 한다(다음 글상자 참고).

두 번의 인터뷰는 여러분이 옳다는 확신을 갖기에는 충분하지 않다. 다만 여러분이 '완전히' 틀리지는 않았음을 보여주는 지표가 될 뿐이다.

인터뷰 질문을 바꿔보기

인터뷰를 진행하면서 일관성을 유지해야 한다는 걱정은 하지 말라. 내가 대학원에서 사회심리학 연구를 할 때, 편향된 결과를 피하기 위해서 누구에게나 완전히 동일한 태도로 동일한 질문지를 가지고 질문을 해야만 한다는 내용을 주입받았다. 사용자 테스트를 처음 시작했을 때도 비슷한 충고를 들었다. 질문을 바꾸면 결과가 편향된다는 것이다. 하지만 고객 개발 인터뷰에는 이런 내용이 해당되지 않는다. 지금 여러분은 하나의 변수만을 통제하는 특정한 상황에서 연구를 하고 있는 게 아니다. 여러분은 각기 다른 환경에서 살고 있으며 항상 이성적인 결정을 내리지는 않는, 독특한 개개인에 대해 무엇인가를 배우고 있는 중이다.

시간이 지나면서 여러분의 질문과 인터뷰 스타일은 자연스럽게 발전할 것이다. 여러분은 인터뷰 대상자가 누구냐에 따라 어떤 내용을 이야기하고 어떻게 전달할 것인가를 조절할 수 있게 될 것이다. 가장 중요한 것은 언제나 배우는 자세를 지키는 것이다.

이런 우려나 다른 걱정을 해결하는 가장 좋은 방법은 다른 사람의 의견을 구하는 것이다. 동료에게 여러분의 인터뷰 요청을 읽어보도록 하거나 질문을 전달할 때 어떻게 들리는지를 평가해달라고 부탁하라. 타인의 관점을 빌리면 다른 사람들이 자칫 잘못 해석할 수도 있는 사소한 부분을 찾아내기가 훨씬 쉬워진다.

다섯 번의 인터뷰 이내: 진정으로 열광하는 첫 번째 사람

다섯 번 정도 인터뷰를 거치면, 여러분의 아이디어에 진정으로 열광하는 사람을 최소한 한 명은 만나게 될 것이다. 적어도 여러분이 해결할 필요가 있는 문제를 찾아냈다면 누군가는 여러분에게 직접 소개를 해줄 것이다. ("저한테는 해당되지 않는 일이지만, 당신이 꼭 얘기를 해야 하는 사람을 알고 있어요.") 만약 저런 이야기를 들었다면, 축하한다! 계속 진행하자.

만약 앞과 같은 반응을 얻지 못했다면, 다음과 같은 이유 때문일 것이다.

- 이야기할 사람을 잘못 선택했다.
- 여러분이 문제라고 생각하는 것이 사실은 문제가 아니다.

어느 쪽이든, 이 사실은 여러분의 가설을 반증해준다(가설이 두 부분으로 구성되어 있음을 기억하라. '이러이러한 특징'을 가진 사람이 '이러이러한 문제'를 안고 있다).

특이한 사람을 한 명, 또는 두 명 만날 가능성은 있다. 하지만 특이한 사람을 다섯 명 연이어 만날 가능성은 거의 없다. 만약 다섯 명의 사람이 당신의 아이디어에 관심이 없다면, 아마 여러분의 가설이 틀렸기 때문일 것이다.

축하합니다! 가설이 틀렸다는 게 밝혀졌습니다!

이 결과는 여러분의 초기 가정 중 하나 이상이 틀렸음을 처음으로 깨닫게 해주는 신호이다.

긍정적인 결과라고 생각해보자. 현실적으로 첫 번째 시도 만에 시장에 참여하거나 세품을 싱공찍으로 줄시히는 깅우는 기의 없다. 그리니 이 걸괴는 어리분이니 어러분 제품에 대한 비난이 아니다.

고객들이 관심을 갖지 않는다는 것을 객관적으로 받아들일 수 있다면, 이 또한 좋은 징조이다. 여러분이 고객의 의견을 들을 때 여러분의 편견으로 내용을 왜곡하지 않으며, 또 인터뷰 대상에게 유도신문을 하지 않도록 충분히 훈련되었다는 것을 보여주기 때문이다.

이제는 무엇을 해야 하는가? 음, 인터뷰 대상에게 열린 질문을 했던 이유 중 하나는 '무엇'뿐만 아니라 '왜'를 배우기 위해서였다.

여러분의 잠재 목표 고객이 설명해준 행동들을 눈여겨보라. 그들이 그런 행동을 하게 된 이유를 유심히 살펴보라. 여러분의 인터뷰 기록은 어떤 고객이 더 여러분에게 맞는지를 설명할 수 있는 단서를 제공해야만 한다. 여러분의 잠재적 가설 또한 살펴보라. 여러분이 얻은 교훈을 바탕으로 어떻게 가설을 바꿀 것인가? 여러분이 검증했거나 또는 반증한 더 작은 가정이 있는가?

인터뷰에서 배운 내용들을 확실히 기록하고, 새로운 가설을 작성하고, 다시 시작하라. 매번 이 활동을 반복할수록 더 쉬워진다.

무엇보다도 여러분은 이 사실을 인터뷰 다섯 번 만에 알아냈다. 제품을 시장에 내놓은 다음에야 이 사실을 알게 되는 것보다는 훨씬 낫다!

여러분은 이렇게 말할 수도 있다. "하지만 잠깐만요! 아마 제가 제대로 된 질문을 하지 못했을지도 몰라요." 그런 일은 거의 없다. 문제 해결에 정말 관심이 있는 사람과 이야기를 할 때면, 그 사람의 열정이 빛날 것이고 여러분이 반드시 물어봤어야 하는 질문에 대해 대답할 것이다.

일단 진정으로 당신의 아이디어에 열광하는 사람을 처음으로 만나게 되면, 최소존속제품(MVP)을 얼마나 빨리 만들 수 있을까를 생각하게 될 수도 있다. 일반적으로 나는 10번의 인터뷰 후에 시작하기를 추천하지만, 인터뷰를 5번 더 진행하는 데 걸리는 시간보다 더 빨리 최소존속제품을 준비할 수 있다면, 기다릴 필요가 있겠는가?

누군가가 여러분의 제품에 대해 얼마나 열정적인 반응을 보였든 간에, 진짜 시험은 그 사람들이 돈(또는 시간, 선주문, 이메일 주소 등 개인적인 비용)을 꺼내놓을 의향이 있는가 없는가이다. 만약 몇 시간 안에 사용자로부터 돈 등을 모으는 방법을 찾을 수 있다면, 시도해보자!

열 번의 인터뷰 이내: 패턴이 드러난다

10번의 인터뷰를 하는 동안, 무엇인가 반복되는 내용을 들었을 가능성이 높다. 사람들이 할 수 있었으면 하고 생각하는 일, 프로세스의 제약, 뭔가를 하고자 하는 동기, 좌절 등에 대해 두세 사람이 비슷한 내용을 말하는 형태로 나타날 수 있다.

패턴에 이의를 제기해보기

어떤 개념에 대해 세 번을 반복해서 듣게 되면, 나는 다음 인터뷰에서 그 개념에 대해 의도적으로 이의를 제기해본다. 내가 이의를 제기한다는 표현을 사용하는 이유는 목표가 그 패턴을 시험하는 것이지, 패턴이 유효하다고 가정하는 것이 아니기 때문이다. 패턴에 이의를 제기할 때 다음 인터뷰 참가자에게 예/아니요 질문이나 "동의하십니까?" 같은 내용의 질문을 해야겠다는 생각이 들 수도 있는데, 이런 방법은 편견을 불러일으킨다. 인터뷰 대상이 행동하는 시나리오와 과거의 행동에 대해서 질문하는 데 집중하고 인터뷰 대상자가 자연스럽게 패턴을 확인(또는 부정)할 수 있도록 하자.

만약 패턴에 대한 이야기로 자연스럽게 진행이 되지 않으면, 도움이 될 만한 방법이 있다. '다른 사람들은'이라는 말을 이용하는 것이다. 가상의 '다른 사람'이 여러분이 발견한 패턴과는 정반대로 행동하거나 정반대의 감정을 느낀다고 주장하는 방법이다. 예를 들어 이런 식이다.

> *패턴*
>
> 여러분은 많은 사람이 차를 사러 직접 방문하기 '전에' 온라인으로 조사를 한다는 이야기를 들었다.

이와 정반대로 말해볼 수 있다. "다른 사람들은 일단 자동차 판매자를 만나고 시승을 해본 '다음에' 온라인으로 조사를 한다고 하더군요. 선생님께서는 어떤 방법으로 차를 고르는지 말씀해주시겠습니까?"

반드시 "다른 사람들은 이렇게 합니다"라는 말 다음에 질문을 함께 해야 한다. 질문을 함께 하면 인터뷰 대상자가 여러분이 한 말에 좀 더 주의를 기울이고 상세한 대답을 하도록 유도할 수 있다.[3] 대상자가 여러분이 가상으로 만들어낸 사람의 행동에 동의하든 동의하지 않든, 인터뷰 대상자는 가상의 인물이 한 행동과 자신의 행동이 얼마나 다른가 또는 비슷한가를 설명함으로써 내용을 비교할 수 있는 반응을 보일 것이다.

아직 패턴이 보이지 않으면?

아직 패턴을 발견하지 못했다면 어떤 상황일까? 10명 또는 그 이상의 사람과 대화를 나누면서 진정성이 느껴지는 응답과 깊은 감정 표현을 보고서도, 패턴이 발견되지 않는 경우가 있을 수 있다. 일반적으로 이 상황은 여러분이 고객 인터뷰 대상을 너무 광범위하게 정했음을 의미한다. 모두가 그럴듯한 고객이지만 각자 다른 요구사항을 가진 지나치게 다양한 사람들과 대화한 것일 수 있다.

인터뷰 대상자의 종류를 좁힐 것을 추천한다. 직위, 생활 스타일, 신기술에 대한 익숙함, 회사의 종류, 또는 다른 분류 기준 등에 초점을 맞춰보라. 이렇게 하면 좀 더 패턴을 빨리 찾는 데 도움이 될 것이고 여러분은 좌절하지 않고 계속 배워나갈 수 있을 것이다. 너무 좁은 범위를 대상으로 하는 것에 대해 걱정하지 말라. 여러분의 목표는 가능한 한 가설을 검증 또는 반증하는 것이다.

....

3 사회심리학 연구에서는 이런 질문을 다음과 같은 이론으로 설명한다. "독자의 불확실성을 불러일으켜서 문장보다 메시지의 내용에 더 집중해서 생각하도록 동기부여한다." 다음 논문 참고. Robert E. Burnkrant and Daniel J. Howard, "Effects of the Use of Introductory Rhetorical Questions Versus Statements on Information Processing," Journal of Personality and Social Psychology, vol 47(6), Dec 1984.

몇 번이나 인터뷰를 하면 충분할까?

이전에 이야기했듯이, 진짜 답은 '상황에 따라 다르다'이다. 고객 개발의 목표가 위험 감소라는 점을 기억하라. 보통 여러분에게 필요한 인터뷰 횟수는 다음 기준에 따라 비례 또는 반비례한다.

- 업무 분야에서 고객 개발을 수행해본 경험
- 비즈니스 모델의 복잡도와 의존해야 할 대상의 숫자
- 최소존속제품을 만들고 검증하는 데 필요한 투자

업무 분야에서 고객 개발을 수행해본 경험

고객 개발 경험이 쌓이고 고객 개발이 더 익숙해질수록 필요한 인터뷰 횟수는 줄어든다. (사무실 밖으로 나가서 대화하는 것을 여러분의 판단으로 대신할 수 있기 때문은 아니다!) 인터뷰에 알맞은 사람을 고르는 능력이 향상되므로 적절한 사람을 더 일찍 만날 수 있게 된다는 의미이다. 또 더 나은 질문을 할 수 있게 되기 때문에 더 나은 교훈을 얻게 된다.

이와 비슷하게, 고객과의 친밀도 또는 업계에 대한 이해도가 높다면 여러분의 초기 가설이 고객들의 행동, 의사결정 패턴, 고객들이 표현한 요구사항 등을 잘 반영하기 때문에 고객 개발 주기를 줄일 수 있다. 가설이 여전히 완벽하게 맞지는 않더라도, 시행착오를 거치는 기간은 짧아질 것이다. 내가 요들리에서 일할 때는, 고객 개발 인터뷰를 소개하기 수년 전부터 사용자들과 함께 일해오고 있었다. 나는 이미 사용자들이 자신의 금융 정보를 온라인과 오프라인에서 어떻게 다루는지에 대해 어느 정도 알고 있었기 때문에, 인터뷰를 몇 번 하고 나서 바로 제품 기능을 만들기 시작할 수 있었다.

'접근할 수 없는' 시장에 대해서는 어떻게 검증하는가?

만약 여러분이 어느 분야에 대해 고도의 전문성을 갖추고 있다면, 규정, 법규, 관습을 학습하기 위해서 시간을 투자할 필요가 없다. 미국 사이클 연맹의 전 회장이었던 마크 에이브럼슨Mark Abramson은 사고를 당한 사이클 선수들이 더 나은 치료를 믿고 더 빨리 복귀할 수 있도록 어느 방법이 있을 것이라는 기대를 세우고 난 후, 문제를 신속하게 검증하고 해결책을 만들 수 있었다. '사이클을 위한 의약품Medicine of Cycling'이라는 이름의 이 '제품'은 전문적인 단체로, 의사와 사이클 팀, 운동선수들을 연결해주며 매년 콘퍼런스를 개최하는 일을 한다.

에이브럼슨은 이렇게 밝혔다. "'사이클을 위한 의약품'이 진행되는 데에는 의사인 내 아내 안나의 공이 컸다. 안나는 하버드 대학병원의 외상 전문 외과의와 대화를 하고 있었는데 그 의사가 이런 이야기를 했다. '응급실에 오는 부상 사이클 선수들을 한곳으로 모으면, 회복을 빠르게 하고 간호의 질도 더 높일 수 있는 기회가 될 거라고 생각합니다.'

이 단체를 만든 사람들은 고객 개발 인터뷰를 시작할 때, 사실 어떤 질문을 해야 할지 확신하지 못했다. 하지만 에이브럼슨은 미국 사이클 연맹 회장으로서 배경지식을 갖추고 있었고 간단한 설문조사를 바로 시작할 수 있는 개인적 네트워크 또한 가지고 있었다. 에이브럼슨은 운동선수들에게 얼마나 자주 부상을 당하는가, 부상을 당하면 몇 번의 경기를 놓치게 되는가, 선수들의 경쟁 팀에서는 건강보험을 제공하는가, 치료에 비용을 얼마나 쓰는가를 물었다.

행사장에서의 고객 개발

에이브럼슨은 이 자료들을 2010년 캘리포니아 대회에 가져갔고, 대회에서 약 30여 명의 팀 책임자, 관리자, 의사를 모을 수 있었다. 에이브럼슨은 이렇게 말했다. "얼마 지나지 않아 이 사람들 중 한 사람도 부상에 관련된 문제에 대해서 서로 이야기를 하지 않는다는 게 명확해졌습니다." 모임을 갖는 동안 "우리는 몇 가지의 깨달음을 얻었습니다. 모든 사람들을 모을 필요가 있다는 게 확실해졌죠. 우리는 의학 콘퍼런스를 열기로 결정했습니다. 모임은 5월에 있었는데 콘퍼런스를 11월에 개최하기로 결정했습니다. 이게 얼마나 미친 짓이냐 하면, 평생 의학 교육Continuing Medical Education(CME) 공인 콘퍼런스는 계획하는 데만 보통 1년이 걸립니다."

헬스케어 분야에서도 고객 개발이 통할까?

에이브럼슨도 헬스케어 분야에서는 고객 개발에 대한 회의적인 관점이 있음을 어느 정도 동의한다. "이 분야에서 고객 개발의 비법들은 통하지 않는다. 의사들과 연락하는 것은 사실상 불가능하다. 그들의 관심을 끌기 위해서는 많은 경쟁상대들을 상대해야 한다. 제약업계 관계자, 전자의무기록(EMR) 업체들, 그리고 환자들. 의사들은 자신을 산만하게 만드는 것들로부터 자신을 보호하기 위해 튼튼한 벽이 필요하다. 접수 담당자들에게 일방적으로 연락하는 방법으로는 한 번도 성공할 수가 없었다."

에이브럼슨은 이렇게 조언한다. "작은 규모로 시작해도 괜찮다." 일반적인 CME 콘퍼런스에는 수백 명에서 수천 명이 참가하지만, '사이클을 위한 의약품'은 40명으로 시작했다. 수십 명의 발표자 대신 10명의 발표자만을 정했다. "사이클 분야의 인맥을 통해 우리가 알고 있는 최고 권위자들을 초대했고, 이 사람들이 입소문을 퍼뜨려주었다. 우리는 또한 이 문제로 가장 큰 고통을 겪고 있는 사람들(캘리포니아 대회 담당 의사들, 가르민Garmin 사의 사이클 팀 소속 의사, 미국 올림픽 협회 소속 의사들)을 알고 있었고 이 사람들 또한 초대했다. 그리고 팀 소속 의사들은 다른 의사들을 알고 있게 마련이다."

가설이 입증되었다!

'사이클을 위한 의약품'은 자신의 초기 가설을 입증할 수 있었다. 그 가설은 '우리는 함께 일함으로써 사이클 선수들을 더 건강하게 만들고 운동에 더 빨리 복귀할 수 있도록 할 수 있다'는 것이었고, 실제로 선수들을 빨리 복귀시켰다. 에이브럼슨은 이렇게 언급했다. "적절한 사람들을 한 공간에 모두 모으고 나니 가설의 입증은 부차적인 결과일 뿐이었다." 그때부터 이 단체는 제품을 계속 발전시키기 위해 구성원들의 지속적인 피드백에 의지해왔다. 전문적인 멤버십 제도를 만들고, 사이클 운동에서 일반적으로 일어나는 부상에 대한 가이드라인을 출판하고, 치료 표준을 제정했다. 이들은 이제 네 번째 연간 콘퍼런스를 앞두고 있다.

비즈니스 모델의 복잡도와 의존해야 할 대상의 숫자

여러분이 자신의 업무 분야는 물론 고객 개발 프로세스의 전문가라도 해도, 특정 비즈니스 모델에서는 엄청난 숫자의 가정을 검증해야 한다. 만약 여러분의 비즈니스끼 공급자, 유통지, 또는 제 3의 업체에 의존힌디면, 여리분의 직접 고객 이외에도 이 사람들과 대화를 할 필요가 있다. 만약 여러분이 양면시장 two-sided market[4] 에서 비즈니스를 하고 있다면, 양쪽 소비자의 이야기를 모두 다 들어보고 두 소비자 모두에게 가치를 제공할 수 있다는 점을 확신할 수 있어야 한다. 이런 경우에는 여러분이 진행해야 하는 인터뷰 횟수가 두세 배로 늘어날 수 있다. 각 그룹마다 각자의 고민점과 제약조건이 있기 때문에, 각 이해관계자의 특정한 패턴이 나타날 수 있도록 충분한 횟수의 대화를 할 필요가 있다.

닭이 먼저냐 달걀이 먼저냐: 양면시장에서 어느 쪽을 먼저 만나야 하나?

다수의 이해관계자가 있는 상황에서 고객 개발을 한다면, 어느 고객군과 먼저 인터뷰를 한 다음에 다른 관계자와 인터뷰를 해야 할까? 아니면 달리 순서를 정하는 방법이 있을까?

양면시장에서 활동하는 스타트업 LaunchBit에서는 고객 개발을 통해서 가설을 검증했다. 이 회사는 이메일을 통한 광고 네트워크를 운영하는데, 온라인 마케터와 콘텐츠 제자자 양쪽이 요구사항을 이해할 필요가 있었다.

CEO인 엘리자베스 인 Elizabeth Yin은 당시의 상황을 다음과 같이 설명한다. "양면시장에서 일하는 사람들이 '한쪽을 먼저 만나고, 거기서 얻은 내용을 반대쪽 사람들을 만날 때 활용하라'고 하는 충고가 정말 맞는 것인지 따져보기는 힘들지만, 우리는 사실 저런 접근법을 쓸 수가 없었어요."

인은 이어서 이렇게 말했다. "우리는 일단 여섯 명의 콘텐츠 제작자와 두 명의 광고회사 사람을 모았어요. 두 명의 광고사 직원들은 새로운 유형의 광고를 시험해보고 싶었고, 그래서 우리 회사의 아주 작은 규모의 광고 캠페인용 최소존속제품을 사용하려는 의향이 있었죠. 여섯 명의 콘텐츠 제작자들도 광고사와 마찬가지로 자신들의 뉴스레터를 가지고 수익을 올리는 아이디어를 테스트해보고 싶어 했어요. 그래서, 우선 우리는 최소존속제품을 사용하고자 하는 참가자들을 양쪽 모두에서 조금씩 모았어요. 우리는 모든 것을 실험으로 구성했어요. 이 방법은 새로

---

4 역주_ 2개 이상의 소비자와 접촉하는 시장을 말한다. 개인 고객과 가맹점이라는 두 종류의 소비자를 갖고 있는 신용카드 회사가 한 예이다.

운 아이디어를 실험하는 것을 좋아하는 사람들에게 잘 통했죠. 일단 초기 실험이 잘 진행되자, 양쪽 모두에서 참가자를 늘릴 수 있었어요. 우리는 규모를 조금 더 키우기 시작했고, 그러자 실험에 대해서 조금 불편하게 생각하던 참가자들도 우리 실험 결과에 조금 더 관심을 갖게 됐어요."

누구부터 인터뷰를 시작해야 하는지를 예측하는 건 어려운 일이다. 그러니 이 문제에 너무 집착하지 말라. 뛰어들어서 인터뷰를 시작하라. 인터뷰를 몇 번 하고 나면 여러분과 관계가 있는 모든 이해관계자로부터 이야기를 듣는 것이 대부분 실제 가능하다는 감각을 갖게 될 것이다.

LaunchBit은 양쪽 모두에서 고민점을 찾아낼 수 있었다. 마케터들은 뉴스레터에서 광고를 하기 위해서 단 한 번의 비즈니스 진행 계약을 해야만 하는 것을 원하지 않았다. LaunchBit은 마케터들에게 한 번의 구매로 여러 종류의 뉴스레터를 지정할 수 있도록 했고, 이 분야에서 성공했다. 콘텐츠 제작자들은 독자들이 소외감을 느끼게 될 것을 걱정해서 돈이 되더라도 배너 광고를 하고 싶어 하지 않았다. LaunchBit은 광고를 텍스트 형태로 바꿔서 콘텐츠 제작자들이 계속 만족하도록 했다. 그리고 콘텐츠 제작자들이 없다면, 마케터들을 위한 제품을 만들 수 없었을 것이다.

"[콘텐츠 제작자들과 마케터들] 양쪽 모두의 사고방식을 이해하는 것이 매우 중요하죠." 인은 이어서 설명했다. "여러분의 고객이 무엇을 생각하고 있는지 지속적으로 맥을 잡는 것이 정말 중요합니다. 콘텐츠 제작자들과 마케터들의 요구를 만족시키기 위해서 그들과의 대화를 바탕으로 프로세스를 계속 반복합니다."

최소존속제품을 만들고 검증하는 데 필요한 투자

서문에서, 내가 키스메트릭스에 있을 때 고객 개발 인터뷰에 한 달을 썼다고 이야기했었다. 나는 한 달 동안 50번의 인터뷰를 진행했는데, 여러 경험 중에서 인터뷰를 가장 많이 한 편에 속한다. 그때 최소존속제품을 지원하기 위해서 왜 인터뷰를 이렇게 많이 해야 했는지를 설명하려고 한다.

엄밀히 말하면, 키스메트릭스에서 50번의 인터뷰 후에 나온 베타버전은 고객 검중의 첫 번째 단계가 아니었다. 우리에게는 이미 수백 명의 고객이 가입하여 고객 자신과 고객의 회사에 대한 정보를 입력한 준비 단계 웹사이트가 있었다. 우리가 검증할 필요가 있었던 점은 고객들이 이 제품에 흥미가 있느냐가 아니라 웹 분석을 위한 우리의 접근법이 고객에게 효과적이고 다른 제품과 차별화할 수 있느냐였다.

이런 특정한 상황, 즉 제품에 대해 모든 고객이 다른 경험을 했을 수 있고 정확도가 매우 중요한 데이터 처리 제품을 만드는 상황에서, 우리가 뭔가 교훈을 얻을 수 있는 뭔가를 만들려면 엄청난 양의 자원을 투자할 필요가 있었다. 개발에 앞서 50회의 고객 인터뷰를 먼저 진행해놓았기 때문에, 제품에 필요한 자원 투자를 가능한 한 최소화할 수 있었다.

앞과 같은 경우도 있지만, 일반적으로 여러분이 최소존속제품을 만드는 데 한 달 또는 그 이상의 시간이 필요하다고 예측한다면 아마 필요 이상으로 제품을 매우 복잡하거나 튼튼하게 설계했을 가능성이 있다. 이럴 때는 멘토에게 여러분의 최소존속제품이 현실적인지를 묻고 조언을 받을 필요도 있다.

인터뷰를 충분히 하고 나면 놀라운 내용이 더 이상 나오지 않는다

인터뷰를 충분히 했는가를 보여주는 가장 좋은 표시는 사람들이 말하는 내용 중에 여러분을 놀라게 하는 것이 더 이상 나오지 않을 때이다. 고객들의 공통적인 문제와, 동기, 좌절 그리고 이해관계자에 대해 충분한 통찰을 얻었음을 확신하게 될 것이다.

일반적으로, 나의 경우에는 문제와 해결책을 더 진행시킬만한 가능성이 있다는 것을 확신하기까지 15~20회의 인터뷰를 진행한다. 참가자들을 모집하고, 질문을 준비하고, 기록을 하고, 기록을 요약하는 데 평균 2주 정도가 걸린다. 많은 노력이 들어가는 것처럼 들릴 수 있지만, 만약 고객 개발을 통해 기능 한 가지를 개발할 필요가 없다는 것을 알아내게 된다면, 이미 고객 개발에 투자한 노력 이상의 소득을 얻은 것이다.

고객 인터뷰 프로세스는 여러분의 최소존속제품 개발과 동시에 진행될 수 있으며 동시에 진행되어야만 한다.

최근 내가 맡은 고객 개발 프로젝트 중 하나는, 야머 사용법 및 얼마나 야머를 잘 사용하고 있는지에 대한 내용이었다.

사실 많은 고객이 야머 서비스의 사용법 및 성과에 대해 상사에게 보고를 하고 있었다(어떤 회사의 직원이라도 상부의 허가가 필요 없이 무료로 야머 내부의 소셜 미디어 네트워크를 시작할 수 있다. 그 결과, 야머 서비스의 가치를 더 배워야 할 필요가 있는 중역들에게 야머 서비스의 지지자들이 내부 영업을 하게 되는 상황이 자주 발생한다). 고객들은 우리의 기존 리포팅 도구에 대해 좌절감을 표현했는데, 이 기존 리포팅 도구는 고객들의 필요와 행동방식을 연구해서가 아니라 '고객들이 요청한 것'을 바탕으로 만들어진 것이었다. 나는 더 많은 기능을 만드는 노력을 하기 전에, 개발팀이 고객의 문제를 완벽하게 이해하고 있고 더 나은 해결책을 제공할 수 있는지를 확인하고 싶었다.

2주가 넘는 기간 동안, 짧은 고객 인터뷰를 22회 진행했다. 후반부 몇 번의 인터뷰에서는, 더 이상 새롭거나 대단한 내용을 듣지 못했다. 그래서 나는 다음 질문들에 대한 확신을 가질 수 있었다.

- 고객이 슬라이드 양식을 모으는 방식
- 고객이 만족시켜야 할 이해관계자들은 누구인가?
- 고객이 마주치게 되는 좌절
- 어떤 제품 변경을 요구하게 되는 이유를 설명할 수 있는 근본 문제

이 정보를 바탕으로 해서, 진정한 고민점과 관련이 있는 몇 종류의 요구사항을 찾아낼 수 있었고 이 내용과 관련되지 않은 것들은 만들지 말기를 권고했다. 더 중요한 것은, 나는 인터뷰에서 내가 얻은 교훈들을 요약할 수 있었고 고객들과 다시 공유할 수 있었다. 이 추가적인 단계는 기존 고객들과 일할 때 특히 도움이 된다. 의사소통을 확실히 하는 것, 즉 우리가 고객들의 걱정거리를 심각하게 받아들이고 있으며, 고객들의 문제를 식별하고, 그 결과 우리가 만들어낸 변화로 고객들을

이끄는 일 등이 기존 고객들과의 관계를 더 끈끈하게 만든다.[5]

검증된 가설은 어떤 모습인가?

자, 이제 여러분이 계속 궁금해했던 것을 말해보자. 검증된 가설은 어떤 모습인가?

그 예시로, 내가 어떤 과정을 거쳐서 고객들로부터 배운 내용을 바탕으로 키스메트릭스의 두 번째 제품인 KISSinsights를 만들기로 결정했는지 단계별로 보여주려 한다. 대부분의 실제 사건처럼, 이 경우도 순수한 이론보다는 좀 더 엉망인 모습이다.

나는 문제 가설을 만드는 데서부터 시작하지 않았는데 그 이유는 내가 고객과 대화를 시작하기 전까지는 문제가 있다는 것 자체를 깨닫지 못했기 때문이었다!

또한 나는 새로운 제품의 아이디어를 찾는 데서부터 시작하지도 않았다. 나는 키스메트릭스의 웹 분석 제품을 위해서 고객 인터뷰를 진행하고 있었다. 그런데 인터뷰를 진행하다 보니 KISSinsights라는 제품을 만드는 것으로 마무리되는 이 새로운 문제가 무시해버릴 수 없는 패턴으로 떠올랐던 것이다.

나는 대화의 방향을 일부러 애매모호하게 하면서 사람들이 자신의 웹사이트 분석을 위해 어떤 도구를 사용하고 있는지를 물었다. 대부분의 잠재고객이 구글 애널리틱스와 유저보이스, 두 개의 도구를 언급했다. 많은 고객이 내부적으로 사용성 테스팅을 하기 위해 아웃소싱을 하거나 UserTesting.com 같은 온라인 도구들을 이미 사용해오고 있었다.

원래 내 인터뷰의 목적은 사람들이 더 좋은 분석 결과를 원한다는 가설의 검증이었다. 따라서, 고객들이 공짜인 구글 애널리틱스를 버리고 그 대신 키스메트릭스를 사용하기 위해 비용을 지불할 것이라는 가설을 세웠었다.

---

5 솔직히 말하자면, 고객들은 여러분이 이렇게 말하는 것을 더 좋아할 것이다. "네, 물론 여러분이 요구한 것을 만들 겁니다." 하지만 여러분이 고객들과 대화한 내용과 고객의 문제에 대해 생각한 것들, 그리고 그 문제들을 해결하기 위해 지금까지 어떤 노력을 했는가를 듣게 되면 고객들의 기분은 꽤 누그러질 것이다. 그 방법이 비록 고객이 기대했던 방법이 아니라고 해도 말이다.

우리는 정성적 피드백 플랫폼이나 사용자 테스팅과 경쟁하고 있지 않았는데, 이것이 접점이었다. 내가 우리 웹 분석 제품에 대해 배우려고 했던 내용과는 거리가 있는 내용이었지만, '흥미로운' 접점이었다.

고객들이 뭔가를 계속 말할 때면, 여러분은 그들을 무시하고 싶어 죽을 지경이 될 것이다.

네 번인가 다섯 번의 인터뷰 뒤에, 나는 이미 패턴을 보고 있었다. 사람들은 피드백을 받는 것과 고객을 이해하는 것에 대해 이야기할 때 좌절하고 있었다. 그들은 무력감을 느꼈다. 나는 다음과 같은 이야기를 들었다.

> 사람들이 제 사이트에 들어왔을 때 무슨 생각을 하고 있는지를 알았으면 좋겠어요.
>
> 설문조사를 해봤지만 시간낭비였어요. 하나를 만드는 데 무슨 평생이 걸리고, 그렇게 만들어봤자 답변도 두어 개 정도만 들어오죠.
>
> 피드백 탭으로 받은 내용이라고는 "멋져요" 그리고 "빌어먹을" 두 개뿐이에요. 어느 것도 도움이 안 되죠.
>
> 고객 어깨 위에 앉아서 정확하게 그 순간에 "왜 사지 않나요?" 아니면 "지금 뭐가 당신을 헷갈리게 하나요?"라고 물어볼 수 있으면 좋겠어요.

네 번째인가 다섯 번째로 내가 부탁하지 않은 내용에 대해 들은 후에, 나는 간단한 가설을 작성했다.

> 제품 관리자 유형의 사람들은 빠른/효과적인/빈번한 고객 연구를 수행하는 데 문제가 있다.

좀 더 알아보기 위해, 키스메트릭스 팀에서는 두 가지 일을 동시에 진행했다.

- 개발자들은 고객의 요구를 검증하기 위해 최소존속제품을 만들었다. 제품의 개념을 요약한 제품 소개 웹 페이지였다. 제품이 출시되면 베타 버전의 제품을 사용할 수 있게 해주는 회원가입 양식으로 유도하는 웹 페이지였다.
- 나는 이 정성적 리서치 개념을 명확하게 하기 위해서 고객 인터뷰를 시작했다. 사람들에게 정성적 피드백 양식에서 무엇을 배우게 되는지를 물었다. 또 다른 종류의 사용성 테스팅이나 연

구를 한 것이 있는지도 물었다. 고객들이 더 깊게 연구하지 못하도록 방해하는 것이 무엇인지도 물었다. 또한 만약 고객들에게 마법 지팡이가 있어서 웹 페이지 방문자에 대해서 무엇이든 알아낼 수 있다고 한다면, 어떤 것이 알고 싶은지도 물었다.

우리는 기존 고객 기반이 있었기 때문에, 20명의 대상자를 빨리 모으고 인터뷰를 진행할 수 있었다. 20번의 인터뷰를 하면서, 나는 이런 요약본을 만들게 되었다.

고객들은 지금 이 문제를 해결하기 위해 무엇을 하고 있는가?

고객 연구 없이 그냥 진행하고 있다.

고객들이 정말 원하지만 다른 툴들이 해결하지 못하거나 제공하지 않는 기능은 무엇인가?

비공개 피드백, 특정 페이지 또는 특정한 활동에 목표한 사람들을 골라내는 기능.

최근 고객 피드백을 모으는 데 관여한 사람은 누구인가?

이 정보를 얻고 싶어 하는 제품 관리자. 이 일에 시간을 쓰거나 기능을 코딩하는 데 시간을 빼앗기고 싶지 않은 개발자.

이 문제는 얼마나 심각한가/자주 일어나는가?

끊임없이 일어난다. "뭘 만들지 결정을 내릴 때면 언제나". 왜 일이 잘 진행되지 않는가에 대한 이유는 전혀 보이지 않는다.

주변에 이 일에 대해 강한 감정을 느끼는 사람은 또 누가 있는가?

설문조사를 질색하는 사람들, 개발자에게 도움을 구하기 싫어하는 사람들, 어디서부터 시작해야 할지 몰라 당황하는 사람들.

이 결과들은 우리에게 매우 빨리 최소존속제품을 만들어야겠다는 확신을 주기에 충분했다. 비록 그 제품이 못생기고 대충 만들어졌으며 키스메트릭스 사이트에서만 동작하는 것이라도 말이다. 우리 기존 고객들이 이걸 보자마자, 이메일을 보내서 우리에게 묻기 시작했다. "제 웹사이트에서 저 설문조사 기능을 쓰려면 어떻게 해야 되죠?"

우리가 그저 접점이라고 생각했던 내용들이 결과적으로는 KISSinsights라는 완전히 새로운 제품으로 변했다. 집요하고 일반적인 피드백 탭 대신에, KISSinsights 설문조사는 방문자가 특정한 시간 이상 한 페이지에 계속 머물 때 그 페이지와 관련이 높은 특정 질문만을 보여준다. 가장 좋은 점은, 미리 작성된 질문을 제공하기 때문에 고객들이 질문을 직접 만들 필요가 없다는 것이다.

설문조사의 전형적인 1~2% 응답률 대신에, KISSinsights 고객들은 어디서든 10~40%의 응답률을 기록하며 실제로 실행 가능한 응답을 받는다. 우리 고객 중 하나인 OfficeDrop은 회원가입 전환율을 40% 높이는 데 필요한 문제를 식별하는 데 KISSinsights를 사용했다.[6] 2012년 KISSinsights 제품은 다른 회사에 팔렸고 Qualaroo라는 이름으로 새롭게 브랜드를 만들었다. Qualaroo는 제품과 비즈니스 모델을 개선시키기 위한 고객 개발에 계속 쓰이고 있다.

이제 뭘 해야 하는가?

고객 개발에는 자연스러운 흐름이 있다. 가설을 검증했으면, 다음 단계는 그 방향으로 나가는 것이다.

아직 제품을 만들지 않았다면, 여러분은 고객들에게 배운 교훈을 받아들이고 최소존속제품을 만드는(또는 변경하는) 데 사용해야 할 것이다. 7장에서는 다양한 종류의 최소존속제품을 다루는데, 여러분이 해결해야 할 문제와 갖고 있는 자원에 따라 가장 적절한 종류를 찾아낼 수 있을 것이다..

여러분이 기존 제품을 더 개선시킬 방법을 찾고 있다면 8장이 여러분에게 좀 더 친근하게 느껴지는 영역이 될 것이다. 그래도 7장을 지나치지 않기를 추천한다. 매우 큰 대기업에서도 최소존속제품이 얼마나 효과가 좋은지를 알게 되면 깜짝 놀랄 것이다.

---

6 https://blog.kissmetrics.com/1-2-punch-for-increasing-conversion/

요점 정리

- 여러분의 가설을 검증할 때는 회의적이 되라.
- 문제를 해결하기 위해 고객이 이미 시도했던 방법들에서 나오는 단서를 주의 깊게 들어야 한다. 많은 사람이 문제를 해결해야만 한다고 생각하지만, 실제로 그 사람들이 모두 여러분의 제품을 사지는 않는다.
- 미래의 행동을 가장 잘 보여주는 것은 현재의 행동이다. 실제 증거가 없이 감탄사만 많은 내용은 여러분의 가설을 검증하지 않는다.
- 각 인터뷰를 대략 다섯 개의 요점으로 정리한 요약본을 만들라. 요약본을 검증, 반증, 그 외의 흥미로운 내용으로 구분하라.
- 검증된 가설에는 고객이 문제를 확인했고, 문제가 해결될 수 있다고 믿어 그것을 해결하려고 시도했고, 고객이 문제를 해결하려고 하는 시도를 막는 것이 없다는 내용이 포함되어야 한다.
- 다섯 번의 인터뷰를 진행하면서 정말 흥분한 사람 한 명을 만나야 한다. 그렇지 못했다면 여러분의 가설은 반증된 것이다.
- 열 번의 인터뷰를 진행하면서 패턴을 보기 시작하게 될 것이다. 다음 인터뷰에서 패턴과 반대되는 행동을 하는 가상의 '다른 사람'을 언급하고 패턴에 이의를 제기해보라. 그리고 인터뷰 대상에게 여러분이 이미 확인한 다른 사람들의 행동 또는 패턴과 비슷한 행동을 하는지를 물어보라.
- 여러분을 놀라게 할 만한 내용이 더 이상 나오지 않으면 인터뷰를 충분히 한 것이다.

CHAPTER 7

어떤 종류의 최소존속제품을
만들어야 하는가?

말만으로는 진실을 발견할 수 없다. 행동함으로써 진실을 찾게 될 것이다. 그러니 이
상적인 제품 기능 목록을 만들어야 한다는 부담을 버리고, 여러분이 갖고 있는 정보
를 가지고 최대한 추측해본 다음 최소존속제품(이것을 어떻게 정의하는지 상관없이)
을 고객의 손에 쥐어주도록 하라. 발견 프로세스를 계속 이어나갈 수 있는 유일한 방
법은 이것뿐이다.

_ 케빈 드월트, soHelpful.me의 CEO이자 전 미국 국립과학재단 상주기업가(EIR)

나는 이렇게 물었다. "카메라와 비행기 또는 헬리콥터를 빌려서 농장 위를 저공비행
한 다음, 수작업으로 데이터를 처리해서, 농부들이 그 정보에 돈을 낼 것인가를 알아
보는 게 더 저렴하지 않을까요? 하루나 이틀 동안에, 여러분이 예상하는 비용의 10분
의 1이면 가능하지 않을까요?" 그들은 잠깐 생각하더니 웃으며 말했다. "우리는 엔지
니어들이고 멋진 신기술이라면 모두 시험해보고 싶어 하죠. 하지만 일단 당신은 우리
에게 제품과 그 제품에 관심을 갖는 고객이 있는지 시험해보고 이 일이 비즈니스가
될 수 있을지를 먼저 알아보려 하는군요. 그렇게 할 수 있습니다."

_ 스티브 블랭크

지금까지 우리는 여러분의 해결책과 그다음에 만들어질 최소존속제품을 검증하
는 것보다, 여러분의 초기 가설과 가정을 검증하는 데 집중해왔다.

내가 의도적으로 이렇게 한 이유는 많은 회사들이 일단 최소존속제품을 만들고
시작하기를 원하는데, 처음부터 여기에 집중하다 보면 실수를 찾아내고 리스크를
줄일 수 있는 수많은 기회를 놓치기 때문이다. 기획 단계think stage에서는 오류를 찾

아내는 것이 훨씬 쉽고 빠르다. 그러나 일단 시제품을 만들고 나면, 이후에 오류를 수정하는 데 훨씬 많은 비용이 든다.

하지만 고객들이 여러분의 제품을 구매할 것임을 증명할 수 있는 유일한 시기는 고객들이 여러분의 제품에 비용을 지불할 때이다.[1]

이 장에서는 여러분이 만든 최소존속제품에 대해 어떻게 생각해야 할지를 차근차근 보여줄 것이다. 또한 다음과 같은 내용을 다룰 것이다.

- 최소존속제품에 맞는 적절한 목표 설정
- 최소존속제품의 종류
- 다양한 종류의 최소존속제품 사용 예시

NOTE_ 만약 기존 고객과 제품이 있는 상황이라면 8장을 읽기 바란다. 8장에는 최소존속제품에 대한 일반적인 반대와 파트너, 고객, 사내 팀과 맞닥뜨릴 수 있는 역학관계에 대해서도 이야기한다.

최소존속제품은 어떤 역할을 해야 하는가?

최소존속제품의 목표는 리스크와 투자를 최소화하면서 교훈을 최대한 많이 얻어내는 것이다.

여러분의 목표는 가설과 가정을 검증하는 것뿐이다. 그 이상의 목표는 없다. 최소존속제품은 멋진 외관도 완벽한 기능도 필요 없고, 측정될 필요도, 심지어 코드가 포함될 필요도 없다.

사실 여러분 제품의 일부분일 필요조차 없다! 창업가들이 저지르는 일반적인 실수는 다음과 같이 말하는 것이다. "좋아. 최종 제품에서 어떤 기능을 제외할지 알아내면 최소존속제품을 빨리 출하할 수 있어." 이는 잘못된 것이다. 고객들과 처음으로 만나기도 전에 고객들이 원하는 '최종' 제품이 어떤 모습이어야 하는지 이

---

1 제품에 대가를 치른다는 것은 꼭 현금을 지불한다는 의미가 아니다. 여러분에게 신용카드 번호를 주는 것일 수도 있고, 구매 주문, 또는 여러분의 기술이나 프로세스를 배우기 위해 시간을 투자하는 것이 될 수도 있다.

미 그 내용을 알고 있다고 가정하는 것이기 때문이다.

이런 접근법은 여러분의 가장 큰 리스크가 제품 기능과 연관이 있다고 가정한다. 그러나 많은 유망 회사들의 가장 큰 리스크는 제품 기능보다는 유통, 적정 수준의 가격 설정, 자원과 파트너를 활용하는 능력 같은 것이다. 최소존속제품을 통해 답을 얻을 수 있는 가장 중요한 질문들은 다음과 같다.

- 제품을 적합한 사용자 앞에 내놓을 수 있는가?
- 고객들은 제품이 제공하는 가치에 기꺼이 돈을 낼 생각이 있을까?
- 고객들은 이 제품으로부터 얻는 가치를 어떻게 측정할까?
- 고객의 가치 및 지불 능력에 맞는 가격 모델은 무엇인가?

어떤 질문에 대한 답이 먼저 필요한지를 이해하면 가장 관련 있는 최소존속제품을 만드는 데 도움이 될 것이다.

최소존속제품의 종류

최소존속제품이 무엇으로 구성되어야 하는가에 대한 엄격한 정의는 없다. 최소한 얼마나 많은 기능이 들어가야 하고 어떤 기술이 사용되어야 하는지에 대한 부분에서는 그렇다.

최소존속제품은 여러분의 가장 큰 가정을 검증하면서 가장 큰 리스크를 최소화하는 방법이고, 각 회사와 제품마다 매우 다른 모습을 하게 될 것이다. 심지어 (이 장 후반부에서 보겠지만) 최소존속제품이 실제 제품조차 아닌 경우도 있다.

'최소^{minimum}'라는 단어는 현재 시간과 자원을 최소한으로 투자하면서 교훈을 얻는 데 집중하고 있음을 의미한다. 만약 최소존속제품을 만드는 데 몇 달이 걸릴 것으로 계획하고 있다면, 그것은 '최소'가 아닐 것이다. 그리고 여러분의 최소존속제품을 간단한 몇 문장으로 설명할 수 없다면, 그것 또한 '최소'가 아닐 것이다.

또한 여러분이 만드는 것은 '실행 가능^{viable}'해야 하며, 실행 가능성에 대해서는 반드시 두 가지 요소를 고려해야만 한다. 하나는 고객에게 제품의 가치를 보여주기 위한 경험을 충분히 제공하는 것과, 또 다른 하나는 여러분의 가설을 증명하거나 반증하는 데 필요한 정보를 충분히 제공하는 것이다. 예를 들어 몇몇 사람들은 구글 애드워즈를 사는 것을 웹 광고 툴에 대한 최소존속제품으로 생각한다. 그러나 개인적으로 나는 그렇게 생각하지 않는다. 왜냐하면 이 도구는 단지 한 사람이 여러분의 링크를 클릭했다는 것을 알려주는 게 전부이기 때문이다. 왜 그 링크를 클릭했는지 알려주지 않으며, 그 링크를 클릭했다고 해서 클릭한 사람이 돈을 쓸 의향이 있음을 보여주는 것도 아니다.

기업이 자신들의 성공적인(또는 실패한) 실험에 대한 기록을 쌓아가다 보면, 최소존속제품 종류에 대한 어떤 패턴이 떠오르게 된다. 몇몇 공통적인 최소존속제품 종류[2]는 다음과 같다.

- 사전주문 MVP
- 청중이 만드는 MVP
- 컨시어지 MVP
- 오즈의 마법사 MVP
- 단일 사용 예시 MVP
- 타인 제품 MVP

각각의 최소존속제품마다 그 개념 및 어떻게 활용되는지에 대한 예시, 그리고 이런 방식의 실험에서 무엇을 배울 수 있는가를 차근차근 설명할 것이다. 또한 각 최소존속제품이 어떤 상황에 잘 맞는지도 설명할 것이다(사전주문 MVP는 여러분 모두에게 유용할 수 있다).

사전주문 MVP

사전주문 MVP는 여러분이 의도하는 해결책을 설명해서 잠재고객들로부터 제품

---

[2] 이런 방법들이 상당히 조직적으로 나타났기 때문에, 여러 사람들이 다양한 이름과 다양한 변형을 내놓았다. 나는 '관리인 MVP'는 '매뉴얼화'로, '오즈의 마법사 MVP'를 '고인돌 쌓기'로, '사전주문 MVP'를 '연기 피우기 테스트'로 이름 붙인 경우를 가끔 본 적이 있다. 최소존속제품의 미묘한 변형들을 더 보려면 다음 링크를 참고하라. http://scalemybusiness.com/the-ultimate-guide-to-minimum-viable-products/

이 발매되기 전에 회원가입을 하고 주문을 받으려는 경우에 쓰인다. 이것은 흥미를 측정하기 위한 것이 아닌 고객의 참여를 측정하기 위함이다. 따라서 유망고객들로부터 이메일 주소나 설문조사 자료를 모으는 것으로는 충분하지 않다.

사전주문 MVP는 제품이 준비되기 전까지는 요금을 청구하지 않겠다는 조건으로 신용카드 번호를 모으는 데 자주 사용된다.[3] 여러분이 만들기를 원하는 어떤 제품이나 해결책이든, 해결하려고 하는 문제를 설명하는 웹사이트를 먼저 만들 수 있다. 몇몇 기업 같은 경우는 파일럿 프로그램을 출시하기 위한 협약서 또는 동의서 정도면 충분할 것이다.

제품 개발을 계속 추진하는 데 필요한 투자와 비용에 따라, 사전주문을 하는 고객이 특정 수 이상이 될 때에만 개발을 계속하겠다는 결정을 내릴 수도 있다.

킥스타터는 사전주문 MVP이다. 기본적으로 크라우드 펀딩 플랫폼으로 알려져 있지만, 고객들의 수요와 고객이 돈을 낼 의사가 있는지를 효과적으로 검증해주기도 한다. 비록 고객들이 약속해준 금액이 목표 금액에 상당히 못 미치더라도, 이것은 여전히 매우 강한 신호이다. 어떤 것이든 고객이 돈을 내도록 하는 데는 엄청난 저항이 존재하기 때문이다!

수천 명의 사람들이 아직 존재하지도 않는 제품을 위해 돈을 내겠다는 약속을 한다면, 그 제품에 대한 수요가 있다는 강력한 검증이 된다. 만약 목표액을 채우지 못한다면, 그 프로젝트는 충분한 수의 고객을 위한 진짜 문제를 해결하지 않는다는 것을 시사한다.

사례 연구: 피날레 파이어웍스

현재 세일즈포스닷컴의 선임 설계 담당자인 마커스 고슬링Marcus Gosling은 이렇게 이야기한다. "비즈니스 가설이 가장 완벽하게 검증되는 순간은 누군가가 자신의 신용카드를 꺼낼 때다. 불꽃놀이 설계 및 관리 소프트웨어 피날레 파이어웍스Finale

---

3 몇몇 사람들은 이것을 '베이퍼웨어' 또는 '데모웨어'로 설명하는데, 나는 저 단어가 조금은 악의적인 의도를 갖고 있다고 생각한다. 예를 들어 한 회사가 경쟁사로부터 고객을 뺏기는 일을 막기 위해 절대 실현되지 않을 미래의 이익을 애매모호하게 고객에게 약속할 수도 있기 때문이다.

Fireworks의 개발에 가장 중요했던 몇 달 동안, 나는 두 사람의 공동창업자와 함께 파이로테크닉 길드 인터내셔널Pyrotechnic Guild International이 주최하는 연례 불꽃놀이 전시회에 참가하기 위해 아이오와로 갔다."

고슬링과 공동창업자들은 불꽃놀이 게임을 만들었고 전시장에서 게임을 팔아보려 했다. "우리는 작은 부스를 빌려서 우리 불꽃놀이 게임의 가장 기본적인 데모 버전을 전시했죠." 이어 이렇게 말했다. "우리는 불꽃놀이를 좋아하는 사람들이 컴퓨터 안에서 하는 불꽃놀이에는 전혀 관심이 없다는 걸 금방 깨달았습니다. 그 대신에, 사람들은 진짜 불꽃놀이 쇼를 설계하고 조정할 수 있는 저렴한 소프트웨어를 원했죠. 우리는 이 전시회에서 50% 할인된 가격에 사전 공개 버전 소프트웨어를 60개 팔았습니다. 아직 정식 소프트웨어를 만들기도 전이었어요. 이 성과는 우리가 사람들이 사고 싶어 하는 제품에 대한 아이디어를 갖고 있다는 가장 확실한 검증이었습니다."

사용 예시

사전주문 MVP는 고객들이 구매하고 다른 사람에게 물려줄 만한 무엇인가를 만들고 있는지를 검증하는 가장 좋은 방법이다. 대부분의 제품과 회사는 사전주문 MVP를 실행할 수 있는 방법을 반드시 찾아야만 한다. 자신들의 전략을 검증하기 위해 이미 다른 종류의 최소존속제품을 만들었다고 하더라도 말이다. (내가 인정하는 주요 예외 대상은 시장 선도 전략의 우위에 의존하는 회사들이다. 이런 회사들은 언론 취재를 피하기가 어려운데, 언론 취재를 통해 주의가 흐트러지게 되고 이는 종종 경쟁사들에게 이득이 된다.)

사전주문 MVP는 이런 경우에 유용하다.

- 계속 진행하거나 이익이 나기 위해서는 일정 수 이상의 고객이 필요한 해결책
- 만들기 위해서 상당한 시간이나 자원이 필요한 해결책

하지만 실제로는 약속이나 사전주문, 협약서나 파일럿 프로그램 등 어떤 형태로든 간에 여러분 거의 모두가 사전주문 MVP 제작을 시도해보아야만 한다.

청중이 만드는 MVP

청중이 만드는 MVP는 고객 개발을 문자 그대로 적용하는 것이다. 이 방법은 제품을 만들기 전에 먼저 고객 기반을 만드는 과정을 거쳐야 한다. 일단 유망고객 기반을 파악하고 나면 여러분은 그 사람들이 모일 공간을 만들어서 정보를 얻고, 마음이 맞는 사람들을 이어주며 아이디어를 교환하게 된다. 청중을 관찰하면, 그 사람들에게 가장 절실한 내용, 기능, 또는 사람을 찾아내고 측정할 수 있다. 이 작업은 여러분이 최종적으로 만들 기능이나 서비스에 대한 수요를 검증할 수 있게 한다. 제품을 출시할 준비가 되면, 홍보나 유통에 대해서는 걱정하지 않아도 된다. 여러분의 유망고객이 바로 어디 있는지를 알고 있기 때문이다.

모즈^{Moz}[4], 37시그널스^{37Signals}, 민트닷컴^{Mint.com}은 모두 제품을 출시하기 전 커뮤니티를 만들기 위해 블로그를 활용한 회사들이다. 세 회사 모두 제품을 출시하기 이전부터 수천 명의 관련 고객들을 청중으로 강력하게 붙잡고 있었다. 하지만 이 블로그들이 제품 개념을 검증하기 위해서 쓰였는지는 불분명하다.

제품을 검증하는 데 청중이 만드는 MVP를 사용한 더 명확한 예는 최근에 만들어진 웹사이트인 프로덕트헌트^{Product Hunt}를 들 수 있는데, 이 사이트는 매일 최고의 신제품들을 소개하는 순위표를 제공한다. 제작자인 라이언 후버^{Ryan Hoover}는 잠재 청중들을 평가하기 위한 최소존속제품을 만드는 데 단 20분을 투자했다. 후버는 이메일을 통해 링크를 공유하는 방법인 링키딩크^{Linkydink}를 가지고 간단한 메일링 리스트를 만들어서 십여 명의 새로운 사람들을 초대했다. 만약 메일링 리스트에 가입하는 사람이 없었거나, 리스트의 활동이 며칠 후에 잦아들었다면 후버는 이 아이디어가 더 진행할 가치가 없다고 결론을 내렸을 것이다. 회원가입이 늘고, 활동이 증가하고, 열정적인 사람들이 늘어나는 걸 보고 난 이후에야 그는 가장 기본적인 웹사이트를 만들기 시작했다. 프로덕트헌트는 후버에게 부차적인 프로젝트였지만, 처음 두 달 동안 이미 4000명이 넘는 사용자가 모여들었다.[5]

....

4 모즈는 최근 브랜드를 다시 정립했다. 창립 후 10년 동안은 SEOMoz라는 브랜드로 알려져 있었다.
5 http://www.producthunt.com

사용 예시

청중이 만드는 MVP는 사람들이 여러분의 해결책에 돈을 쓸 의향이 있는지에 대해 검증하지는 못한다. 하지만, 고객의 유지 및 참여도를 측정할 수 있고, 그 결과가 좋다면 전체 제품을 개발하기 위한 투자를 정당화하기에 충분한 이유가 될 수 있다. 청중의 참여는 또한 측정하기가 매우 쉽다. 여러분은 문자 그대로 여러분의 유망고객 기반 전체와 접촉하고 있는 것이다.

청중이 만드는 MVP는 이런 경우에 좋다.

- 온라인 제품 또는 서비스
- 무료 제품 또는 본질적으로 사회성이 강한 제품
- 콘텐츠가 풍부하고 커뮤니티 관리 기술이 있는 팀인 경우
- 좀 더 측정이 쉬운 제품이나 서비스를 고려하고 있는 컨설팅 비즈니스 분야
- 돈보다 시간을 더 중요하게 생각하는 청중들을 대상으로 할때(예: 의사, 벤처캐피털리스트, CEO들)

컨시어지 MVP

호텔에서 여러분을 도와주는 사람인 컨시어지에서 이름을 따온 컨시어지 MVP는, 고객의 문제를 해결하기 위해 사용되는 자동화될 수 없는 노력manual effort을 의미한다. 고객들은 여러분이 개별적으로 해결책을 제공하고 있다는 것을 알고 있다. 여러분이 개인적인 관심을 쏟아붓는 데에 대한 보상으로, 고객들은 폭넓은 피드백을 제공하는 데 동의한다. 컨시어지 MVP는 실제로 제품을 만들기 전에 고객들에게 제품을 사용하는 경험을 제공할 수 있도록 해준다.

여러분이 아이들을 대상으로 하는 저렴하면서도 개인별 맞춤이 가능한 교육 프로그램을 부모들과 연결할 기회를 찾았다고 가정해보자. 컨시어지 MVP는 5~6명 정도의 부모들과 연락하여 아이들을 위한 활동을 어떻게 고르는지에 대해 의견을 들을 수 있다. 그 정보를 가지고, 주변에서 진행되는 활동들을 직접 조사하고 각 부모를 위한 추천 리스트를 만들 수도 있을 것이다.

이 해결책은 확장이 전혀 불가능하다. 여러분이 해결책을 자동화하지 않았다면 고객 한 명당 일주일에 몇 시간 정도의 시간이 소요될 수도 있다. 하지만 여러분이 직접 이런 집중적인 과정을 수행하는 동안 배우게 되는 내용은 여러분의 리스크를 믿을 수 없을 만큼 줄여줄 것이다.

여러분이 추천한 활동 중에 부모들이 어떤 것을 실제로 선택하는지를 개인적으로 점검함으로써 수요를 검증할 수 있다. 여러분이 추천한 리스트에 있는 정보 중에 어떤 부분이 가장 핵심이었는지(아니면 어떤 부분을 놓쳤는지)를 부모들에게 질문함으로써 기능의 우선순위를 정하게 될 것이다. 여러분의 고객들이 이 서비스에 대해 돈을 낼 생각이 없으며, 단지 '있으면 좋은' 서비스로 여긴다는 것을 발견할 수도 있다. 또한 부모들이 아이를 위한 활동을 고르는 기준이 여러분이 기대했던 것과 다르다는 사실을 발견하게 될 수도 있다. 여러분은 웹사이트를 디자인하거나, 코드를 짜거나, 데이터베이스를 정보로 채우기 전에 이 모든 교훈을 배울수 있다.

사례 연구: 스타일시트

스타일시트StyleSeat의 목표 시장을 구성하는 스타일리스트들, 스파 소유자들, 마사지사들, 그리고 그 외의 미용업계 종사자들은 바쁜 사람들이다. 기술은 이 사람들에게 전문분야도 아니고, 높은 우선순위를 차지하지도 않으며, 심지어 그에 대한 관심도 별로 없다.

스타일시트의 CTO인 댄 레빈Dan Levine은 이렇게 설명한다. "우리 고객들이 결정을 내릴 때 가장 중요한 요소 중의 하나는 '내가 이 사람들을 신뢰하는가?'입니다. 여기엔 '어떻게 이걸 내가 잘 쓰도록 할까'보다 조금 더 큰 두려움이 있죠."

초기 가설

스타일시트는 고객들이 미용에 관련된 예약을 더 쉽게 하도록 하며 소규모 미용업자들에게는 자신을 광고할 수 있는 더 좋은 방법이 있을 것이라는 가설에서 시작했다. 하지만 창업자인 멜로디 매클로스키Melody McCloskey와 댄 레빈은 미용 산업에 대해서 좀 더 공부해야 할 필요가 있음을 알게 되었다. 두 사람은 스파를 운영하는 친구 한 명을 불러 그녀에게 같은 업계에서 일하는 친구들을 모두 모아달라고 부탁한 후, 샴페인을 대접하면서 미용업 관계자들이 창업자 두 사람으로부터 IT 관련 기술에 대해 배우는 시간을 만들었다.

한 번의 모임은 주간 모임으로 이어졌고, 이 모임에서 창업자 두 사람은 청중에게 사업 홍보를 위해 페이스북, 트위터, 이메일을 사용하는 방법을 가르쳤다. "우리는 거의 이 스타일리스트들의 'IT 수리기사'가 됐죠. 왜냐하면 그게 이 사람들의 고민점을 파악하는 가장 빠른 방법이었으니까요." 이어서 레빈은 이렇게 설명했다. "밖으로 나가서 그 시장 안으로 푹 빠져보는 것은 우리가 시장에 대해 배우는 방법일 뿐만 아니라, 고객과 신뢰를 쌓는 방법이기도 합니다."

최소존속제품 제작을 시작하기

모임을 시작하고 몇 주가 지나고 나서, 매클로스키와 레빈은 고객의 고민점에 대해 충분히 이해를 했고 최소존속제품을 만들기 시작했다. 이후로 6개월 동안, 두 사람은 고객 개발과 제품 개발을 동시에 진행했다. 제품을 만들기 시작하면서 둘은 고객과의 대화 주제를 가설 검증에서 베타 사용자들의 모임을 통한 제품 검증으로 서서히 바꾸었다. "우리 제품을 사용하는 사람들을 관찰하는 것은 매우 중요합니다. 우리는 사용자들이 새로운 도구를 쓸 때 그들의 마음이 어떻게 움직이는가를 봐야만 했습니다."

가설을 확장하기

스타일시트에 매우 큰 돌파구가 된 것 중 하나는 그들의 기회가 기존 가설보다 훨씬 더 크다는 사실을 깨달은 점이다. 매클로스키와 레빈은 예약에 대한 고민을 해결하는 도구를 구상하고 있었다. 하지만 "스타일리스트들은 앱을 원하지 않았어요. 우리 고객들은 A 부분은 여기, B 부분은 저기 있는 상황을 원하지 않았어요. 모든 게 한자리에 있기를 바랐죠. 모든 게 분명해졌습니다. 우리 고객들은 자신의 사업을 성장시키는 데 도움이 되는 해결책이 필요했어요. 그래서 우리는 '예약 도구'를 만드는 것에서 '미용 업계의 기술 파트너가 되기'로 생각을 바꿨죠."

매클로스키와 레빈은 고객의 요구에 대해 깊이 이해하고 있었고 이 점이 고객들이 원하는 가치를 발견하는 데 도움이 되었다. 스타일시트는 사진을 업로드하고 페이스북에 페이지를 만드는 것이 고객을 유인하기 위한 초반 무료 서비스로는 충분하다는 걸 깨달았다. "거기서부터 시작해서, 스타일리스트들에게 고객들과 이메일로 연락하고 싶은지를 물었고, 그리고 우리가 제공하는 여러 가지 서비스들에 대해 말했죠. 고객들이 서비스를 업그레이드하도록 설득하는 건 쉬웠어요."

계속되는 고객 개발

초기 6개월 동안 집중적으로 고객 개발을 진행한 후에도, 스타일시트는 기능 개발 및 마케팅에 대해서 고객들과 지속적으로 함께 일하고 있다. 이들이 사용하는 기법 중 하나는 고객을 가장 적극적인 사용자와 새로운 사용자로 분류하고 전화 연락을 하는 것이다. "대본을 갖고 있지만 대부분은 그냥 대화를 합니다. 사용자들이 어떤 문제를 겪고 있는가? 그 사람들은 무엇을 좋아하는가? 만약 우리 서비스를 더 이상 사용하지 않는다면, 우리 제품에 대해서 처음에 기대했던 점은 무엇이었나? 이런 걸 묻죠." 이런 대화들은 스타일시트가 A/B 테스트[6]를 사용해서 가설을 검증하도록 하는 데 일조했다.

4년 후에 레빈은 최초의 최소존속제품이 지금 제품과 얼마나 비슷한지를 확인하고 깜짝 놀랐다. 처음 6개월 동안 고객들과 가깝게 지내면서 배운 교훈들이 그들에게 제대로 된 방향을 제시해줬던 것이다. "이 과정 때문에 초반 개발은 좀 늦어졌습니다." 레빈은 이어서 말했다. "하지만 우리는 그것보다 훨씬 더 많은 시간을 다시 돌려받았죠."

사용 예시

컨시어지 MVP는 다음과 같은 경우에 좋다.

- 온라인 활동을 잘 하지 않거나 기술적으로 익숙지 않은 사람들을 대상으로 할 때

---

6 역주_ 마케팅 등에서 사용되는 비교 검정 방법으로, 한 가지 차이점 이외에는 동일한 두 개의 예시를 보여줌으로써 원래 예시와 변형된 예시 중 어느 것이 더 나은지를 판단하는 방법이다.

- 물류 부분에 대한 예측이 어려운 해결책
- 운영 부분에 대한 투자를 늘릴 때 비용이 많이 드는 해결책
- 각 개인 고객의 만족도가 경쟁우위가 되는 제품 또는 서비스

오즈의 마법사 MVP

오즈의 마법사 MVP의 경우, 고객에게는 완전히 작동하는 제품처럼 보이지만 사실은 사람이 수동으로 작동시키는 제품을 보여주게 된다. 컨시어지 MVP와는 달리, 고객은 사람이 수동으로 일을 한다는 것을 깨닫지 못하고 소프트웨어나 자동화된 프로세스로 처리된다고 생각한다.

소프트웨어 회사가 자신들의 제품을 좀 더 빨리 현지화할 수 있도록 하는 해결책을 만들려 한다고 상상해보자. 오즈의 마법사 MVP는 고객들에게 온라인 대시보드에 번역하려는 문장을 입력하는 기능을 제공할 수 있다. 하지만 자동 번역 대신 한두 명의 스페인어 가능자를 컴퓨터 앞에 앉혀놓고, 문장이 입력될 때까지 기다렸다가 실시간으로 빨리 번역을 하게 만들 수도 있는 것이다.

컨시어지 MVP와 마찬가지로, 이 해결책도 정량적인 측정은 불가능하다. 하지만 고객들이 여러분의 가짜 대시보드를 어떻게 사용하는지를 관찰할 수 있고, 번역의 품질과 속도에 대해 질문하고, 고객이 여러분의 서비스에 얼마를 지불할 생각이 있는지를 평가해볼 수 있다.

사례 연구: 포치닷컴

포치닷컴Porch.com의 CEO인 맷 엘릭먼Matt Ehrlichman은 이렇게 말했다. "우리는 주택 개조 시장을 관찰했고 적절한 해결책은 어떤 모습이어야 하는지에 대한 아이디어를 얻었습니다."

개발팀은 주택 소유자들이 바라는 것과 신규 고객 유치에 필요한 것 등 핵심 가정을 정하고, 가격 결정에 필요한 자료를 수집한 후에, 최소존속제품을 만들기 위한 준비를 시작했다. 원래 회사는 HelpScore.com이라는 이름으로, 주택 소유자들

에게 평가 시스템을 기반으로 자신의 집을 고칠 때 기정 알맞은 건축업지의 건문가를 찾는 일을 도와주고자 했었다.

팀은 오즈의 마법사 MVP를 만들었다. 웹사이트에 점수를 계산하는 알고리즘이 깔려 있는 것처럼 보이지만, 사실은 팀의 한 사람이 직접 조사를 하고 보고서를 작성하는 식이었다. 이 정보는 웹사이트에 게시되었고 개발팀은 고객들이 이 정보를 가지고 어떻게 상호작용하는가와 그들이 실제 집을 개조하는지 여부를 관찰했다.

가설이 반증되다

"우리는 주택 소유자들과 대화를 나누면서, 우리의 가설이 완전히 잘못되었다는 걸 알게 되었습니다. 점수는 전혀 중요하지 않았어요. 사람들이 우리에게 물었던 건 '내 친구나 이웃이 이 업자를 고용했던 적이 있나요?'였습니다. 주택 소유자들은 전문가의 이력이나 이전에 했던 작업들에 대해 알 수 있기를 원했어요. 그들은 입소문을 통한 추천을 원했습니다. 이 내용들이 우리를 전혀 다른 방향으로 이끌었죠."

최소 예외 제품

팀은 이름을 포치로 바꾸었다. 그리고 제품의 방향이 검증되었다는 자신감이 생길 때까지 몇 개월 동안 최소존속제품을 계속 만들었다. 고객의 이익을 최대화하기 위해 필요한 채널과 내용을 검증하는 방향으로 진행했다. "린은 낭비를 줄이는 것에 대한 내용입니다. 잘못된 길을 따라간다면 여러분의 시간과 에너지 대부분을 낭비하게 되죠. 이제 우리는 자료를 가지고 우리의 방향을 검증해왔고, 이에 자신이 있으며 옳은 길을 따라 더 깊이 투자할 수 있습니다. 우리는 고객들 눈에 띄지 않도록 자세를 바짝 낮춰서, 고객들이 주택 수리 전문가를 찾는 일에 더 좋은 결정을 내리기 위한 필요한 정보를 엄청나게 모았습니다. 우리는 잘 통하는 무언가를 갖고 돌아가기를 원합니다. 우리는 최소 '예외' 제품을 출시하기를 원하죠."

포치는 2013년 6월에 문을 열었고, 1500만 명 이상의 주택 개조 전문가에 대한 자료를 제공한다.

사용 예시

오즈의 마법사 MVP는 고객의 행동을 '있는 그대로' 검증하는 데 매우 훌륭한 방법이다. 사람이 손대지 않고도 마치 완벽한 제품으로 보이는 것을 고객에게 보여주기 때문이다. 그러므로 고객의 행동방식이 사람에 대한 공손함 때문에 왜곡될 걱정을 하지 않아도 된다. 여러분의 해결책이 유용하다면, 고객들은 사용해볼 것이다. 아니라면, 손대지 않을 것이다.

오즈의 마법사 MVP는 다음과 같은 경우에 좋다.

- 언젠가는 복잡한 알고리즘이나 자동화가 필요한 해결책
- 잠재적으로 민감한 문제가 생길 수 있는 분야(금융, 의료, 데이팅, 법률)
- 한쪽의 반응을 검증하기 위해서 다른 한쪽을 모방해서 실험할 수 있는 양면시장[7]

단일 사용 예시 mvp

단일 사용 예시 MVP는 '단일' 문제나 작업에 중점을 둔 기술의 일부나 제품을 말한다. 이 제품은 단일 가설을 검증할 수 있도록 해준다.

'작다'와 '조악하다'의 의미를 혼동하지 말기 바란다. 단일 사용 예시 MVP는 사용자 경험과 디자인을 무시하고 이런저런 기능을 가능한 한 빨리 만들어도 되는 물건이 아니다. (기억하라. 최소존속제품에서 '존속'의 의미는 고객에게 가치를 제공해야 한다는 것이다!)

고객 지원에 너무 많은 시간을 쓰고 있는 회사의 문제를 해결하고 싶다고 상상해보자. 단일 사용 예시 MVP는 일단 해결할 문제와 단일 채널을 결정해야 할 수 있다. 예를 들어 고객들이 '내 계정 삭제' 나 '청구서 주소 변경' 같은 관용구가 들어있는 이메일을 보내오면 이에 응답하는 준비된 이메일을 보내도록 할 수 있다.[8]

이 해결책은 측정이 가능하지만, 이것은 여러분이 계획하는 것의 일부일 뿐이다.

....

7 예를 들어 6장에서 본 LaunchBit이 있다. LaunchBit은 광고 네트워크와 함께 일하는 콘텐츠 제작자들 양쪽 모두에게 가치를 제공해야 하므로 양면시장에 속하는 기업이다. 광고 네트워크가 없다면 LaunchBit은 콘텐츠 제작자들에게 가치를 제공할 수가 없고, 콘텐츠 제작자들이 없다면 광고 네트워크에 가치를 제공할 수 없다.

8 역주_ '너무 많은 고객 지원 요청'이 해결할 문제에 해당하며, 단일 채널은 '미리 준비된 자동 이메일 회신'이 된다.

이메인 내용 중 관용 구기 없디면 쓸모기 없을 것이고, 케팅이나 통회 시에도 도입이 되지 않는다. 하지만 부분적 해결책이라도 고객들이 사용할 의사가 있는가를 검증할 수 있도록 해준다. 이 초기 고객들이 더 많은 기능을 요구하게 되면, 여러분이 다음에 만들 해결책에서 우선순위를 정할 때 이 요청들을 활용할 수 있다.

고객이 단일 사용 예시 MVP를 사용하면서 불평을 한다면, 그건 좋은 일이다. 그 고객들이 여러분의 제품에서 뭔가 가치를 발견했고 더 많은 가치를 제공하기를 기다리고 있다는 의미이기 때문이다.

만약 단일 사용 예시 MVP를 사용하는 고객들이 불평을 하지 않고 있다면, 이는 고객들이 더 많은 기능을 원한다는 의미가 아니다. 그 상황은 고객들이 잠재적 가치조차 발견하지 못하고 있다는 뜻이다. 이는 더 많은 기능을 제공한다고 해서 해결되는 문제가 아니다. 그 대신 왜 여러분이 중점을 둔 가설이 틀렸고, 어떻게 하면 고객이 원하는 방향으로 더 가까이 갈 수 있는지를 밝혀내야 할 시간이다.

사례 연구: 핫와이어

핫와이어는 난제에 직면하고 있었다. 핫와이어의 예약 사이트는 새로운 기능과 업무 흐름에 비해 10년은 뒤쳐져 있었다.

제품 관리자 크리스틴 미렌다Kristen Mirenda와 인터랙션 디자이너 칼 슐츠는 고객들이 hotwire.com에서 어떻게 상호작용을 하는지를 관찰한 이후 명확한 가설을 세울 수 있었다.

"핫와이어로 호텔을 예약하려고 했던 손님들은 예약 과정에서 예약을 포기하게 됩니다. 예약하려고 하는 호텔의 위치를 알 수 없기 때문이죠. 지도 중심으로 검색 결과를 보여주면 호텔 예약을 늘리는 데 반드시 도움이 될 겁니다."

하지만 저 작업을 위해서는 기존의 핫와이어 사이트를 엄청나게 변화시켜야만 했다. 그리고 그 누구도 하룻밤 사이에 저 정도의 엄청난 변화가 생기는 걸 편안하게 생각하지 않았다. 미렌다는 이렇게 설명한다. "핫와이어의 호텔 예약은 회사 이익에서 큰 비중을 차지하니까요."

미러 웹사이트에서의 지도 기반 검색 결과

그 대신, 미렌다와 슐츠, 그리고 선임 엔지니어였던 짐 테이^{Jim Tay}는 핫와이어의 기존 방문자 중 매우 적은 수의 사람을 대상으로 자신들의 가설을 실험할 수 있는 '미러^{shadow} 사이트'를 만들게 되었다.

관리팀이 만든 최소존속제품 버전의 웹사이트는 지도 기반의 검색 결과에 중점을 둔 사이트였다. "첫 번째 버전은 디자인이라고 할 게 없었던 데다, 사용자가 검색 결과를 정렬하거나 필터링하거나 심지어 새로고침도 할 수 없었죠. 이런 요소는 지도를 사용하는 데 중점을 두는 우리의 가설과는 전혀 상관없는 것들이었으니까요."

핫와이어의 일반 방문자 중 일부가 새로운 디자인의 페이지로 이동하도록 디자인되었다. 새로운 디자인의 사이트로 이동한 방문자들은 이 페이지에 피드백을 할 수 있는 링크가 포함되어 있음에도 불구하고 본인들이 새로운 디자인의 실험 대상이라는 점을 깨닫지 못했다(그림 7-1).

그림 7-1 핫와이어의 최소존속제품 첫 버전은, 기능은 부족했지만 지도 기반으로 검색 결과를 보여주는 것이 고객에게 더 좋은 경험을 제공하며 궁극적으로는 이익을 더 늘릴 수 있다는 가설을 증명했다.

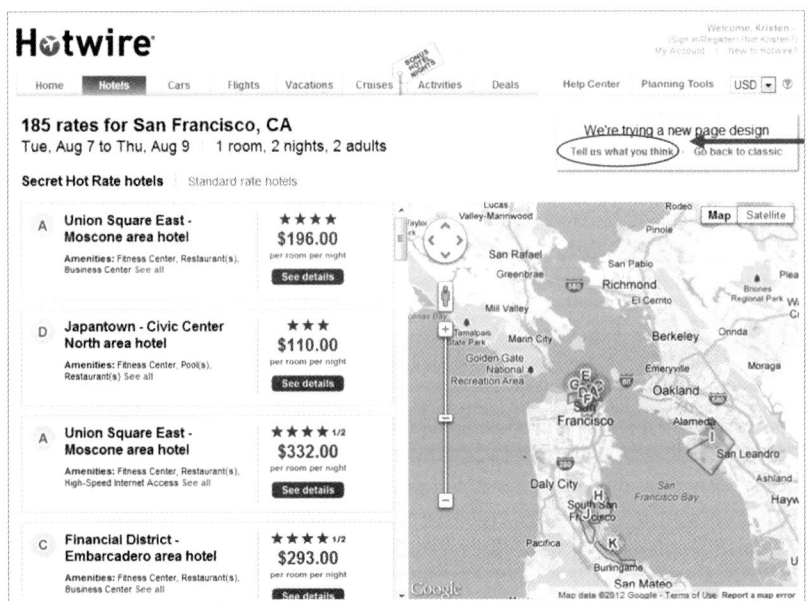

최소존속제품의 반복

테스트를 위해 임시로 만든 핫와이어 사이트에 대한 고객들의 피드백은 대부분 부정적이었는데, 그 부정적인 피드백은 큰 지도가 화면 가운데 있는 것 때문이 아니라 필터 기능과 정렬 기능이 없다는 부분에 집중되어 있었다. 그런데 사람들은 여전히 호텔을 예약하고 있었다! 지도의 비중이 커졌지만, 실험 그룹에서 다른 서비스로 전환한 비율은 17%로 낮아졌다. 최적화가 전혀 되어 있지 않고, 기능도 부실한 최소존속제품으로는 나쁘지 않은 성과였다.

고민점 해결을 위한 최소존속제품 개량

다음 반복 작업의 방향을 결정하는 데 충분한 양의 데이터가 모이자마자, 개발팀은 정렬과 필터 기능의 부재를 해결하는 데 집중했다. 각 버전이 성공적으로 작동하면서, 성능도 향상되었다. 또한 개발팀은 실험 그룹의 규모를 늘릴 수 있었고 실험 결과를 더 빨리 얻을 수 있게 되었다.

이런 성과가 있었음에도, 미렌다와 슐츠는 회사 내에서 이 변화를 받아들이도록 하는 데 약간의 투쟁을 감수해야 했다. 미렌다는 이렇게 설명했다. "첫 번째 튀이린 기법을 사용할 때, 우리는 실수라는 실수는 다 했죠! 실수를 한 번 할 때마다 우리는 다음번에는 어떤 일을 하면 안 되는지에 대한 가설을 판단했어요. 사람들에게 익숙한 일은 아니었죠. 고객들의 불평을 듣는 일에 익숙하지 않았어요. 그게 전체 사용률에는 영향을 주지 않는데 말이죠." 슐츠는 이런 이야기를 덧붙였다. "린 기법을 통해서 생기는 이득을 모두와 공유해야만 합니다. 사람들이 그 가치를 이해할 수 있게요."

새로운 사이트가 사람들을 모으다

서서히 새로운 핫와이어 사이트를 경험해본 고객의 비율이 50%를 넘었고, 새 사이트의 실적이 기존 사이트의 실적을 따라잡았다.

이제 핫와이어는 미국 고객과 외국 고객 양쪽에 지도를 기반으로 한 검색 결과를 제공하는 새 사이트를 적용했다. 개발팀이 최적화를 계속하면서, 예약 비율도 점차 늘었다. 핫와이어는 익스피디아의 자회사로, 2012년에 40억 달러의 이익을 기록했다.

사용 예시

단일 사용 예시 MVP는 여러분에게 한 가지 분야에 집중할 것을 요구한다. 그래야 더 빨리 만들 수 있을 뿐만 아니라, 유망고객에게 설명하기도 간단하다. 한 가지 일만 하는 새 제품이나 해결책을 시도해보는 것이 고객과의 마찰도 훨씬 적다.

단일 사용 예시 MVP는 다음과 같은 경우에 좋다.

- 방향 전환에 대해 검증할 필요가 있거나 파생제품을 만들려고 하는 기존 제품이나 회사
- 더 크고 복잡하며 비싼 제품이 독점하고 있는 시장에 진입하려고 할 때
- 제품이 어떻게 하면 고객에게 가장 큰 가치를 만들어줄 수 있을까를 검증할 때

타인 제품 MVP

타인 제품 MVP는 여러분의 아이디어를 검증하기 위해 기존에 있던 제품이나 서비스의 일부분을 활용하는 것이다. 이 방법은 몇몇 상황에서는 오즈의 마법사 MVP의 변형이다. 예를 들어 여러분의 고객에게 해결책을 소개한 후 그 해결책을 구동하기 위해 수동으로 경쟁자의 도구나 인프라를 사용하는 상황 등이 해당된다. 해결책을 더 빨리 만들기 위해서 기존의 API나 프레임워크를 사용하는 것도 포함될 수 있다.

타인 제품 MVP의 큰 특징은 아이디어를 더 빨리 배우고 검증하기 위해서 이미 그 문제를 해결한 경쟁자들에게 편승하는 것이다.

예를 들어 여러분이 택시 산업에 관한 문제를 해결하고 싶다면, 우버엑스의 운전자로 가입해볼 수 있다. 이렇게 하면 여러분의 사업을 위한 돈도 벌게 된다! 그리고 서비스의 어떤 측면이 중요한지를 빨리 배우게 되고 차별화를 위한 기회를 찾기 위해 고객들과 이야기해볼 수도 있다. 기존 제품의 마케팅과 인프라에 의지함으로써, 고객으로부터 배우기 위해 들어가는 비용을 엄청나게 줄일 수 있다.

사례 연구: 빙 오퍼스

"오후 네 시, 거래는 부진하다. 상인은 스마트폰을 꺼내서 거래를 체결할 수 있고, 여러분은 거래를 놓치지 않고 미리 알게 될 것이다."

엔지니어인 가이 샤힌Guy Shahine과 그 동료들이 지역 광고 지면을 빙Bing 검색 엔진에서 어떻게 활용할지에 대해 상상한 많은 기회 중 하나가 이것이다.

개발팀은 실시간 거래를 제공하는 플랫폼에 대한 비전이 있었다. 하지만 빙 오퍼스Bing Offers 팀은 앱을 개발하기 시작하자 곧 장애물을 만났다. 샤힌은 이렇게 말했다. "상인들은 사용자가 모이기 전까지는 앱을 쓰려 하지 않았습니다. 하지만 사용자들은 상인들이 참여하지 않는다면 거래를 하려고 앱을 설치하지 않겠죠."

장애물이 핵심으로 이어지다

저 깨달음이 팀을 첫 번째 핵심으로 이끌었다. 거래를 하기 위해 상인들을 끌어들이는 노력을 하는 것보다 리빙소셜, 옐프, 아마존 로컬 같은 경쟁자들의 거래에 편승하는 것이다. 샤힌은 이렇게 설명했다. "권유하는 건 쉬웠습니다. 우리는 단지 당신의 거래를 더 많은 사람들이 보도록 해드리겠다고 말했죠." 이 방법으로 빙 오퍼스 팀은 실제 고객과의 테스트를 몇 달이 아니라, 몇 주 안에 시작할 수 있었다.

고객이 거래를 더 쉽게 할 수 있도록 만들기 위한 기회

"사람들은 우리가 그들을 다른 거래 사이트로 보내자 혼란스러워했습니다. 그루폰 같은 다른 서비스에서 이미 겪었던 문제에 대해 불만을 이야기했어요. 할인 상품을 구매하고도 기간이 만료될 때까지 잊어버리거나, 데이트를 하러 가서 웨이터에게 할인을 받겠다고 말해야 해서 부끄러웠다는 것들입니다. 거래를 찾기 위해서 매일 사이트를 들어가야만 하는 것도 원하지 않았어요. 여기서 고객의 신용카드를 거래와 연동하면 더 나은 서비스를 제공할 수도 있겠다는 걸 깨달았습니다. 고객이 카드를 긁기만 하면 아무 마찰 없이 자동적으로 거래가 되는 거죠."

마이크로소프트에서 수년간 일해온 샤힌과 다른 사람들에게, 린 접근법을 시도해보는 건 새로웠다. "우리는 강한 제품 비전이 있었지만, 6개월 동안의 세부적인 계획은 없었죠. 우리는 2주의 짧은 주기를 바탕으로 모든 걸 했고, 두 주기 이상은 미리 계획하지 않았어요." 이 방법은 앱을 테스트하는 고객들로부터의 피드백을 바탕으로 팀이 반복 작업을 할 수 있도록 했다. 예를 들어 고객들은 자동 할인을 위해 신용카드 번호를 입력하도록 하자 이를 꺼려했다. "사람들은 우리가 뭔가 요금을 청구하려 한다고 생각하고는 설치를 멈췄죠." 이 점을 확인하자마자 신속하게 신용카드 번호는 요금 청구가 아니라 할인을 위해서만 사용된다는 점을 홈페이지에 명확하게 설명하도록 변경했다.

고객으로부터 계속 배우기

팀이 앱과 서비스를 만들어감에 따라, 다양한 방법으로 고객으로부터 지속적인 교훈을 얻을 수 있었다. 옴니추어Omniture, 크레이지 에그Crazy Egg 같은 분석도구, 유저보이스UserVoice 같은 피드백 도구, 그리고 직접 관찰 등의 방법이 있었다.

"요즘 저는 주말에 카페에 가서 사람들이 빙 오퍼스 앱을 갖고 놀도록 하고, 월요일에 고객들의 피드백과 함께 사무실로 출근합니다. 그러면 며칠 안에 최적화에 뛰어들 수 있죠." 이이 샤힌은 이렇게 말한다. "폭포수 방식과는 큰 차이가 있죠. 폭포수 방식은 한 무리의 설계자들이 설계를 검토하는 데 1년을 잡아먹고 나서 '이걸 만듭시다'라고 합니다. 이건 확실히 문화적 변화예요. 아직까지는 마이크로소프트에서 린 방법론을 점점 더 많이 채택하는 모습을 볼 수 있습니다. 더 많이 적용할수록 더 많이 배우게 되고, 일이 좀 더 재미있어집니다."

사용 예시

타인 제품 MVP는 경쟁자의 자원을 개발의 부품으로 사용해서 신속하게 가설을 검증하고 고객으로부터 교훈을 얻도록 해준다. 여러분이 투자해야 할 시간과 자원을 줄이는 것 뿐만 아니라, 여러분의 경쟁자에 대해 더 많이 배우도록 해주며 경쟁자에 맞서 영향력을 발휘할 수 있는 잠재적 이점을 찾아낼 수 있도록 해준다.

타인 제품 MVP는 다음과 같은 경우에 좋다.

- 이미 경쟁자가 자리를 잡고 있는 시장에 들어가는 경우
- 물류 부분이 예측하기 어려운 해결책
- 기술 자원이 한정적인 팀

최소존속제품을 만들었다. 이제 무엇을 하지?

이 장 처음에서, 가장 큰 위험요소를 식별하는 것이 중요하다는 이야기를 했었다. 유통, 제품 가치, 비즈니스 모델, 기능 등에 관해서 여러분에게 가장 어려운 질문들 중 일부라도 답을 얻는 데 도움이 되는 최소존속제품을 만들었기를 바란다.

필시 여러분의 가정 중 최소한 몇 가지는 실제 최소존속제품을 가지고 고객과 만났을 때 산산이 부서졌을 것이다. 고객들이 제품의 기능은 좋아하지만 여러분이 제시한 가격에 망설일 수도 있다. 또 잠재적인 가치 제안에 고객이 확신하지 못했을 수도 있다. 그럼에도 불구하고 좋은 소식은 최소존속제품을 만들기 전보다 여러분의 제품과 시장에 대해 더 많은 내용을 확실하게 알게 되었다는 것이다.

새롭게 얻은 지식으로 무장하고, 여러분의 가설을 다시 한 번 보라. 어떤 가설이 검증되었는가? 어떤 가정이 틀렸는가? 틀렸던 가설마다 그 가설이 왜 틀렸는지에 대해 무슨 정보를 얻었는가? 여러분은 이제 갱신된 정보를 바탕으로 좀 더 발전된 가설 집합을 구성할 수 있다.

몇몇 경우에는 다른 청중들을 대상으로 고객 인터뷰를 진행하고 싶을 수도 있다. 한편으로는, 여러분이 비즈니스의 다른 측면에 대해 배우는 데 도움이 되는 다른 종류의 최소존속제품을 고안하는 것이 더 적절할 수도 있다.

안타깝지만 "예, 여러분은 최소존속제품을 검증했고 그 제품은 성공할 겁니다"와 "아니요, 칠판으로 다시 돌아가세요"를 구분해줄 수 있는 마법의 선 같은 것은 없다. 여러분이 옳은 길로 가고 있다는 증거를 점차적으로 얻으며 나아가는 거대한 회색 지역이 있을 뿐이다.

이런 이유 때문에, 고객 개발이 완전히 끝나는 지점은 없다. 여러분이 '되돌릴 수 없는' 중대한 결정을 내렸다고 해도(서비스를 구축하고 있거나, 방금 기술자를 고

용했거나, 본업을 관두었거나), 지속적인 학습과 검증을 통해 도움을 받게 될 것이다.

다음 장에서는 이미 제품을 만들어 이익을 얻고 있고 고객들과 관계를 형성한 상황에서 고객 개발을 사용하는 방법에 대해 이야기하겠다.

요점 정리

- 최소존속제품을 만들때, 제품으로부터 얻는 가치를 고객들이 어떻게 측정할지를 생각해보라.
- 최소한을 유지하라. 모든 기능을 포함시키지 말라.
- 사전주문 MVP는 최소존속제품에 고객이 어떤 방식으로든 비용을 지불하도록 참여시킨다. 약속, 사전주문, 협약서, 파일럿 프로그램 한두 방식을 시도해보라.
- 청중이 만드는 MVP는 시장을 형성하는 데 도움이 된다.
- 컨시어지 MVP와 오즈의 마법사 MVP는 시장이 있음을 검증하기 위해서 수동으로 문제를 해결한다.
- 단일 사용 예시 MVP는 고객의 문제 중 일부를 해결하거나 제품의 기능 중 단일 기능에 집중한다.
- 타인 제품 MVP는 여러분 고객의 수요를 검증하면서, 여러분이 다른 사람의 아이디어에 편승할 수 있도록 해준다.

CHAPTER 8

이미 고객이 있다면,
고객 개발은 어떻게 작동하는가?

의학 산업에서는 18개월을 영업주기로 삼는다. 대부분의 의사들은 가차없고, 자신이
무엇을 원하는지를 분명히 표현하지 못한다. 만약 의사들과 반복되는 작업을 해야 한
다면, 그들은 여러분의 실수를 용납하지 않을 것이다.

_헨리 웨이, 애트나 건강보험 임상혁신 분야 선임 디렉터

유일하게 지속 가능한 경쟁우위는 아마 여러분의 경쟁자보다 더 빨리 배우는 능력밖
에는 없을 것이다.

_아리 드 호이스, 전 로열더치쉘 전략 기획 그룹장

여러분이 기존 고객이 많은 대기업에서 일한다면, 아마 린 고객 개발을 활용할 수
있는 기회가 없다고 생각할 것이다. 만약 새로운 아이디어에 대해 이야기하면 고
객들은 새로운 아이디어를 제품의 방향으로 가정해버리기 때문에 새로운 아이디
어를 갖고 고객 인터뷰를 할 수 없다. 고객은 내일 당장 제품을 사기를 원하거나
아이디어의 방향이 마음에 들지 않으면 화를 낼 것이다. 고객에게 보여줄 수 있는
게 아무것도 없는데 고객의 시간을 빼앗으며 수십 개의 질문을 할 수는 없다.

사실이다. 대기업에서의 고객 개발을 스타트업 기업과 똑같은 방법으로 실행할
수는 없을 것이다. 프로세스를 조금 조정할 필요가 있다. GE, 마이크로소프트,
애트나, 인튜이트, 그리고 미국 정부가 그랬듯이 말이다. 새로운 고객을 대상으로
일을 하거나 소규모 스타트업에서 일하는 리더라면 이 장은 눈으로 훑어보기만
하고 나중에 적절한 규모의 회사가 되었을 때 다시 읽어도 된다. 이 장에서 소개
하는 방법들은 꽤 보수적인 만큼 1장에서 7장, 그리고 부록에서 제공하는 방법처

럼 빠르게 학습하고 위험을 감소시키지는 못할 것이다.

이 장에서는 완고한 태도, 제약조건, 기업의 재력에 따라 이미 만들어진 기대를 갖고 있는 고객들을 대상으로 고객 개발 기법이 효과를 거둘 수 있도록 그 기법을 조정하는 방법에 대해 이야기할 것이다. 또한 적절한 목표 설정 및 편견을 줄이는 방법에 대해서도 이야기할 것이다. 설명하려는 내용은 아래와 같다.

- 최소존속제품의 개념을 어떻게 조정할 것인가
- 대화를 나눌 적절한 고객을 찾는 방법
- 새로운 제품을 원활하게 소개하는 방법
- 고객들이 제품을 실제로 어떻게 사용하는지를 배우는 방법

이 장을 마칠 때쯤이면, 여러분은 조직에서 어떻게 학습 효과를 최대로 높이고, 위험을 최소한으로 줄일 수 있는지에 대해 명확한 감각을 갖게 될 것이다.

최소존속제품 개념 조정하기

소규모 스타트업에서 통하는 방법이 여러분에게는 소용이 없을 수도 있다.

린 기법을 사용한 스타트업에 대한 블로그 글을 읽다 보면 트립어드바이저의 최고마케팅담당자 바버라 메싱Barbara Messing이 사용했던 방법 같은 것들을 듣게 될 것이다. 메싱은 특정 패키지 여행에 대한 관심도를 알아보려 사이트에 이 여행 패키지를 광고하는 배너를 달았다. 만약 사람들이 배너를 클릭하지 않으면, 계속 진행할 가치가 없는 상품인 것이다. 고객들이 배너를 클릭하면, 404오류(페이지 찾을 수 없음)를 보게 된다. 배너를 클릭하는 사람 수가 충분하면, 트립어드바이저는 그 여행 패키지를 만든다.[1] 고객의 요구를 파악하기에 효과적이고 저렴한 방법이지만, 만약 여러분 사이트에서 같은 방법을 사용하는 게 불편하게 느껴진다면, 여러분의 기업은 소규모가 아닐 것이다.

---

1 https://hbr.org/2013/03/four_ways_to_market_like_a_sta

빠가신 부분이 없노록

만약 기존 제품이나 웹사이트에 정상적으로 작동되지 않는 기능을 추가한다면, 사용하기 더 어렵게 만드는 것일 뿐만 아니라 그에 대한 보상도 줄이게 된다. 신용과 신뢰성을 바탕으로 여러분의 제품을 평가하는 고객들에게, 잘못된 링크나 막다른 페이지는 이런 걱정을 하게 만들 수 있다. "이 제품에서 내가 신뢰하지 못하는 부분은 또 뭐가 있지?"

예를 들어 몇 년 전 나는 디자인 변경을 막 끝낸 금융서비스 애플리케이션에 대한 사용성 테스트를 관리하고 있었다. 고객 응답은 예상 외로 형편없었고 이유를 찾을 수 없었다. 한 참가자가 내게 말했다. "난 이 웹사이트를 절대 사용하지 않을 겁니다."

왜 안 쓰겠다는 걸까?

그는 화면 제일 아래를 가리키며 "여기엔 개인정보 처리방침 링크가 없어요"라고 말했다.

'내가 개인정보에 집착하는 미치광이하고 이야기를 하고 있었나?'라는 생각을 하며 그 사람에게 물었다. "웹사이트를 사용하기 전에 개인정보 정책을 읽어보는 게 고객 분에게 얼마나 중요한가요?"

그는 난처한 표정으로 날 보더니, 이렇게 말했다. "내가 아는 건, 은행 웹사이트 제일 아래에는 일반적으로 작은 자물쇠 모양 그림과 개인정보 링크가 있어야만 하고, 그렇지 않으면 그 사이트를 사용해서는 안 된다는 거예요."

실수로 신뢰성을 나타내는 요소를 하나 누락함으로써 부주의하게 제품에 대한 고객들의 반응을 오염시킨 것이다. 다음 참가자가 오기 전에, 나는 데모 페이지에 재빨리 자물쇠 이미지와 가짜 개인정보 처리방침 링크를 추가했다. 고객의 피드백은 강한 부정에서 긍정으로 즉시 뒤집혔다.

여러분이 독립적인 데모 버전을 만들고 있다고 해도, 엄격한 표준을 갖고 있는 고객들을 상대하게 될 수도 있다. 나는 파워포인트 슬라이드에 있는 한 개의 오타 때문에 화를 내는 경영진을 만나본 적이 있다. 스타트업 세계에서는 "만약 여러분이 첫 번째 버전에서 망신을 당하지 않았다면, 출시할 때까지 오래 기다려야만 할 것이다"라는 말을 여기저기서 많이 듣게 된다. 하지만 대기업의 세계에서는, 첫 번째 버전에서 망신을 당하면 두 번째 버전을 보여줄 기회조차 없을지도 모른다. 오탈자 점검, 이미지 정리, 사이트 링크가 깨지지 않았는지 점검하는 데 시간을 투자하라.

매력적이지만 가짜

한편 프로토타입이나 데모 제품을 너무 보기 좋게 만들면 고객들은 이 제품이 이미 완성되었다고(아니면 완성 과정에 있다고) 생각할 수도 있다. 이렇게 되면 고객들이 새 버전을 기다리면서 구매나 업그레이드를 미루게 될 수도 있는데, 이런 상황에서 여러분의 가설이 옳지 않다는 것이 검증되고 결국 제품이나 기능을 만들지 않기로 결정하면 어떻게 되겠는가? 결국 고객들이 실망하고 화를 내는 것으로 끝나버릴 수도 있다.

스케치를 사용하라

고객이 원하는 것이 무엇인지를 찾아내기 위해 연구를 하고 있다는 점을 명확하게 설명하고, 지금 보게 될 내용들은 변경될 것이라는 점을 반복해서 말해줘도, 심리적으로 이미 본 것을 잊어버리기는 어려운 일이다. 이런 위험성을 타개하는 방법은 확실히 가짜임을 알 수 있는, 그러나 보기에는 좋은 형태의 모형을 만드는 것이다. 일관성 있고 명확하지만 만화같이 보이는 스케치를 빨리 만들어내는 발사믹[2] 같은 프로그램을 사용할 수도 있다. 어느 누구도 발사믹으로 만든 스케치를 완성된 제품으로 보지는 않을 것이다(그림 8–1).

---

2 역주_ https://balsamiq.com

그림 8-1 발사믹은 대략적인 레이아웃과 상호작용을 스케치하지만 실제 작동하는 비전으로는 보이시
않는다.

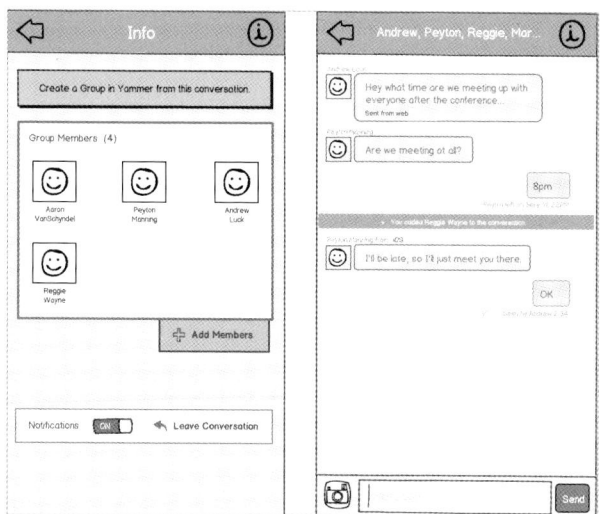

다른 도메인을 사용하라

좀 더 높은 수준의 이미지를 보여줘야 한다면, 다른 도메인 이름과 브랜드를 사용하는 방법도 있다. 여러분의 가짜 도메인이 회사 디자인과 비슷해 보이지 않는 한 우아하고 잘 디자인된 것처럼 보여도 된다. 요들과 키스메트릭스에서, 우리는 프로토타입을 테스트하기 위해 대체 도메인을 사용했다.

최소보다는 존속

기존 고객이 있는 기업은 스타트업과는 다소 다르게 최소존속제품을 정의할 필요가 있다.

애트나는 제품 개발에서 '최소 판매가능 제품'이라는 단어를 사용한다. 그리고 야머는 '존속'이라는 단어를 강조한다. 제품과 고객이 잘 화합되는 경험을 만들기 위해 제품의 최소 범위를 조금 넓게 정의하는 것이 필요하다.

스타트업의 경우는 다르다

스타트업에서 최소존속제품은 가망 고객의 주관적인 반응을 유도할 수 있을 정도의 최소한으로 만든 제품이다. 그 이유는 신생기업은 이미 정착한 기업보다 더 다양한 위험을 마주하기 때문이다. 스티브 블랭크가 말했듯이 "창업 1일, 스타트업에는 고객이 없다. 그저 추측을 기반한 믿음으로 만들어진 조직일 뿐이다."[3] 스타트업에 처음 닥치는 위험은 "이 아이디어에 대해 답을 해줄 정도로 신경을 쓰는 사람이 있을까?"이다. 링크를 클릭하거나 웹 페이지를 스크롤하는 것같이 작은 관심의 표현은 스타트업이 의지하기에는 부족한 반응이다.

트립어드바이저 같은 경우는 배너 광고를 들 수 있다. 배너를 클릭하지 않는 것은 중립적인 반응이다. 잠재적 상품을 알아채지 못할 정도로 사람들이 관심이 없다는 것을 보여준다. 한편, 배너를 클릭해도 여러분이 알 수 있는 내용은 제한적이다. 사람들이 광고가 있다는 사실을 알았거나, 상품에 대해 궁금해한다는 점을 알려줄 수는 있어도, 여행을 예약하거나 신용카드를 사용한다는 구체적인 사실에 대해 알려주지는 못한다(그림 8-2).

그림 8-2 버진 아메리카 항공의 기내 엔터테인먼트 기기에서 '읽기' 버튼을 눌렀을 때의 결과. 버진 항공으로서는 고객이 책 읽기를 원해서인지 아니면 그냥 지루해서 버튼을 눌렀는지 알 방법이 없다.

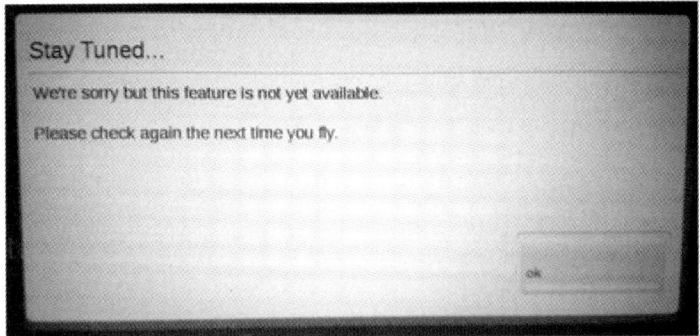

---

3 http://steveblank.com/2012/05/14/9-deadliest-start-up-sins/

누군가가 신경을 쓴다는 걸 알고 있다

만약 여러분에게 기존 제품이나 고객이 있다면, 이미 여러분은 "누가 이걸 신경 쓰는가?"에 대한 위험을 어느 정도 완화시킨 것이다. 고객이 최소한 어느 정도 제품이나 서비스에 신경 쓴다고 가정할 수 있다. 그렇다면 여러분은 최소존속제품에서 무엇인가를 더 배워야만 한다.

현재 마이크로소프트의 일부가 된 야머는 최소존속제품을 '고객에게 가치를 제공하고 특정 상황에서 사람이 어떻게 행동하는가를 배우기 위해서 만드는 제품의 최소 부분'이라고 정의한다. 하나의 '최소 존속 기능'은 고객이 하나의 상호작용을 마칠 수 있도록 한다. 우리는 고객들이 되돌아와서 그 상호작용을 반복하는지를 측정하기 위해서 정량적 통계 분석을 사용할 수 있다. 또는 사용자가 이 기능에 대해서 어떤 느낌을 받는지를 알기 위해 정성적 사용자 연구를 사용할 수도 있다. 대개 가장 성공적인 접근법은 두 가지를 함께 사용하는 것이다.

야머에서 성공적인 최소존속제품의 역할은 "이 아이디어는 좀 더 진행해볼 만한 가치가 있는데, 그 이유는 이렇다"라는 결론을 내릴 수 있게 해주는 것이다(또는 "이 아이디어는 더 진행할 필요가 없을 것 같은데, 그 이유는 이렇다"라는 결론을 내거나).

최소에서 조금 더: 사용자의 좌절이 아닌 불평

만약 고객이 실망하거나 좌절한다면, 충분한 최소존속제품이 아니다. 그러나 고객이 불평을 한다면, 그건 좋은 일이다.

> 불평은 관심의 표시이다. 불평을 한다는 건 고객이 이 제품을 계속 사용하기 위해서 개선을 원할 만큼 제품의 가치를 충분히 느꼈다는 것을 보여준다.

'최소한'에서 멈출 수 없는 사람들을 주의하라

만약 제품 관리자나 디자이너가 "하지만 만약에…?"라는 사용 예시들을 더 붙이기 시작한다면, 이것은 명백하게 '최소한'이라는 범위를 벗어나는 것이다. 일반적으로, 린 스타트업 원칙에 익숙하지 않은 제품 관리자와 디자이너는 최소한에서 멈추는 것에 익숙하지 않다. 그들은 완벽하게 동작하는 제품을 충분히 생각하고 나서 설계하는 데 익숙해져 있는데, 이런 사람들에게 최소 버전은 불편하다. 사실, 누구나 최소 버전을 불편하게 느낀다.

다음 사례는 최소 기능과 종합적 기능을 조심스럽게 구분해본 것이다. 야머에서 가벼운 협업용 편집 기능을 소개했을 때, 우리는 전체 기능을 만들기 전에 두 가지의 질문에 답할 수 있기를 원했다. 사람들이 이 기능을 사용할까? 그리고 이 기능이 고객들에게 편안하게 느껴지고 가치를 제공하는가?

이런 질문들에 답하기 위해서, 우리는 다음과 같은 몇 가지 핵심 과업을 위한 완벽하고 연속적인 작업 흐름을 제공할 필요가 있었다.

- 문서 만들기
- 문서 편집하기
- 공동 편집을 위해 다른 사람을 초대하기
- 각 참가자별로 편집 내용을 구분하기
- 변경사항 저장하기

첫 번째 버전에서 많은 추가기능이 제외되었다. 삭제 기능과 버전 관리 기능이 없었고, 문서를 이메일로 보내거나 공유할 방법도 없었다.

만족스럽지 않은 버전이었다! 그 누구도 기록을 만들 수는 있지만 지울 수는 없다는 아이디어를 좋아하지 않았다. 하지만 우리는 가장 큰 위험은 어떤 사용자도 이 편집 기능을 사용하려 하지 않는다는 것임을 깨달았다. 아무도 문서 편집 기능을 사용하지 않는다면, 삭제하거나 공유할 문서 자체가 없게 된다. 삭제 기능이 없는 것은 사용자를 짜증나게 만들었지만, 이런 사실들은 사용자들이 기능을 써보고 난 후에야 발견할 수 있는 것이다.

이런 기능들은 제품의 완성도를 높이기 위해 필요하지만, 잠재적 가치를 제안하기 위해서는 필요하지 않다. 잠재적 수요가 검증되고 난 후에 더 상세한 사용 예시를 만드는 추가적인 노력을 해야 한다.

최소존속제품에 대한 일반적 반론들

마이크로소프트의 여러 팀에서 최소존속제품을 만드는 관행을 받아들이는 과정에서 나는 여러 종류의 일반적 반론들을 접할 수 있었다.

반론: 우리 고객은 기대 수준이 높기 때문에 최소존속제품을 보여줄 수가 없다.

응답: 최소존속제품을 보여준다는 것은 고객에게 불완전한 경험을 제공한다는 의미가 아니다. 디자인과 기능성은 고품질일 수 있다. 다만 사용 범위를 일부만 제공하는 것이다. 만약 우리의 가설이 옳다면, 지금 현재는 가치를 일부만 제공하고 있는 것이고, 나중에 더 많은 가치를 더할 것이다. 가설이 옳지 않다면, 가치가 없는 큰 기능 대신 작은 기능만을 제공해보고 마무리 지을 수 있을 것이다.

나는 마이크로소프트 내부 팀과 이야기를 할 때는 실제로 '최소존속제품'이라는 단어를 전혀 쓰지 않는다. 수준 이하의 제품을 의미하는 약어가 아니라는 걸 설명하는 데 너무 오래 걸리기 때문이다. 그 대신에, 우리가 하는 일을 제품 품질이 아니라 아이디어의 검증에 중점을 두는 '가설 주도 개발'이라는 개념으로 정리한다.[4]

반론: 우리는 모든 플랫폼을 지원해야만 한다.

응답: 만약 안드로이드에서만 작동하는 기능을 만들었는데 아무도 그걸 사용하지 않을 경우, 이 쓸데없는 기능이 아이폰과 윈도 폰 그리고 맥OS와 윈도우 8에서는 작동하지 않는다고 안타까워해야 하는가? 그 기능의 테스트 결과가 좋다면, 다른 플랫폼에서도 사용할 수 있도록 빨리 추가하면 된다.

반론: 우리는 수백만 명의 사용자를 대상으로 해야만 한다.

응답: 우리 고객 기반의 일부를 대상으로 제품을 검증할 것이다. 만약 수천 명의 고객이 제품에 접속한다면, 그만큼의 인원을 수용할 수 있을 정도의 고성능이면 된다. 고객이 절대 구매하지 않을지도 모르는 제품에 엔지니어를 많이 배치하는 건 낭비다. 우리가 고객의 수요를 검증했다고 볼 수 있다면, 전체 고객에게 제품

---

4 다음 링크는 신디 앨버레즈와 책임 프로그램 매니저인 이선 거-레슈(Ethan Gur-esh)의 2013년 린 스타트업 콘퍼런스에서의 대담으로 마이크로소프트에 어떻게 린 원칙을 적용시키느냐에 관한 내용이다. http://www.youtube.com/watch?v=nD-JLrza1KU

을 공개하기 전에 성능을 향상시켜서 고객 전원을 수용할 준비를 할 수 있다.

반론: 고객을 만족시키는 소규모 기능 집합이라는 건 없다.

응답: 이번 일이 우리가 앞으로 하게 될 유일한 일이 아니다. 최소한의 시간 투자로 가장 큰 가치를 제공할 수 있는 방법이라는 관점에서 생각해보자. 다른 기능에 비해 더 많은 고객이 사용하는 기능이 있는가? 일주일에 한 번 또는 그보다 낮은 빈도로 사용되는 기능 말고 매일 사용되는 기능이 있는가? 절대적으로 우선순위가 높은 기능부터 시작함으로써 우리의 아이디어를 더 빨리 검증하고 고객으로부터 교훈을 얻을 수 있다. 만약 고객이 존재하지 않는 기능을 요청하면, 그 요청 내용들은 어떤 순서로 다음 기능을 만들 것인지 우선순위를 정하는 데 도움이 된다.

내 경험상 이런 응답들은 대화를 계속 이어가는 데 도움이 된다. 이런 답변을 준비한다고 해도 제품 개발팀이 성공적으로 최소존속제품을 만들 수 있을 것이라는 보장이 없더라도 말이다.

대기업은 고객 개발을 실행하는 데 방해가 되는 상황들을 극복하기가 매우 어렵다. 그래도 작은 성공 하나가 다음 프로젝트 팀에서 더 나은 제품을 만들고, 위험을 감소시키는 개발 방법을 만들 수 있다는 증거가 될 것이다.

적절한 고객 찾기

3장에서는 피드백을 주는 데 열심인 고객인 '초기 지지자'에 대해 이야기한 바 있다. 이들은 고민점이 매우 커서 여러분 해결책의 가장 기초적인 버전이라도 사용해보려 한다. 초기 지지자들은 스타트업이 아무것도 없는 데서 시작하여 제품이 실제로 출시되는 데까지 결정적인 도움을 주지만, 이후에도 가장 가치 있는 고객인가 여부는 또 다른 문제이다. 일단 제품을 출시하고 고객을 확보하기 시작하면, 고객 중에 누가 가장 열정적이고 가치 있는 고객인지를 재평가하는 것이 매우 중요하다.

그렇다면 누가 여러분의 최고 고객인가? 아마 초기 지지자들이나 가장 비싼 액수

이 수표를 써준 사람들, 절대 불평하기 않는 사람들, 제품에 가장 큰 영향을 준 사람이거나 브랜드를 가장 잘 알아보는 사람들이라고 생각할 수도 있다. 하지만 이는 최고의 고객이 누구인가를 알아내는 데 적절한 방법은 아니다(어떤 회사이든, 심지어 고객 개발을 하지 않는 회사라도 마찬가지이다).[5]

잘못된 고객을 찾음으로써 적절한 고객을 찾는 법

잘못된 종류의 고객을 선택했을 때 일어났던 일을 말함으로써 적절한 고객을 고르는 일이 얼마나 중요한지를 설명하려고 한다.

요들에서 나는 상당히 보수적인 고객에게 새로운 유망 제품 아이디어의 데모를 보여주는 실수를 저질렀다. 이런 일은 정말 흔하게 발생할 수 있는 오해이기 때문에, 당시에 우리가 어떻게 생각하고 있었는지를 그대로 써보겠다.

> 저 사람들은 최고 수준의 고객들이다. 우리가 저 사람들의 수요를 만족시키고 피드백을 받아들이면, 저 고객들은 강력한 참고 고객이 되어 다른 고객들을 끌어들일 수도 있을 것이다. 저들은 (우리 서비스에 대한) 업그레이드를 뒤늦게 하곤 했지만, 그건 아마도 우리가 뭔가 매력적인 걸 주지 않기 때문일 것이다. 저 사람들에게 우리의 아이디어가 어떻게 발전했는지를 보여주고 다시 흥미를 갖도록 만들자!

저런 생각으로 만든 데모들은 잘 통하지 않았다. 고객들은 새로운 아이디어를 수용하지 않았고, 유용한 답변 또한 얻을 수 없었다. 고객과의 관계에는 더 나쁜 영향을 미쳤다. 고객들은 자신들이 가치를 얻고 잘 사용해왔던 제품에서 우리가 등을 돌리게 될 것을 두려워했다. 고객들은 우리가 혁신을 위한 에너지를 다른 곳에 쏟아버리는 사이 자신들은 더 이상 발전이 없는 제품에 갇혀버리게 될까 봐 불안해했다. 이후에 우리는 이 피해를 수습하기 위해 엄청난 시간을 써야만 했다.

그때 나에게 더 적절했던 방법은 거래처 담당자들과 협업하는 것이었다. 변화를

---

5 다음 링크는 겉보기에는 최고의 고객처럼 보이는 사람들이 그렇지 않은 이유와 이로운 고객은 어떤 사람인가를 더 자세히 다룬 내용이다. http://www.cindyalvarez.com/decisionmaking/your-best-customers-probably-arent

편안하게 느끼는 고객은 누구인가? 우리와 자주 만나는 고객(불평을 자주 하더라도)은? 우리의 향후 제품 방향에 대해서 자주 묻는 고객은 누구인가? 나는 이 고객들에게 연락을 하고, 우리가 새로운 방향을 개척하려고 하며 그들로부터 무엇인가를 더 배우고 싶다고 설명했어야 했다.

이와 비슷한 방법으로 가입자 과금 시스템 제공자인 리컬리Recurly는 고객 지원팀의 통찰을 활용한다.

"지원팀은 어떤 고객이 베타테스트를 잘 받아들이고 특정 기능에 관심이 있는지를 알고 있기 때문에, 지원팀에 초기 프로토타입을 보여주기도 하고 지금 제품을 어떻게 사용하는지를 관찰하기도 하죠."

여러분의 제품 없이는 살 수 없는 사람들을 찾으라

거래 규모나 브랜드 인지도를 바탕으로 고객을 선택하는 것보다 주변에서 이미 맺고 있던 관계를 바탕으로 고객을 선택하는 것이 더 적절한 접근법이었다. 하지만 관계의 질은 측정 기준으로 적합하지 않다. 많은 제품과 서비스는 이 기준이 해당되지 않는다. 대량생산 제품, 다수 서비스, 패키지 소프트웨어, 그 외에도 수많은 종류의 비즈니스가 고객과 정기적인 의사소통을 하지 않기 때문이다.

최고의 고객은 여러분의 제품에서 가장 큰 가치를 얻는 사람들이다. 퀄라루Qualaroo의 CEO인 숀 엘리스Sean Ellis는 가장 열정적인 사용자를 찾아내기 위해서 간단한 설문조사 세트를 개발했다. http://www.survey.io에서 무료로 8개 질문으로 구성된 설문조사를 만들 수 있다. 하지만 가장 핵심적인 질문은 하나다. 만약 당신이 우리 제품을 더 이상 사용할 수 없다면 어떤 기분이 들겠습니까?[6] (그림 8-3)

----

6 내 경험상 "여러분이 더 이상 '제품'을 사용할 수 없다면 얼마나 실망하게 될까요?"라고 부정적인 표현을 사용하여 묻는 것이 같은 질문을 긍정적인 표현으로 하는 것보다(제품에 얼마나 만족하십까?/점수를 준다면 몇 점을 주시겠어요?) 훨씬 더 효과적이었다. 그 이유는 '손실 회피'라고 불리는 현상 때문인 것 같다. "손실 회피는 우리 것이라고 느끼는 무엇인가(예를 들어 돈)를 잃을 때 생기는 실망감이 우리가 같은 금액의 돈을 얻었을 때의 행복감보다 더 크다는 간단한 아이디어입니다." 『댄 애리얼리, 경제 심리학』(청림출판, 2011)을 참고하라.

그림 8-3 http://survey.io에서 숍 엔리스가 만든 '얼마나 신망하셨습니까' 설문

> **만약 린 고객 개발을 더 이상 사용할 수 없게 된다면 어떤 기분이 들겠습니까?**
>
> ○ 매우 실망함
>
> ○ 약간 실망함
>
> ○ 실망하지 않음 (사실 그리 유용하지 않음)
>
> ○ 해당 없음 – 이미 린 고객 개발을 사용하지 않음
>
> 왜 이 답을 선택하셨는지 저희가 이해할 수 있도록 도와주십시오(아래에 적어주십시오).

'매우 실망함'이라는 답을 고르는 사람을 찾으라. 이 고객들이 바로 여러분이 연락을 해서 교훈을 얻어야 하는 사람들이다.

그들이 고객 중 가장 열정적인 사람들이며, 여러분을 단순한 판매자가 아닌 파트너에 가깝게 생각하는 사람들이다. (이 사실은 기업 제품에만 적용되는 내용이 아니다. 주변 사람들에게 열정적으로 자신의 단골 정육점이나, 가장 좋아하는 에너지 드링크, 훌륭한 음악 검색 기능 서비스를 추천하는 친구를 생각해보라.)

야머 분석팀은 가장 열정적인 사용자를 찾아내기 위해 데이터를 사용했다. 분석팀이 응답을 잘 하며 열정적으로 참여하는 사람들을 상위 1%에서 10%까지 분류하면, 사용자 연구팀이 순수추천고객지수(NPS)[7]를 수집하기 위해서 표본조사를 했다. 이뿐만 아니라 야머 서비스를 어떻게 사용하는지, 근무 환경은 어떤지, 그리고 야머가 어떻게 고객들의 삶을 더 좋게 만드는지에 대해 배우기 위해 고객 인터뷰를 실시하였다.

> ### 여러분의 최고 고객은 단절을 싫어한다
>
> 여러분은 기존 제품을 새로운 방향으로 이끌어가려고 한다.
>
> 기존 제품과는 다르면서 더 나은 가치를 제공하는 새 제품을 출시하려 한다.

---

7 역주_ 충성도가 높은 고객을 얼마나 보유하고 있는지를 나타내는 지표

여러분은 가장 먼저 최고의 고객을 찾아야겠다고 생각했을 것이다. 즉 수년간 여러분의 제품을 충성스럽게 사용해온 사람들이다. 결국, 누가 문제공간[8]을 더 잘 이해할지에 대한 해답을 구하는 것이다.

여러분의 생각은 옳기도 하고 그르기도 하다. 장기 고객은 객관적 질문에 답을 주고, 참고할 만한 정보를 제공하며, 다른 유망고객에게 우리 제품을 친절하게 소개하기도 한다. 하지만 장기 고객의 경험과 수요는 새로운 고객 또는 주류 고객의 그것과는 철저하게 달라지는 경우가 종종 있다.

차이가 생기는 이유는? 장기 고객들은 여러분의 기존 제품에 대해 학습하는 데 엄청난 노력을 투자했기 때문이다. 기존 제품에 부족한 부분이 있다고 해도, 그들은 이미 차선책을 마련해두었고 지금 있는 제품에 맞춰서 자신의 프로세스를 정립했다. 이런 이유 때문에, 충성 고객은 기존 제품의 단절에 엄청나게 저항한다.

하버드 경영대학원 마케팅 교수인 존 거빌John Gourville은 이렇게 썼다. "1888년 코닥은 전문 사진가와 고급 아마추어 사진가들을 첫 코닥 카메라의 목표 고객으로 하는 대신에, 카메라를 처음 구매하는 사람을 대상으로 광고를 실시했다. 기존 사용자들 사이에 이미 확립된 행동방식을 바꾸기보다는 비사용자들의 행동양식을 바꾸는 데 노력했던 것이다. 사실 전문 사진가들과 고급 아마추어 사진가들은 코닥의 카메라에 원성이 많았는데, 주된 이유는 코닥 카메라가 그들이 겪어보지 못했던 이점들(예를 들어 쉬운 사용, 편리함)을 제공하고 그들이 현재 상태에 머무르도록 하는 이점들(예를 들어 배타성, 명성)을 희생시켰기 때문이다."

이것이 150여 년 전에 있었던 훌륭한 고객 개발 기법의 증거이다!

물론, 내가 코닥에 관한 인용문을 고른 건 이유가 있다. 훌륭했던 시작에도 불구하고 코닥은 최근 수십 년간 확실히 자멸의 길을 걸었다. 코닥의 엔지니어인 스티브 새슨Steve Sasson은 1975년에 최초의 디지털 카메라를 발명했지만, 코닥은 기술의 흐름을 뒤쫓는 데 실패했고, 이윤을 내던 필름 카메라 비즈니스에서도 단절을 초래했다.[9] 결국 코닥은 2012년에 파산을 선언했다.

---

8 역주_ 문제에 대해 어떤 한 해법을 찾으려고 방황하는 일종의 심리적 미로

9 코닥은 고객 개발에 조직 전체가 전념하지 않았다. "디지털 카메라 기술에 전혀 투자를 하지 않았으며, 또한 회사 주변의 시장 환경, 관련 기술, 고객이 자신의 사진을 통해 상호작용하고 싶어 하는 새로운 방법에 대해 심각하게 잘못 이해했다." (http://mashable.com/2012/01/20/kodak-digital-missteps/)

고객은 미법의 단어를 말한디

나는 가장 열정적인 고객이 사용하는 단어들이야말로 다른 사용자로부터 바로 응답을 이끌어낼 수 있는 가장 적절한 단어라는 사실을 항상 경험하고 있다. 고객이 사용하는 단어는 마케팅팀이 사용하는 단어와 같지 않다. 고객은 기능에 대해 이야기하지 않는다. 고객은 자신이 얻게 될 이점, 제품을 사용하면서 받는 느낌, 여러분의 제품이 대체하는 것, 자신들의 삶이 얼마나 더 좋아졌는지를 이야기한다. 이런 단어들을 다른 유망고객에게 들려주면 반응이 있을 것이다.

린 캠프Leancamp의 창시자 살림 비라니Salim Virani는 고객에게 세 가지 위대한 질문을 던진다.

- 저희를 추천하실 의향이 얼마나 됩니까?
- 저희를 누구에게 추천하시겠습니까?
- 저희에 대해 다른 사람들에게 이야기한다고 상상해보죠. 저희를 어떻게 설명하시겠습니까?

두 번째 질문이 핵심이다. 목표 고객에 대한 고객의 관점과 여러분의 관점이 다르다면, 그 이유를 찾아내야 한다! '이야기하다'를 강조하는 것도 중요하다. 사람들이 자연스럽고 편안한 태도가 되도록 해주기 때문이다.

비라니는 "나는 고객들의 표현을 광고, 헤드라인, 광고 문구를 통해 테스트하는데, 대부분 이때 상당수의 고객 증가가 일어난다."[10]

진정한 고객 정보

고객이 제품을 설명하기 위해 선택한 단어는 여러분이 제품을 더 많이 파는 데 도움이 될 수 있다.

고객들이 언급하는 기능(또는 언급하지 않는 기능)은 여러분이 향후 제품 개발에서 어디에 우선순위를 두어야 할지 결정하는 데 도움이 될 수 있다.

---

[10] http://www.saintsal.com/2012/10/a-simple-way-to-truly-understand-why-your-customers-buy/

정식 설문조사를 할 필요는 없다. 어떤 것이든 고객과의 상호작용이 끝날 때, 고객에게 이렇게 질문할 수 있다. "이 제품을 어떻게 설명하시겠습니까?" 나는 데모 시연이나, 고객 지원 이메일, 사용자 테스트 세션 등이 끝날 때 이 질문을 계속해왔다. 콘퍼런스에서 고객과 마주쳤거나 평소에 제품을 사용하는 사람을 봤을 때도 이 질문을 할 수 있다. 심지어 나는 우리 회사에 입사하기 위해 면접을 보는 사람에게도 이 질문을 한 적이 있다! (고객과 상호작용을 하면서 간단한 고객 개발을 수행하는 방법에 대해 더 알아보려면 9장을 참고하라.)

고객이 어떻게 여러분의 시장 위험을 낮추는가

대부분의 제품에서 가장 큰 위험은 무엇인가? 우수하지 못한 제품이 아니다. 고객이 제품을 써보고 싶다는 생각을 하지 못할 정도로 관심이 없는 게 문제다.

고객들은 제품을 실제 사용해보기 전에는 제품에서 가치를 얻기 어렵다. 수백만 개의 다른 제품과 경쟁하고 있는 상황에서, 고객의 관심을 얻기란 매우 어렵다. 여러분의 제품이 엄밀히 따져보면 가장 좋은 제품일 수도 있지만, 다른 제품들이 전부 똑같은 내용을 주장하는 상황에서는 그게 무슨 소용이겠는가?

고객 개발은 여러분이 목표 고객의 고민점을 이해하고 해결책을 제안할 수 있도록 해준다. 하지만 여러분의 제품이 고객에게 어떤 '느낌'을 주는가를 포착해내는 것과는 차이가 있다.

캐시 시에라Kathy Sierra는 훌륭한 제품을 파는 일과 훌륭한 사용자를 만드는 제품을 파는 일 사이의 중요한 차이점을 이야기한 바 있다. 제품을 만드는 사람으로서, 우리는 자연스럽게 기능과 기술적 정교함, 디자인과 엔지니어링에서 이룬 업적에 대해 이야기하고 싶어 한다. 그러나 고객이 듣고 싶어 하는 것은 더 똑똑해지는 기분을 느끼거나, 일이 더 빨리 끝나게 되거나, 더 좋아 보이거나, 스트레스를 덜 받게 되는 등 기존의 원하지 않던 해결책을 대체하게 된다는 내용이다. 다른 유망 고객에게 이 내용을 되돌려주면, 고객들은 반응한다(그림 8-4).

여러분의 고객을 찾게 되면 설명하고, 설명하고, 설명하라

여러분은 고객이 고객 개발 프로세스를 편안하고 재미있는 것으로 느끼게 해야 한다. 이는 여러분이 적절한 목표를 설정하는 한 그리 어려운 일은 아니다. 적절한 목표를 설정하려면 고객에게 여러분이 무엇을 하고 있고, 고객은 어떻게 참여하며, 여러분이 얻은 정보를 앞으로 어떻게 사용할 것인지에 대해 과하다 싶을 정도로 의사소통을 계속해야 한다.

여러분이 깨닫든지 그러지 못하든 간에 여러분의 초기 가설은 실제 상황에 대한 정보가 없다. 비록 여러분이 자신의 사업 분야와 고객에 대해 알고 있다고 해도, 고객의 요구를 만족하지 못하는 제품을 만드는 상황이 예방되지는 않을 것이다. 만약 이것이 가능했다면, 우리는 코카콜라 뉴코크[11], 퀵스터Qwikster[12], 세그웨이

---

11 역주_ 1985년 코카콜라가 펩시의 추격을 따돌리기 위해 콜라의 맛과 브랜드를 바꾸면서 만든 새 브랜드이다. 사전 테스트에서 기존 콜라보다 더 맛이 좋다는 평가를 받았지만, 정식 출시 후 기존 고객들로부터 거센 항의를 받았고, 결국 약 2개월 후 기존 코카콜라를 '코카콜라 클래식'이라는 이름으로 계속 판매하게 된다. 기존 브랜드에 대한 소비자들의 애착을 파악하지 못했던 대표적인 브랜드 실패 사례이다.

12 역주_ 2011년 넷플릭스는 기존의 우편 대여 서비스를 퀵스터라는 별도의 자회사로 분리한 적이 있다. 이때 고객의 의견은 전혀 반영되지 않았으며, 거기에 비디오 스트리밍 서비스의 요금을 무리하게 인상했기 때문에 약 60만 명의 가입자가 이탈하게 된다. 결국 퀵스터 브랜드는 발표 한 달 후 분리 방침이 공식적으로 철회되면서 사라진다.

Segway[13]를 볼 일이 없었을 것이다.

여러분은 무엇인가를 만들고 있는 것이 아니라 질문을 하고 있는 중이다

고객들은 제품의 기조가 바뀌는 것에 익숙하지 않다. 또한 공급사가 하는 이야기를 듣는 것에는 익숙하지만, 공급사가 질문을 하는 상황에는 익숙하지 않다. 기업 소프트웨어 분야에서는 더더욱 그렇다. 고객과의 의사소통을 명확하게 하지 않는다면, 고객들은 여러분의 질문이 뭔가를 만들려 한다는 뜻으로 이해한다. 그리고 고객들은 데모를 보면서 어떤 제품이 나올지를 생각할 뿐, 무엇이 가능한가를 상상하지 않는다.

과하다 싶을 정도의 의사소통이 얼마나 중요한지를 이해하기 위해 다음과 같은 상황을 생각해보자. 우리가 평소에 가장 좋아하던 피자 가게에 갔는데 점원이 다가와서 햄버거에 대한 질문을 하는 상황이다. 일의 맥락을 알 수 없기 때문에, 여러분은 아마 정확하지 않은 답을 하게 될 것이다. 지금 여러분이 생각하는 건 페퍼로니와 치즈가 들어간 피자뿐이기 때문에 '됐어요'라고 말하거나 대충 답해버릴 것이다. 또는 주중에 여러분이 겪는 상황(일하면서 맥주와 고급 버거를 먹는 점심)과는 정반대인 주말의 상황(식성 까다로운 아이들이 잔뜩 있는 축구 팀의 점심을 준비하는 일)을 바탕으로 대답할 것이다. 아니면 다음번에 햄버거가 메뉴에 있기를 기대하면서 피자 가게에 다시 왔는데 그렇지 않아서 화가 나게 될 수도 있다. 또한 이제 주방이 피자 담당과 버거 담당으로 나누어지게 되면 피자의 질이 떨어질 것이라 가정해서 그 피자 가게를 피하게 될 수도 있다. 피자 가게는 그 질문을 하는 이유가 무엇인지를 설명하고, 고객에게서 무엇인가를 배우려 한다는 것을 강조하고, 지금까지는 아무것도 변한 게 없음을 확실하게 밝혀야 한다.

여러분의 가설이 완벽하게 틀리지 않았다고 해도, 고객 개발 프로세스를 진행하

---

13 http://www.time.com/time/business/article/0,8599,186660-1,00.html 참고. 세그웨이가 널리 퍼지지 못한 이유는 비싼 가격, 어느 장소에서 세그웨이를 사용할 수 있는가의 애매모호함, 면허가 필요한지의 여부 등 다양한 이유가 있었다. 납득할 만한 이유 중 하나는 벤처캐피털리스트이자 에세이 작가인 폴 레이엄(Paul Graham)이 지적한 것이다. "사람들은 세그웨이에 탄 자기 모습을 다른 사람에게 보이지 않기를 바란다. 세그웨이를 탄 사람은 얼간이처럼 보인다." (http://www.paulgraham.com/segway.html)

면서 얻게 되는 실제 현장의 피드백은 바탕으로 많은 부분을 수정하게 된다. 여러분이 가장 중요하다고 생각하는 기능들은 고객에게는 가장 중요한 기능이 아닐 수도 있다. 어떤 기능을 한 고객은 격찬하겠지만 다른 고객은 하찮게 생각할지도 모른다. 여러분의 주안점은 불가피하게 변할 것이고, 그 상황에서 절대 지킬 수 없는 약속은 하고 싶지 않을 것이다.

또한 여러분은 고객들이 인터뷰 중 여러분에게 공손한 태도를 취해야 한다는 느낌을 받도록 하고 싶지는 않을 것이다. 많은 비즈니스 상황과 문화적 환경에서, 불평하는 것은 무례하거나 아마추어 같은 모습으로 비춰진다. 야머 사용자 중 한 명이 나에게 이렇게 이야기했듯이 말이다. "설문조사에 대해서 피드백을 할 때는, 제가 장점을 말할 수 있는 만큼만 단점을 이야기하려고 하죠. 그래야 균형이 맞으니까요."(여러분의 제품은 고객들이 정직하지 못할수록 아마 더 나빠질 것이다.)

고객과의 대화에 대한 앞의 내용은 무엇을 의미하는가? 의사소통 시에 아래 세 가지 내용을 명확하게 해야 함을 의미한다.

- 고객들에게 여러분이 이곳에 배우러 왔음을 명확히 해야 한다.
- 모든 대화가 연구를 위한 것임을 확실히 말하라.
- 고객에게 불평할 권한을 줘야 한다.

처음부터 이 내용을 명확하게 언급하면서, 대화하는 내내 반복해서 일깨워주는 것이 매우 중요하다.

최근 야머 사용자들을 대상으로 썼던 양식은 다음과 같다.

야머 팀에서, 현재 _____ 부분에 대한 '새로운 아이디어'를 찾고 있습니다. 고객들의 수요를 잘 이해하고 있는지 확인하기 위해서, 몇 가지 '기초적인 아이디어'에 대해 피드백을 받고 질문을 드리는 시간을 갖고 싶습니다. '새로운 제품에 대한 결정을 내리는 것과는 다소 거리가 있는 일'이지만, 귀하의 전문성을 통해 저희가 많은 것을 배울 수 있을 것입니다.

제가 하려는 것은 20분을 넘지 않는 범위 내에서 질문을 몇 가지 드리고, 매우 '간략한 프로토타입 슬라이드'를 하나 보여드리려고 합니다. 45분 정도의 통화/회의를 함께해주실 수 있을까요?

여기서 작은따옴표로 몇 개의 단어를 강조했는데(이메일을 보낼 때는 이렇게 하지 않는다) 이유는 내가 먼 미래를 암시하는 단어를 사용해서 이 만남이 학습을 위한 것이라는 의도를 고객에게 어떻게 전달하는지를 보여주고 싶었기 때문이다. 이 내용들은 2차 자격시험의 역할을 한다. 특정한 기능이 개선되었는지를 물어보고 싶어서 참여하려는 사용자들을 걸러내는 것이다. 이 상황에서는 특정한 기능에 대한 요구를 강조하려는 고객과 대화를 하는 것은 도움이 되지 않는다.

일단 고객이 연구를 목적으로 대화를 하는 데 동의하면, 나는 인터뷰 대상에게 우리 고객 중 통찰력 있는 일부에게만 이 대화를 요청했다는 점을 언급하면서 시작한다. 이런 희소성에 대한 언급이 좀 더 상세하고 깊이 있는 피드백을 이끌어 내는 것 같다. 또한 사람들이 소셜미디어에서 다른 사람들과 정보를 공유하는 것을 차단하는 계기가 되기도 한다(여러분의 변호사는 고객에게 뭔가를 보여주기 전에 무조건 고객에게서 NDA부터 받으려 할 것이다).

다시 말하지만, 이것은 연구다

대화를 나누다 보면 고객이 "그래서 이 제품은 언제 사용 가능한가요?" 또는 "이 제품을 만들 가능성이 얼마나 되나요?" 같은 질문을 할 수 있다. 오해의 여지가 있는 애매한 대답을 하지 말라. 처음에는 좀 이상하게 느껴지겠지만, 여러분은 이 활동이 연구 과정임을 명확하게 반복해서 알려줘야 한다.

애트나의 임상혁신 분야 선임 디렉터인 헨리 웨이는 다음과 같이 말한다. "우리는 매우 분명한 태도를 취해야 합니다. 또한 '우리는 여러분에게 정말 필요한 것이 무엇인지를 찾아내려고 합니다. 우리는 이것이 고객들에게 가치를 주지 못한다면 억지로 서둘러서 만들어내지 않을 것입니다'라고 말해야 합니다."

연습이 좀 필요할 수도 있지만, 궁극적으로 많은 고객들이 이런 스타일의 대화에 감사하게 될 것이다. 고객들은 기능에 대한 약속, 기능 수정에 대한 약속들을 받는다. 비록 제조사로부터 이런 약속들을 받더라도, 거래가 끝나고 나면 이런 약속들이 사라져버리는 경향이 있다. 그리고 실제 문제를 찾아내 개선하려는 공급사로부터 이런 연구 과정에 대한 이야기를 듣는 경우는 매우 드물다.

득징힌 성험에 대해 이야기하기 위해 고객을 초대하는 일은 고객의 참여 및 고객과의 관계를 다른 누구도 범접할 수 없는 수준으로 끌어올리게 된다.

이런 종류의 경청은 여러분이 고객에게 또 다른 선물을 줄 수 있도록 해준다. 고객의 경쟁자들이 무슨 생각을 하고 있는지에 대해 약간이나마 알게 되는 능력이다. 우리는 보통 참여자를 익명 처리하여 우리가 고객들로부터 배운 내용을 요약한 후 공유한다. (예를 들어 "우리는 22명의 고객과 대화를 했는데, 그중 15군데는 포춘 500대 기업에 드는 업체였으며, 우리가 들었던 주된 내용은 X와 Y였습니다.")

스토리텔링 데모

기존 고객에게는 이런 역설이 있다. 무엇인가 눈에 보이는 것이 없다면, 기존 고객들의 관심을 끌거나 그들로부터 피드백을 받기는 매우 어렵다. 하지만 고객들은 뭔가를 보자마자, 그것이 진짜라고 생각한다. 여러분이 제품을 만들기 훨씬 전에 고객에게 슬라이드를 보여주는 것도 마찬가지이다. 문제는, 고객들이 뭔가를 보자마자, 그것이 실재한다고 생각하는 것이다. 고객들은 아이디어가 아닌 특정 기능에 대한 질문으로 뛰어넘어 가버린다. 그러면 여러분은 아직 만들지도 않은 제품에 대한 결정을 변명하고 있는 자신을 보게 될 것이다. 고객의 문제와 필요에 대해 배울 기회 또한 놓치게 된다.

이 문제에 대한 해결책은 바로 스토리텔링이다.

대화를 원하는 대로 이끌어나가기 위해서, 고객에게 스토리를 말해줄 필요가 있다. 한 명의 특정 고객을 상정해 그 고객이 이 제품을 어떻게 사용하게 될 것인지에 대해 스토리를 들려줘야 한다.

나는 요들, 키스메트릭스, 야머에서 스토리텔링 데모를 사용해왔다. 사용자 경험 전문가들은 이것을 '페르소나로 검토하기'라고 부르기도 한다.[14] 하지만 페르소나

---

14 페르소나(가상 인물)에 대한 간단한 설명과 사용자 연구에서 이것이 어떻게 사용되는가에 대한 내용을 여기서 볼 수 있다. http://www.measuringusability.com/blog/personas-ux.php

는 유망고객이 원하는 사항을 구체적으로 묘사하기 위해 대개 조직 내부에서 사용한다. 이 시나리오에서 여러분은 유망고객과 이야기하게 되고 그들에게 페르소나의 행동에 대한 질문을 하거나 데모 버전에서 동의하지 않는 부분을 묻게 된다.

대표적 사용자 한 명을 설정해두고 이야기를 진행하면, 고객이 기능에 관련된 용어나 극단적인 상황에 대해서 생각하는 것을 방지하게 된다. 대신에 고객이 업무 흐름을 따라가면서 생각하고 그 결과가 여러분에게 타당한지를 말해주도록 유도해야 한다.

최근에 나는 제시카라는 가상의 사용자가 야머를 어떻게 사용할 것인가에 대한 스토리텔링 데모를 사용해왔다.

나는 다음과 같이 대화를 시작한다. "여기 제시카가 있습니다. 그녀는 여러분 회사 소속인 가상의 직원입니다. 저는 제시카가 저희가 만들고 있는 새로운 기능을 어떻게 사용하는지 차근차근 보여드릴 겁니다." 그리고 각 화면마다 제시카가 어떻게 일하며 무엇을 생각하는지, 그리고 어떻게 특정한 기능을 사용하는지 설명한다. 이 방법이 어떻게 진행되는지를 확실히 알려면, 부록에 내가 사용한 예시가 포함되어 있다('스토리텔링 데모 사용하기' 참고).

NOTE_ 여러분에게 필요한 것

- 검증할 필요가 있는 핵심 기능이나 개념을 식별하라.
- 여러 기능이 실제 작업처럼 연결되는 대본을 작성하라. 제시카가 상호작용하게 될 요소들의 이름(사람, 파일명, 검색어 등) 또한 실제와 같이 느껴질 수 있어야 한다. '프리젠테이션 시 동료와 협업'이나 '청구서 결제'같이 현실적인 업무를 사용하라.
- 여러분이 검증하려는 기능이나 개념을 모두 보여줄 수 있도록 잘 구성된 프로토타입을 만들어야 한다. 프로토타입은 일관성이 있어야 한다. 만약 제시카가 앞 화면에서 '매출전망'이라는 이름의 파일을 편집했다면, 그다음 화면에서 그 파일이 '회의기록'이라는 이름이어서는 안된다.
- 데모는 제시카가 수행해야 하는 모든 과정을 포함해야 한다. 실제 작동하는 코드를 만들 필요는 없지만, 실제 작동시킬 수 있는 것처럼 느껴져야 하고 중간 과정을 생략해서는 안 된다.
- 우리는 이미지 파일을 끌어와서 클릭할 수 있는 영역을 정하고, 이미지들을 연결하면서도 코드를 작성할 필요 없는 웹 애플리케이션 인비전을 사용한다(http://www.invisionapp.com). 클릭 가능한 데모를 만드는 데 좋은 애플리케이션으로는 액슈어도 있다(http://www.axure.com).

스토리를 구성하는 일은 데모를 만든 뒤 슬라이드와 함께 보여주는 것보다 더 많은 노닥이 들어난다. 그러나 인터뷰 대상이 너무 많은 파워포인트 슬라이드에 질리 가능성을 훨씬 줄여준다. 또한 스토리텔링 데모는 실제 제품을 만들게 될 디자이너와 개발자에게 개념을 설명하는 간단한 제품 사양서의 역할도 할 수 있다.

스토리텔링 데모는 고객 개발에서 가장 보수적인 접근법이며, 따라서 한계도 분명하다. 고객이 보아야 할 내용을 명확하게 주기 때문에, 고객의 문제와 현재 행동방식에 대한 상위 수준에서의 교훈이 아닌 데모 내용에만 바탕을 둔 피드백을 받게 된다. 고객이 "사실, 이건 제 문제를 해결해주지 않아요"라고 말하는 대신 긍정적인 부분에 치우친 피드백만을 주게 될 수도 있다.

하지만 제품 기능 목록과 데이터시트의 세계에 갇혀서 고객과 이런 방법으로 대화해본 적이 없는 회사들에게는 스토리텔링 데모가 훌륭한 첫걸음이 된다.

익명으로 수행하는 고객 개발

때때로 고객들이 여러분의 질문에 답을 주지 않거나 제품에 대한 반응을 하지 않는 것보다 더 걱정해야 할 것이 생긴다. 바로 여러분 회사의 브랜드나 시장에서의 위치, 또는 현재의 전략 때문에 고객과의 대화에서 선입견이 생겨나는 일이다.

이런 편견은 후광 효과의 모습으로 나타날 수도 있다. 예를 들어 애플에서 만든 IT 소품gadget이라고 하면 이유불문하고 더 높은 점수를 주는 고객들이 굉장히 많이 있다. 한편 부정적인 편견이 생기는 경우도 있다. 같은 IT 소품을 월마트 브랜드로 내놓았다고 상상해보자. 그러면 이 업종으로 진출하려 하거나 경쟁에 뛰어들려는 업체들에게 영향을 미치게 된다. 여러분이 사우스웨스트 항공을 이용하는 것을 좋아할 수도 있지만, 사우스웨스트가 주방용 믹서기에 대해 여러분과 이야기하려 한다면 객관적인 피드백을 줄 수 있겠는가?

새로운 정체성 갖기

여러분의 목표 고객과 고객 개발에 관한 대화를 아무 편견 없이 할 수 없을 때는, 뭔가를 바꾸어야 한다. 여러분 회사 또는 고객이 다른 누군가가 될 필요가 있는 것이다.

마이크로소프트가 Hotmail.com을 완전히 재구성할 때 선입견을 피하지 못해 문제가 있었다(지금은 Outlook.com 브랜드가 되었다). 한때는 무료 이메일 계정 부분의 선두주자였지만, 핫메일은 오랜 기간 동안 좋지 않은 디자인에 구식이고, 심지어 사용하기 부끄럽다는 인식을 갖고 있었다.[15] 회사로서의 마이크로소프트는 또 다른 문제로 고통을 받았다. 너무 많은 사람들이 직장에서 아웃룩을 사용하고 있기 때문에 그 익숙한 느낌에서 뭔가 달라지면 거부감을 나타낼 것이었다. 또한 마이크로소프트 혹은 핫메일의 이름으로 고객에게 접근하면 객관적인 피드백을 얻을 가능성이 낮았다. 때문에 마이크로소프트 사용자 연구원들은 고객과의 대화와 제품 프로토타입에서 마이크로소프트의 흔적을 모두 지웠다. 마이크로소프트 연구원들은 시장조사 업체를 고용해 미국 전역에서 목표 고객의 기준을 충족하는 참여자들을 모집한 후, 자신들을 단순히 이메일 시스템 개선 업체의 직원으로 설명하고 고객들이 현재 어떤 방법으로 이메일을 읽고 쓰며, 분류하고, 보내는지에 대해 물었다.

여러분이 소속된 회사를 밝히지 않고 고객 개발을 하는 건 매우 간단한 일이다. 다른 도메인 이름 하나만 있으면 된다! 만약 여러분이 그럴듯한 도메인(@someplausibledomain.com)의 이메일 주소를 사용한다면, 응답자들은 여러분이 어딘가 다른 회사 소속이라고는 차마 생각하지도 못할 것이다.

고객이 아닌 사람들과 대화하기

익명으로 고객 개발을 진행하는 또 다른 방법은 현재 여러분의 고객이 아닌 사람들과 이야기를 하는 것이다. 고객 개발 인터뷰가 제일 잘 진행되는 경우는 실제 대상인 현재 고객이나 미래 고객과 인터뷰를 할 때이지만, 종종 고객의 적절한 대리인으로부터도 많은 것을 배울 수 있다.

---

15 핫메일이나 야후 이메일 계정을 갖고 있다는 건 공개적으로 놀림받기에 충분한 일이다(http://www.thedailybeast.com/galleries/2012/06/06/mitt-romney-s-hotmail-account-and-more-famous-people-with-outdated-email-providers-photos.html).
그래도 최소한 AOL 메일을 쓰는 것보단 낫다(http://theoatmeal.com/comics/email_address).

대리인은 여러분의 목표 고객과 다른 이해관계를 갖고 있는 사람이 될 수도 있고, 의사결정 권한은 없지만 특정 환경에서 업무가 어떻게 진행되는지를 깊이 이해하고 있는 사람(행정 보조원, 낮은 직급의 제품 관리자 또는 프로젝트 관리자 등)이 될 수도 있다. 이런 사람들은 만나기가 쉽고, 놀랄 정도로 지식이 풍부함에도 불구하고, 제대로 인정받지 못할 때가 많다. 또한 여러분 조직 안에 있는 사람을 선택할 수도 있다(만약 여러분 회사의 고객 지원팀 직원들을 아직 만나보지 않았다면, 당장 이 책을 내려놓고 그 사람들부터 만나라).

비즈니스 모델에 따라 다르겠지만 사용은 하되 구매하지는 않는 사람들을 목표 고객으로 정할 수도 있다. 예를 들어 광고수익 기반 서비스를 생각해보자. 온라인 금융 서비스에 대한 일을 하면서, 제품을 직접 살 고객이었던 금융 임원들과는 의사소통을 하지 않았다. 하지만 그 금융 임원들의 고객들, 즉 온라인 뱅킹과 청구서 지불 서비스를 사용하는 일반 사용자들과 대화하는 데는 아무 어려움이 없었다.

이 경우에는 크레이그리스트[16]를 사용해 설문조사 참여자 수백 명과 온라인 뱅킹에 대한 인터뷰 대상자 수십 명을 모을 수 있었다.

나는 이 인터뷰를 통해서 은행의 고객들이 어떻게 행동하고 어떤 온라인 뱅킹 기능을 사용하는지를 배웠다. 마침내 우리의 목표 구매자들과 만날 기회를 잡았을 때, "우리는 여러분의 고객과 대화를 해왔고 그들에게 무엇이 필요한지를 알고 있습니다"라고 자신 있게 말할 수 있었다.

내가 조사했던 고객의 88%가 거래 은행을 변경했지만 여전히 예전 은행의 계좌를 통해 청구서를 처리하고 있었다. 그 이유는 온라인에서 청구서 결제 정보를 설정하는 프로세스가 너무나 복잡하고 짜증 났기 때문이었다.

소비자 관점에서, 이것은 분명히 골칫거리였다. 고객들은 여전히 두 개의 현금카드를 갖고 다니면서 각각의 비밀번호를 기억해야 했다. 은행으로서도 엄청난 재

---

16 이 일화는 2005년으로 거슬러 올라간다. 그 당시에는, 크레이그리스트를 사용해서 설문조사 참가자를 모으는 것이 아주 훌륭한 방법이었다. 하지만 내가 3장에서 언급했듯이 요즘 환경에서는 생산적이지 못한 방법이다. 만약 최근에 예산을 확보한 상태에서 같은 활동을 해야 했다면, 나는 시장조사 업체에 적절한 참가자를 찾아달라고 부탁했을 것이다. 만일 예산을 확보하지 못한 상황에서 이 활동을 해야 했다면, 아마 친구들과 가족들을 인터뷰하는 것부터 시작했을 것이다. 타인에게 일을 공짜로 시킬 수는 없는 법이다.

정 손실이었다. 은행은 경쟁자로부터 고객을 데려오기 위해서 애쓰지만, 고객이 단순 계좌를 만든다고 해서 돈을 벌지는 못한다. 은행은 고객의 돈 대부분을 갖고 있을 때 돈을 번다. 따라서 은행들은 고객이 발행한 수표의 결제요금과 청구서 결제요금이 자사 계좌에서 바로 정리되기를 원한다.

이 덕분에 우리는 다른 판매자들이 갖지 못했던 고객과의 두 번째 회의 기회를 잡을 수 있었고, 여기에서 얻은 교훈은 또 다른 신제품 개발의 바탕이 되었다.

다수의 소비자가 내게 똑같은 문제, 즉 "처음에 결제 정보를 설정하는 데 시간이 너무 오래 걸려서 청구서 결제 계좌를 바꾸지 못했어요"라고 이야기했으므로, 자동으로 청구서 결제 정보를 바꿔주는 도구가 있으면 소비자와 은행 양쪽에 이득이 될 것이라는 점은 명백했다. 이 교훈은 YodleeBillPay AccountAccelerator라는 제품으로 구현되었다. 나는 저 제품에 대한 공동 특허 소유자 중 한 명이지만, 저 끔찍하게 긴 이름은 내 공로(또는 잘못)가 아니다.

여러분이 우리 제품을 어떻게 사용하는지를 보여주세요

익명으로 수행하는 고객 개발은 새로운 고객군이나 새로운 영역을 탐험하는 데 매우 주요한 방법이다. 하지만 더 규모가 크고, 성숙한 기업 대부분은 완전히 새로운 제품이나 새롭게 진입할 시장을 찾지 않는다. 이미 제품을 가지고 있으며, 기존 고객으로부터 얻는 이윤을 늘리기 위해 제품으로부터 더 많은 가치를 뽑아낼 필요가 있는 것이다. 기존 기업은 아무것도 없는 상황에서 시작하는 게 아니다. 이미 존재하는 기능과 고객과의 관계 안에서 일 할 필요가 있다.

기존 고객이 있을 경우 고객들은 기능을 요청하기도 하고, 오류를 말하며 여러분에게 불평을 하거나 혹은 칭찬을 한다. 이런 의사소통은 고객이 어떻게 행동하고 무엇을 원하는지 이해한다고 오해하게 될 수 있다. 하지만 고객이 요청해서 만들었는데 한 번도 사용하지 않는 기능이나 수정사항을 보면서 좌절할 때도 있을 것이다. 그리고 만족한 것처럼 보이는 고객이 거래를 취소하거나 돌아오지 않을 때 느끼는 혼란스러움 또한 경험했을 것이다.

어떻게 하면 대기업에서 혁신을 가속할 수 있을까?

50개 주 전역에 걸친 영업 지역과 올해 코벤트리 건강보험을 인수하면서 얻은 500억 달러의 연간 수익을 보면, 애트나는 포춘 100대 기업 안에 가뿐히 들어간다. 그래도 애트나는 멈추지 않고 새로운 시장에 진입하며 혁신을 일으키기 위한 방법을 활발하게 찾고 있다. 2011년 초에, 애트나는 새로운 사업 부문을 출범시켰다. 현재는 헬스에이젠Healthagen[17]으로 불리며, 헬스케어 산업을 변화시키기 위한 기술과 서비스를 제공하는 혁신 비즈니스 포트폴리오를 만드는 것을 목표로 시작되었다.

'헬스에이젠 전략 그룹Healthagen Strategy Group'은 시작 단계부터 보험 제공자, 보험금 납부자, 고용주, 소비자를 대상으로 한 새로운 비즈니스를 개발하고 혁신시켜 왔다. 초기에 전략 그룹은 급속도로 변하는 헬스케어 시장에서 기회를 잡기 위해서는 사업을 구체화하는 프로세스의 속도를 더 빠르게 할 필요가 있음을 깨달았다. "혁신을 위한 기회는 상당히 많았지만, 전통적인 접근법을 사용하면서 혁신에 관련된 대규모 조사를 하기에는 시간이 너무 오래 걸렸습니다." 헬스에이젠의 전략 책임자인 휴 마Hugh Ma는 이렇게 말했다. "우리는 위험을 최소화하는 한편 더 빨리 움직일 필요가 있었습니다."

린 방법론으로 이동하기

사업을 계획하는 새로운 접근법에 대한 영감은 2012년 중반, 헬스에이젠의 포트폴리오 회사 중 하나였던 iTriage[18]가 해커톤[19]을 성공적으로 선보인 다음에 나타났다. 헬스에이젠의 CEO이자 의학박사인 찰스 손더스Charles Saunders는 복잡한 문제를 해결하기 위해 다른 경험과 기술을 가진 다양한 그룹의 사람들이 함께 모였을 때 더 큰 시너지 효과를 목격하였다. 그는 질문 하나를 제시했다. "헬스에이젠에서 해커톤을 헬스케어 사업 분야의 비즈니스 솔루션을 혁신하는 방법으로 쓸 수 있을까?"

---

17 역주_ http://www.healthagen.com/

18 역주_ 사용자가 증상을 입력하면 답변을 얻거나, 가까운 의사 찾기, 상담 등을 할 수 있는 애플리케이션을 제공한다(https://www.itriagehealth.com/).

19 역주_ 해킹+마라톤의 합성어. 보통 정해진 시간 내에 기획과 프로그래밍을 마치고 프로토타입 결과물을 내놓는 형식의 경연대회이다.

휴 마와 함께 전 전략 책임자였던 존 페티토John Petito는 기업가, 헬스케어, 전략 컨설팅, 그리고 기술 분야에서 25년 이상 다양하게 쌓아온 노하우가 영향력을 발휘할 수 있도록 하는 신속한 비즈니스 인큐베이팅 접근 방법을 개발하기 시작했다. 이들은 고객, 사용자, 그리고 다른 이해관계자들과의 직접 상호작용이 수요를 검증하게 될 뿐만 아니라 제품과 시장이 잘 들어맞도록 하고, 궁극적으로는 새로운 비즈니스를 만드는 프로세스를 더 빠르게 할 것이라는 결론을 내렸다. 스티브 블랭크의 『The Four Steps to the Epiphany』와 에릭 리스의 『린 스타트업』에서 영감을 받아서, 마와 페티토는 고객 피드백을 가장 처음과 중심에 두는 프레임워크를 개발했다.

페티토는 이렇게 설명한다. "구매자와 소비자들은 종종 다른 유인에 따라 움직이는 사람들이기 때문에, 우리는 대화를 할 실제 사람들이 필요했습니다." 팀은 슬링샷SlingShot이라는 모든 집단을 함께 모으는 신속한 소프트웨어 개발 프레임워크를 만들었다. 고객 및 헬스에이젠 기업가들과 관련이 있는 이해관계자들을 참여시킴으로써, 팀은 가치에 대한 제안을 더 빨리 검증하며 잠재적 장벽들을 더 일찍 발견하고, 전통적 고객 개발의 함정을 피할 수 있을 것이라고 믿었다. 결과적으로 개발 팀은 린 스타트업의 초반 수 개월, 또는 수년의 시간을 단 몇 개월로 압축했다.

신속한 결과

우선 다양한 이해관계자들의 요구사항 및 문제들을 이해하는 데 투자했던 시간들이 슬링샷 팀으로 하여금 비즈니스의 성공에 필수적인 구체적 가설 개발을 가능하게 했다. 슬링샷 방법론의 각 과정에서 데모나 슬라이드를 보여주는 대신, 팀은 궁극적으로 해결책을 사용하게 될 사용자와 고객, 그리고 헬스에이젠 팀 사이에 대화를 촉진시킬 요소들과 시각적 효과들을 헬스에이젠 내부 디자이너들과 함께 만들었다. 이런 참가자들의 몰입 과정은 실시간으로 반복을 수행하는 방법과 핵심적인 피드백을 받을 수 있는 방법을 제공했다. 초기 결과는 명백했다.

팀은 첫 번째 슬링샷 이벤트에서 상위 단계의 아이디어에서 제품 시각화, 그리고 고객의 입장을 변호하는 단계까지 나흘 만에 진행했다. 다른 방법이었다면 이런 결과가 나오는 데 엄청난 투자와 수 개월의 시간이 걸렸을 것이다.

두 번째 슬링샷 이벤트에서는 광범위한 다수 이해관계자들의 공동 작업으로 전통식 섭근법으로는 개발팀이 찾아낼 수 없었던 새로운 시상을 찾도록 이끌었다.

이 결과는 슬링샷이 잠재고객뿐만 아니라 헬스에이젠과 애트나 내에서 탄력을 받는 데 도움이 되었다. 애트나와 헬스에이젠에 이르기까지 린 원칙의 광범위한 적용을 촉진시키기 위해서, 마와 페티토는 회사 인트라넷에 슬링샷의 요약 비디오를 올려서 조직 구성원 모두가 볼 수 있도록 공유했다. 또한 이 비디오를 헬스에이젠 외부 웹사이트에도 올렸다. 6개월 이내에, 헬스에이젠과 애트나에서 슬링샷을 사용하기 위해 대기하는 팀들이 엄청 많아졌다.

혁신을 계속 이어가기

슬링샷의 초기 성공 이후 헬스에이젠은 지속적으로 슬링샷을 개선해왔다. 이 프로세스는 비즈니스 개념과 제품 개발에서의 검증에서부터 실험적 파트너십을 만드는 데까지, 다양한 개발 단계에서 새로운 스타트업들을 지원하는 데 사용되어 왔다. 또한 이 프로세스는 애트나의 핵심 보험 비즈니스 영역에서 더 성숙한 분야의 사업 기회를 지원하기 위해서 일부 조정되기도 했다.

슬링샷 이벤트는 소비자와 고객 간의 대화를 통해 제품과 전략을 검증하는 훌륭한 도구 역할을 한다. 현재 슬링샷의 전략 책임자인 로얄 터트힐Royal Tuthill은 이렇게 말한다. "우리는 수많은 슬링샷 참가자들에게 질문을 하고 언제나 그들이 보여주는 생각의 깊이에 감명을 받습니다. 여러 참가자들과 함께 일하는 활동은 전통적인 비즈니스 개념으로는 밝혀내기 어려울 수도 있었던 깊이 있는 교훈들을 만들어 냅니다."

마는 이렇게 이야기했다. "많은 조직들이 수많은 외부 참가자들이 관여하는 공동 혁신을 피할지도 모르지만, 슬링샷의 성공은 고무적이었습니다. 슬링샷은 우리에게 서비스를 받는 사람들을 우리 일의 중심에 놓는 방법뿐만 아니라, 중요한 헬스케어 분야의 문제들을 표현하기 위해서 우리가 함께 일하려면 어떻게 해야 하는가에 대한 진정한 예시입니다."

기능 요청, 고객 의견 조사, 그리고 18개월의 제품 로드맵에서 사용되는 표현들은 현재 고객들이 누리고 있는 가치 또는 여러분이 간과하고 있을 수도 있는 기회들을 잡아내기엔 충분하지 못하다. 이런 것들에 대해 제대로 알고 싶다면, 질문을 해야만 한다. 그리고 이런 질문들은 조금 낯설게 느껴질 것이다.

거래처 관리자 한 명이 내게 이런 이야기를 해주었다. "나는 이 고객들과 함께 거의 1년을 일했는데 고객들이 '지금' 우리 소프트웨어를 어떻게 사용하고 있는지를 물어볼 수가 없어요. 이렇게 질문한다는 건 내가 그동안 고객들에게 관심이 없었던 것처럼 보일 테니까요!" 이건 정말 실질적인 두려움이지만, 이것을 위한 요령이 하나 있다. 바로 '새로운 사람을 한 명 합류시키라'이다. 그러면 새로 온 사람에게 일이 어떻게 진행되고 있는지 알려주는 상황으로서 이런 대화를 만들 수 있다.

직접 관찰하거나 화면을 공유하는 등의 방법으로 여러분은 고객이 정확하게 무엇을 하고 있는지 관찰할 필요가 있다. 가능하다면 고객의 집이나 사무실을 방문하라. 그러면 고객이 실제 일하는 위치와 사용하는 장비, 그리고 고객 자신의 얼굴 표정이나 몸짓, 어조를 정확히 확인할 수 있을 것이다(그림 8-5).

그림 8-5 야머에서 현장 방문을 하면서 찍었던 사진이다. 물리적으로 고립된 칸막이에 앉아 있으면서 야머를 사용해 협업하고 공개적으로 일하려 한다는 사실은 우리에게 정말 뜻밖의 일이었다.

하지만 꼭 현장을 매번 방문해야만 한다는 부담을 느낄 필요는 없다. 현장 방문은 대부분 실제 진행하려면 협조가 필요하며 또한 너무 많은 시간이 필요하다. 더 부담이 적은 방법을 더 자주 사용하는 게 낫다. 나는 화면을 공유하는 화상 전화 회의를 많이 환용한다. 스카이프, 링크Lync[20], 고투미팅GoToMeeting[21] 등 어떤 것이든 좋다.

간략한 설명과 함께 시작할 수도 있지만, 개요 설명 이후부터 대부분의 대화는 자유롭게 진행된다. 아래를 참고하자.

> 고객과 인터뷰를 계속해 오는 동안, 우리가 찾아낸 가장 가치 있는 것들 중 하나는 사람들이 우리 소프트웨어를 어떻게 사용하고 있는지를 관찰하는 것이었습니다. 그래서 우리 제품을 사용하실 때 무엇을 하시는지를 있는 그대로 보여주시기를 부탁드립니다. 만약 중간에 멈추시고 다른 일을 해야 할 때나 도움을 주기 위해 누군가를 참여시킬 때, 그리고 뭔가를 봐야 할 때는 진행하면서 알려주십시오.
>
> 보통 우리 소프트웨어를 얼마나 자주 사용하십니까?
>
> 보통 무슨 일을 끝마치려고 할 때 우리 소프트웨어를 사용하기 시작하십니까?
>
> 좋습니다. 이어서 그 업무를 시작하시겠습니까? 일을 하면서 생각나는 대로 가능한 크게 말씀해주시고, 지금 무슨 일을 하고 계시는지 설명해주십시오.

몇몇 고객들은 이 기회를 특정한 기능을 요구하기 위해서 사용할 것이다("보세요, 이게 우리가 여러분에게 제품 로드맵에 기능 X를 넣어달라고 하는 이유입니다"). 나는 이 상황에서 토론을 하기보다는, 확인해주는 것이 가장 낫다는 걸 깨달았다. "네, 기록해뒀습니다. 기록을 정확하게 하려는 건데, 만약 기능 X가 있으면, 그 기능으로 어떤 일을 하실 수 있는지를 다시 한 번 말씀해주시겠습니까?"라고 말한 뒤, 고객에게 계속할 것을 부탁하자.

고객이 한 단계씩 계속 사용해나갈 때마다 여러분이 해야 할 일은 기록하고 질문하는 것이다. 고객이 하고 있는 일을 바로잡으려 하거나 여러분의 의견을 말하는 일은 절대 금물이다. 만약 실수를 하고 있다고 느끼거나, 본인을 관찰하는 사람이 지루해하거나 서두른다고 생각하면 고객은 자연스럽게 행동하지 못할 것이다.

이는 균형을 잡는 일이다. 여러분이 더 많이 이야기할수록 고객으로부터 덜 배우

---

20 역주_ 마이크로소프트의 메시징 플랫폼
21 역주_ 시트릭스에서 만든 화상회의 솔루션

게 된다는 점을 명심하자. 하지만 실마리를 주는 질문을 하지 않는다면, 중요한 교훈을 놓칠 것이다. 여러분이 고객으로부터 배우기를 바라는 점을 미리 간략하게 적어두고 대화를 진행하는 내내 참고하기를 추천한다. 다음은 고객과의 대화에서 여러분이 배워야 할 점의 개요이다.

고객이 우리 소프트웨어를 얼마나 자주 사용하고 있는가(또 어떻게 사용하고 있는가)?

고객들이 여러분의 소프트웨어를 매일 사용한다고 생각했는데 그렇지 않다는 점을 발견하면, 그 이유를 찾아내야 한다. 소프트웨어에 어떤 기능이 빠져 있거나 또는 그보다 더 나쁜 상황이라면, 소프트웨어가 여러분이 가정했던 것보다 고객에게 가치가 없기 때문일 수도 있다.

고객이 여러분의 소프트웨어를 사용한 직후에 무엇을 하는가?

고객이 그들이 한 일을 바탕으로 다른 활동을 하거나 결정을 내리는가? 고객이 업무를 성공적으로 끝내서 만족을 느끼는가? (아니면 그 반대인가? 나는 최근에 카페에서 누군가가 쉬면서 불평하는 것을 우연히 듣게 되었다. 그 사람은 자기 회사의 마케팅 자동화 소프트웨어에서 이메일 캠페인을 설정하는 일이 너무나 힘들기 때문에 소프트웨어를 한 번 사용하고 나면 언제나 휴식이 필요하다고 이야기하고 있었다.)

여러분의 소프트웨어와 고객의 업무흐름이 얼마나 잘 맞는가?

여러분이 제안한 업무 순서가 기존의 프로세스나 규정과 마찰을 일으킬 수도 있다. 한 사람에 의해 한 번의 작업으로 종료된다고 가정했던 프로세스가 실제로는 여러 사람이 필요하거나 여러 단계의 프로세스로 분할될 수도 있고, 프로세스를 완료하기 위해서 관리자로부터 엄격한 승인을 받아야 하는 경우도 있을 수 있다.

사용되지 않는 기능이 얼마나 있는가?

고객들은 제품 기능 체크리스트를 바탕으로 구매 결정을 내리는 경우가 많기 때문에, 고객들이 제품의 기능을 전부 또는 거의 다 쓰고 있다고 가정하기 쉽다. 나는 내가 작업했던 어떤 제품이든 간에 전체 기능의 50% 이상을 꾸준히 사용하는 고객을 한 번도 본 적이 없다. 이 결과가 고객들이 불행하다는 의미만은 아니다. 전체 기능 중에 일부로도 고객의 문제를 해결해준다면, 고객들은 굉장히 기뻐할 것이다. 그리고 이런 상황은 업무 흐름을 최적화할 수도 있었던 시기에 기존 제품의 새로운 기능에 지나치게 투자를 했다는 의미일 수 있다.

가치를 제공하기 위한 새로운 기회

제품의 기본 설정을 최적화하면 고객이 클릭하는 횟수를 줄일 수도 있고 고객지원에 들어가는 비용을 감소시킬 수도 있다. 제품의 어떤 부분이 고객을 혼란스럽게 하는가를 찾아내는 것은 유익한 전문 서비스나 교육 제공으로 연결될 수도 있다. 여러분의 고객이 다른 프로그램에서 데이터를 추출하거나 받아오는 경우가 있음을 알게 된다면 분석 기능을 내장하거나 API를 개선하는 것같은 통합 작업에 투자를 해야 한다는 의미일 수도 있다.

혹시 고객이 이번 인터뷰에서 언급했던 문제들을 전부 해결해주기를 바라는 상황이 걱정될 수도 있다. 아마도 놀랐겠지만, 내 경험상 그런 일은 단 한 번도 없었다. 심지어 까다로운 고객들도 일단 여러분이 시간을 들여서 그들의 이야기를 들어주고 나면 행복해하며, 이후에 함께 일하기도 더 쉬워진다.

사용 빈도 vs 대체 가능성

키스메트릭스에서, 두 명의 고객과 연이어 대화를 했던 것을 기억한다. 첫 고객은 적극적으로 자신이 우리의 분석 제품을 매일 아침, 가장 먼저 열어본다고 말했다. 두 번째 고객은 그 제품을 일주일에 한 번만 사용한다고 인정했다. 내가 처음 했던 생각은 우리가 첫 번째 고객에게 더 많은 가치를 제공하고 있다는 것이었다.

하지만 인터뷰를 계속하면서 첫 번째 고객이 제품 기능을 얕은 수준으로밖에 이해하지 못하고 있다는 점을 발견했다. 그는 제품을 사용하고 있었지만, 회사에서의 대화나 업무 프로세스에 그 내용을 전혀 포함시키지 않고 있었다. 우리 제품은 쉽게 대체될 수 있었다.

두 번째 고객은 키스메트릭스를 A/B 테스트를 계획하고 평가하는 데 사용하고 있었다. 테스트 결과를 검토하고 다음 주 업무 계획에 그 결과를 포함시키는 것이 이 고객의 제품 개발 프로세스에서는 매우 중요한 부분이었다.

사용 빈도는 가치를 측정하는 데 좋은 척도가 되고 정량적 분석을 통해 쉽게 측정할 수 있다. 하지만 나는 고객과 대화를 할 기회가 있다면 우리 제품이 얼마나 대체되기 쉬운지를 알아보기 위해 좀 더 깊이 조사해보는 걸 좋아한다. 예를 들면 다음과 같은 식이다. 회사나 가정에서 얼마나 많은 사람들이 우리 제품을 사용하거나 제품으로부터 이득을 얻는가? 제품을 어떤 방법으로 사용하는가? 제품이 한 가지 문제를 해결하는가 아니면 여러 가지 문제를 해결하는가?

대체 가능성의 높고 낮음은 추적해볼 가치가 있는 중요한 정성적 기준이다.

우리 제품을 사용하는 방법은 이렇습니다

여러분의 제품을 사용하는 고객을 관찰하는 일은 가치가 매우 크다. 어떤 고객이 여러분의 제품을 사용하는 방법을 알고 있으며, 실제로 사용하고 있다고 가정해 보자. 하지만 제품을 처음 접하는 고객은 어떻겠는가? 그리고 사용법이 매우 어려워서 배우기 힘든 제품이라면 어떤 상황이 벌어지겠는가?

제품에 기능이 너무 많아서 고객들이 전체 기능의 10% 이하만을 사용하고 있다면? 여러분이 만든 앱을 다운 받았지만 한 번만 써 보고 그만두거나, 구매를 취소한 사용자들은 과연 어떻게 행동하는가?

고객들에게 제품을 어떻게 사용하는지 질문하고 고객이 대화를 이끌어 가도록 하는 대신에, "우리 제품은 이렇게 사용해야만 합니다…" 같은 단호한 태도를 보일 수도 있다.

고객에게 '어떻게 해야만 한다'고 말하면 고객의 반응이 좋지 않을 수도 있다. 하지만 여러분이 무엇을 하고 있는지를 미리 설명하기만 하면 매우 훌륭하게 통하는 방법이다. 여러분의 가정이 틀렸을 때는 그것을 바로잡기 위해 고객에게 의지하고 있다는 점을 명확하게 하라.

우리는 이 제품을 개선하려고 합니다. 가장 어려운 문제 중 하나는 우리 제품을 어떻게 고객의 목표와 프로세스에 맞출 것인가에 대해 그저 가정해볼 수밖에 없다는 점입니다.

다른 고객들로부터 배운 내용을 바탕으로 이 제품을 사용하는 사람을 우리가 어떻게 상상했는지를 차근차근 보여드리려고 합니다. 저희 가정에 동의하지 않으시거나 뭔가 잘못된 점이 있으면 저를 멈춰주세요. 반드시 그럴 일이 생길 겁니다. 또 제가 하는 것처럼 궁금한 게 있으시면 언제든 말씀하세요.

첫 번째 주장을 만들고 난 후에, 그것이 "제 생각에는 여러분이 이 제품을 일주일에 두 번 쓰실 것 같습니다"처럼 간단한 것이라도, 잠깐 멈춘 후에 인터뷰 대상에게 동의 여부를 신중하게 질문하라. 이렇게 하면 우리가 고객에게 원하는 것이 공손하게 보이려고 조용히 동의하는 것이 아니라, 직접적인 개입을 원한다는 점을 명확하게 보여줄 수 있다.

이 방법을 활용하기 위해서는, 가능한 한 명확한 태도를 보여야 할 것이다. 여러분이 직접적으로 표현할수록, 인터뷰 대상들은 동의하거나 동의하지 않는 결정을 하기가 쉬워진다. 만약 여러분이 "여러분은 A,B,C,D의 방법을 사용할 수 있습니다"라고 말하면, 고객들은 저 선택지 중 최소한 한 가지에는 동의할 것이다. 만약 여러분이 "여러분은 A 방법을 사용하셔야 합니다"라고 이야기하면, 고객이 "사실, B 방법을 설명해줄 수 있습니까? 그 방법이 우리 회사에서 쓰는 방법과 더 비슷한 것 같은데요"라고 이야기하기가 더 쉬워진다.

이 접근법은 여러분이 대화의 대부분을 주도 함으로써 열린 질문을 더 많이 사용하는 다른 방법들보다는 배우게 되는 내용이 적을 것이다. 하지만 새로운 아이디어를 탐색하는 프로세스의 초기 시점이라면, 여러분의 가정 일부를 검증하거나 반증하기에 좋은 방법이다.

이런 인터뷰 방법에서 배울 수 있는 것들은 다음과 같다.

제약조건 식별

법 또는 규정에 따른 제약조건, 기존 프로세스, 그리고 자원의 제약 등은 인터뷰 대상이 여러분의 아이디어나 제품의 상세한 내용을 이해하지 못한다고 해도 매우 확실하게 알아낼 수 있는 내용이다.

가치 제안의 명확성

여러분이 고객들에게 특정한 업무를 해야만 한다고 주장한다면, 고객들은 그 업무의 가치를 바로 이해해야만 한다. 여러분이 이유를 설명하려고 했는데도 고객들이 여전히 왜 그 업무를 해야 하는지에 대해 혼란스러워한다면, 여러분의 가치 제안이 명확하지 않거나 그 제안이 실제로 고객에게는 가치가 없는 것이다.

사용되지 않는 기능을 쓰지 않는 이유

특정한 기능에 대해서 설명할 때, 인터뷰 대상자에게 이 기능을 알고 있었다면 이 기능이 무엇을 한다고 생각했을지를 물어보라. 고객의 응답에 따라 그 기능을 좀 찾기 쉽게 하기 위해 인터페이스 요소를 수정해야만 하는지, 기능을 더 확실히 설명하기 위해 텍스트 레이블을 수정해야 하는지, 아니면 고객의 문제를 해결하지 못하는 기능이라 제거해야 하는지를 알아낼 수 있다.

이 기법은 기본적으로 제품을 사용하는 방법을 설명하는 것이기 때문에, 교육과 리서치 양쪽에서 사용할 수 있다. 키스메트릭스에 있을 때, 신규 고객에게 이런 방식의 독단적인 단계별 교육을 진행하곤 했었다. 고객은 이 교육을 서비스로 간주했고, 나는 다양한 회사들의 프로세스와 제약조건을 배웠다.

늦게라도 하는 것이 아예 하지 않는 것보다 낫다

이 책 전체에 걸쳐, 가능한 한 초기에 고객 앞에서 개념을 정립하는 것의 중요성을 강조해왔다. 하지만 프로세스 초기에 고객의 의견을 받기가 어렵거나 심지어 불가능한 상황들도 있다.

"키넥트[22]는 불가능한 제품이었다." 마이크로소프트 엑스박스의 프로그램 매니저인 벤 스미스Ben Smith는 이렇게 말했다. "하지만 모든 혁신은 불가능에서 나온다. 키넥트는 36개월짜리 프로젝트였지만 우리는 19개월 만에 출시했다."

엑스박스 팀이 키넥트를 제안했을 때, 그들은 큰 기회를 잡고 있었다. 키넥트에 투자한다는 것은 기존 엑스박스 플랫폼의 중요한 혁신을 연기한다는 의미가 된다. 그리고 비밀을 유지해야 했기 때문에, 팀은 고객 개발 프로세스 초기에 고객 위험을 검증하는 데 제한이 있었다. 개발팀은 자신들의 직관, 해당 분야에 대한 전문성, 그리고 제품의 비전을 믿어야만 했다. 그 비전은 '지켜보는 것도 직접 플레이하는 만큼 재미있는' 무언가를 만드는 것이었다.

린 스타트업 원칙을 사용해서 가정을 검증하다

초기에 고객들과 대화를 할 수 없었음에도 불구하고, 키넥트 팀은 린 스타트업 원칙을 사용해서 시스템적으로 가정들을 검증하고 위험을 감소시킬 수 있었다. "우리는 계획을 구체화시키는 한편, 다른 방향으로는 제품 개발을 진행했죠." 스미스는 설명했다. "계획 구체화 쪽에서 일하는 사람들은 '만약 95가지의 불가능한 일들이 사례로 나타나면 어떤 일이 벌어질까?'를 생각하는 사람들이고, 그 사람들은 95가지의 불가능한 일들에 대해 프로토타입과 비슷한 뭔가를 만들기 시작하기에 충분한 정도로만 학습합니다. 그들은 우리가 사용할 수 있는 모든 접근법들에 대해 생각하고 그것들을 하나씩 만들기 시작합니다."

팀은 브레인스토밍을 통해 엄청난 양의 질문 리스트를 만들었다. 고객들이 입력 지연 시간을 어느 정도까지 참아줄 것인가? 필요한 모션캡처 정보를 어떻게 얻을 것인가? 소프트웨어와 하드웨어 최적화는 어떤 것이 가능한가? 이들은 또한 위험들을 식별하고 감소시키기 위한 방법을 적극적으로 찾았다. 예를 들어 키넥트는 특별한 맞춤 부품 없이 기존에 있던 기성품만으로 만들어졌기 때문에 특정 공급자에 종속되지 않았다. 팀은 필요한 데이터를 더 빠르고 신속하게 얻기 위해서, 마이크로소프트 캠퍼스의 농구 코트에 임시 모션캡처 장소를 만들었다. (이후에 모션캡처를 하기 위한 건물을 세우려면 건축 허가 때문에 몇 달의 시간이 필요하다는

---

22 역주_ 컨트롤러 없이 이용자의 신체를 이용하여 게임과 엔터테인먼트를 경험할 수 있는 주변기기

사실을 알게 되자마자 팀은 건물을 짓는 대신 건물을 빌렸다.)

집중력을 유지하기 위해서, 팀은 폭포수 개발 방법론에서 애자일 방법론으로 방법을 변경했다. 2주 단위의 주기는 하루 주기의 실행 가능한 일들로 세분화되었다. "매일 저녁 여섯 시에, 우리는 회의실에 모여서 서로에게 '오늘 어떤 질문에 답을 했어?' 라고 물었습니다."

프로토타입 시험해보기

개발에 들어간 지 1년 후에, 키넥트 팀은 마침내 초기 프로토타입들을 실제 고객에게 공개할 수 있었다. 키넥트 프로토타입이 플레이어의 움직임에 따라 뼈대만 있는 아바타가 플레이어를 흉내 낼 수 있을 수준이 되자마자, 팀은 사람들을 데려오기 시작했다.

"우리에게 충격을 줬던 첫 번째 놀라운 일은 키넥트 안에 있는 기술은 보이지 않는다는 겁니다. 붙잡을 것도 없고, 진동이나 햅틱 피드백도 없어요. 그래서 플레이어들은 키넥트 앞에 앉아서 뭔가 일이 일어나기를 기다렸죠!"

팀은 플레이어들이 즉시 입력이 성공했다는 느낌을 받도록 하는 방법을 개발해야 했고, 또한 입력이 잘못되었을 때 플레이어들이 상황을 빨리 수정할 수 있는 방법도 개발해야 했다.

팀은 메이시 백화점과 협약을 맺어서 토요일 아침에는 누구나 키넥트를 플레이할 수 있는 장소를 12개 마련했다. 이 행사는 두 가지 역할을 했는데, 하나는 개발팀이 더 다양한 모션캡처 데이터를 모으는 데 도움이 되었고,[23] 다른 하나는 더 편안하고, 사회적인 환경에서 실제 고객들이 키넥트와 어떻게 상호작용하는지를 관찰할 수 있도록 했다. "우리는 우리 자신의 제품에 대해서는 최악의 판사들이었죠." 스미스는 이어서 말했다. "우리는 베타 프로그램을 만들어야만 했고, 집 거실들의 크기를 재야만 했습니다. 여러분이 가정했던 방법이나 고객들이 사용하기를 바랐던 방법과 실제 사람들이 그 제품을 사용하는 방법을 비교해서 관찰하는 게 정말 중요합니다. 키넥트 앞에 지속적으로 다양한 그룹의 새로운 사용자를 세우지 않았

----

[23] 스미스는 이렇게 언급했다. "이전에는 대부분의 모션캡처 데이터를 직원들에게서 모았습니다. 마이크로소프트에서 모았다는 건, 백인이고 약간 과체중인 사람들에 대한 데이터가 대부분이라는 의미죠."

다면 프로젝트는 엄청나게 실패했을 겁니다."

엑스박스 원은 업데이트된 키넥트와 함께 2013년 겨울에 출시되었다.[24]

여러분 역시 할 수 있다

이제 이런 고객 개발 기법에 대해 알아봤으니, 여러분이 개발하게 될 기능, 제품 출시, 그리고 새로운 계획을 검증하는 데 고객 개발을 사용할 준비가 되었다고 느껴야 한다. 대기업들은 목표를 명확하게 설정하는 부분이나, 신중하게 고객을 선정하는 일, 그리고 좀 더 고품질의 기능이나 목업을 만들어야 하는 추가적인 활동이 '세금'처럼 붙을 수도 있다. 하지만 기존 기업, 제품, 고객 등 어느 분야이든 가설을 구성하고 검증할 때 고객 개발이 호환되지 않는 부분은 없다.

내가 다루지 않은 주제가 하나 있다고 생각할 수도 있다. 바로 시간이다. 소규모 기업이나 스타트업에서는, 고객 개발에 1~2주일을 매우 자유롭게 투자할 수 있다. 하지만 대기업에서는 종종 미리 설정된 출시일, 고객과의 약속, 그리고 무엇보다도 고객 개발 활동의 확장 때문에, 결과를 마냥 앉아서 기다릴 수 없다. 고객으로부터 교훈을 얻는 활동은 여러분의 기존 제품 개발 프로세스와 병행되어야만 하며, 또한 신속하게 이루어져야 한다.

다음 장에서는, 기존 고객과의 접점에 고객 개발 기법을 맞추는 방법을 이야기할 것이다. 여러분 회사의 누구나 사용할 수 있는, 가벼운 프로세스인 빠른 고객 개발 기법을 이용하는 방법을 배우게 될 것이다.

---

24 역주_ 한국에서는 2014년 9월 23일에 발매되었다.

요점 정리

- 만약 기존 제품과 고객이 있다면, 최소존속제품 개념을 조정하라.

- 유망고객이 브랜드에 대해 알고 있으면 편견이 생길 수 있다. 다른 이름이나 브랜드를 뺀 좀 더 거친 스케치를 사용해서 '익명고객개발'을 연습할 수 있다.

- 최소보다는 존속성을 중시하되, 최소 범위에서 지나치게 벗어나지 않도록 확인하라.

- 여러분의 제품을 더 이상 사용하지 못하게 되면 매우 실망하게 될 고객들을 찾아보라.

- 기존 고객들과 고객 개발을 진행할 때는, 무엇인가를 만들고 있는 것이 아니며, 질문을 하고 있다는 사실을 과하다 싶을 정도로 설명하라.

- 고객에게 가상의 인물이 여러분의 제품을 어떻게 사용하는지를 설명하려면 스토리텔링 데모를 사용하라.

- 고객에게 여러분의 제품을 어떻게 사용하는지를 보여달라고 부탁하라.

- 고객에게 여러분의 제품을 어떻게 사용하는지를 보여주고 고객들이 여러분에게 반대의견을 내기 쉽도록 단호한 태도를 취하라.

CHAPTER 9

지속적인 고객 개발

멋진 점은 스포츠팬들과 스포츠에 대한 이야기를 좋아하는 사람들을 찾기가 어렵지 않다는 것이죠! 만약 제가 비행기를 타고 복도를 둘러보면, ESPN을 사용하는 누군가를 종종 볼 수 있습니다. 그냥 그 사람들에게 다가가서 대화를 시작하죠. "이 웹사이트에 대해서 어떻게 생각하세요? 뭔가 더 할 수 있었으면 하는 부분이 있습니까?"

_라이언 스푼, ESPN 제품 개발 선임 부사장

고객 지원 부서를 문제가 생긴 다음에 해결을 시작하는 수리팀 정도로 생각하지 말고, 여러분 비즈니스의 미래를 이끌어갈 열쇠가 되는 정보를 조사할 수 있는 수사관으로 생각해야 합니다. 그 정보는 바로 고객의 통찰이죠.

_댄 마텔, 클래리티 CEO

많은 회사들이 지속적인 고객 개발 연구를 자신들의 제품 개발 프로세스에 포함시키기 위해 애쓰고 있다. 프로세스의 어느 부분에 포함해야 하고, 적당한 시기는 언제인가?

새로운 프로젝트를 시작할 때는, (상대적으로) 고객에 대해 배우는 데 필요한 시간과 자원을 배분하기가 쉽다. 하지만 제품 개발이 진행 중이고 반복되는 때라면, 고객 개발 또한 지속적으로 반복되어야 한다. 고객 개발 연구에 쓸 시간을 확보할 때까지 기다린다면, 그런 시간은 절대 생기지 않는다.

다행히도, 지속적인 고객 개발은 가설을 세우거나 20여 시간의 인터뷰를 하기 위한 시간을 찾을 필요가 없다. 미리 계획을 세우고 일정을 정해야만 하는 것도 아니다.

이 장에서는 기존 제품과 고객을 갖고 있는 기업들이 고객 개발을 자신들의 일일 프로세스에 포함시키는 방법을 이야기할 것이다. 상세 내용 중의 몇 가지(특정한 직무를 수행하는 사람들과 함께 일하기, 다분야 융합팀에서의 의사소통 문제, 고객 개발이 왜 이득이 되는가에 대한 정당화)가 일부만 적용된다는 사실을 깨닫는 다면, 스타트업에서도 이 방법들은 통할 것이다.

앞으로 다음 내용들을 이야기할 것이다.

- 이미 고객과 소통하고 있는 사람들로부터 도움 얻기
- 고객으로부터 시작되는 상호작용 활용하기
- 고객들이 기능을 요청할 때 그 속마음을 이해하기

또한 여러분이 받은 피드백들을 한데 모아서, 고객들의 요구가 무엇이고 여러분의 조직이 어떻게 대응하고 있는지에 대해 조직 내의 모두가 더 잘 이해할 수 있도록 하는 방법도 이야기할 것이다. 의사소통을 확실히 하는 이 단계를 그냥 건너뛰지 말라. 시간이 걸리는 일이지만, 팀원들에게 지속적으로 동기를 부여하고 몰두할 수 있도록 해줄 것이다.

이 방법들을 사용하면 시간을 따로 확보할 때까지 기다릴 필요가 없을 것이다. 그대신 5분 안에, 어떤 대화를 하든 간에 대화의 방향을 고객에 대해 끊임없이 학습할 수 있도록 해주는 질문으로 바꿀 수 있게 될 것이다.

이미 사무실 밖에 나가 있는 사람이 누구인가?

물론 고객을 만날 때마다 조금씩 고객 개발을 진행한다는 것은 훌륭한 아이디어이지만, 방법에 관해 걱정하고 있을 수도 있다. 인터뷰 때를 제외하면 언제 고객에게 질문을 할 수 있는 기회를 잡을 수 있을까? 생각을 바꿔보라. 여기서 더 적절한 질문은 '언제'에 관한 것이 아니라 '누구'에 관한 것이다.

여러분 회사에는 고객들과 매일 대화하는 사람들이 있다.

그 사람들은 고객 개발이나 린 스타트업 원칙에는 익숙하지 않을 수도 있지만, 고객으로부터 뭔가를 듣고 배우기에는 가장 완벽한 위치에 있다. 고객들을 마주하며 일하는 동료들의 힘을 활용한다면 뭔가를 배울 수 있는 엄청난 가능성이 있다.

영업사원, 거래처 담당자, 그리고 고객 지원 전문가들은 일하는 시간 전부를 현재 고객 그리고 유망고객과 대화하는 데 사용한다. 불행하게도 이렇게 고객과 매일 마주하는 사람들이 배운 내용들은 제품을 만드는 의사결정을 하는 사람들로부터 너무나 자주 무시당한다. "거래를 성사시키기 위해서는 뭐든지 약속할 거야"라든가 "그냥 화난 고객한테서 왜곡된 예시를 듣고 있는 거야"라는 식으로 말이다.

물론, 여기에는 편견이 섞여 있다. 하지만 그렇다고 우리가 이 피드백을 무시해야만 한다는 의미는 아니다. 편견을 줄이도록 시도해야 한다는 뜻이다.

일반적인 상황은 이렇다.

> **영업부:** 대형 고객이 추가적인 보안 장치를 만들지 않으면 계약하지 않겠다고 합니다.

> **제품 관리부:** 못 만듭니다. 그 장치는 그 대형 고객에게만 이득이 될 것인데, 우선순위가 높지만 아직 못 만들고 미뤄놓은 기능이 엄청나게 많아요.

영업부는 고객에게 돌아가서 안 된다고 말하고, 계약을 놓칠 가능성이 높다. 그리고 제품 관리부의 시야가 좁다고 비난하는 한편 제품 관리부는 영업부에서 온 또 다른 바보 같은 요청을 거절했다고 생각할 것이다. 이런 상황에서는 그 누구도 대형 고객이 처음부터 왜 그 보안장치가 필요했는지에 대해 이해하지 못한다.

이렇게 하는 대신 이 팀들은 서로에게 더 좋은 결과를 내도록 함께 일할 수 있다. 고객이 기능을 만들어줄 것을 부탁하거나 변경을 요구하면, 최고의 답은 '예' 또는 '아니요'가 아니다. 이런 답변은 대화를 끝내는 신호이기 때문이다. 질문으로 답변을 대신하는 것이 거절을 피하는 외교적인 방법일 뿐만 아니라 답변을 얻어내는 가치 있는 방법이다.

나는 야머에서 영업부와 거래처 담당 부서의 신입사원 교육의 일부분으로, 이런 종류의 대화 기법의 예시를 가르쳐주기 위한 훈련을 담당하고 있다.

고객: 추가기능 X를 만들겠다고 약속해주기 전까지는 구매할 수 없습니다.

영업부: 이 피드백을 우리 제품 팀에게 알려주기 위해서 고객님의 요청을 제가 제대로 이해했는지 확인하고 싶습니다. 기능 X에 대해서 몇 가지 질문을 드려도 될까요? 그리고 이 기능이 고객님과 고객님 회사에 어떻게 도움이 되는지 말씀해주실 수 있겠습니까?

고객: 이 제품을 쓰는 우리 내부 직원들에게 왜 여러분이 기능 Y를 만들지 않았냐는 불평을 제가 엄청나게 듣고 있어요.

거래처 담당자: 불만족스러운 사람들로부터 이야기를 듣고 계신 것 같군요. 제가 이 문제를 정확히 이해하는지 확실히 하고 싶습니다. 그 상황에 대해서 좀 더 자세히 여쭤봐도 괜찮을까요? 직원들이 끝마치려고 하지만 그렇게 하지 못하는 일이 뭔가요? 만약 기능 Y가 있으면, 직원들은 그 기능을 얼마나 사용하려고 할까요?

이런 대화를 통해 고객은 영업사원으로 하여금 이것이 실제 요구인지 아니면 할인을 받기 위해 허세를 부리는 것인지를 구별할 수 있는 더 자세한 정보를 제공하게 된다.

고개은 영업사윈이 단지 거래를 그만두는 대신 자신의 요구사항을 이해하려고 노력하는 점에 대해서 감사할 것이다. 제품 개발팀 역시 자신들이 이야기하고 싶었던 제약조건이나 숨겨진 요구에 대해서 잠재적으로 배우게 된다.

신입사원들은 이 방법이 통할지 종종 의심스러워한다. 신입사원들의 의심은 타당하다. 고객들이 왜 그것이 필요한지에 대한 질문에 잘 답해주지 않을 것이라는 생각 때문이다.

이유를 묻는 질문을 할 때는 좀 더 부드럽게 접근할 필요가 있다. 공손한 표현을 사용해 질문을 하면 질문을 받는 사람들은 조사한다는 느낌보다는 대화를 한다는 느낌을 더 강하게 받게 된다. 더 자세한 내용을 보려면 5장의 "왜"라는 질문과 친해질 것'을 참고하라. 몇몇 조직에서는, 영업부와 제품 개발부 사이의 관계가 부담스러울 수도 있다. 이런 경우에 "이봐, 영업부가 통화할 때 나한테 필요한 내용을 좀 조사하고 싶은데!"라고 이야기하는 것은 현실적이지 않을 수도 있다.

나노 이런 상황을 쉬어봤나. 그때 실 통했던 빙밥은 언구에 궁짐을 두기보나는 동료의 상황에 더 중점을 두는 것이었다. 이런 식으로 말이다.

> 당신이 거래를 매듭지으려 할 때 고객이 뭔가 다른 기능을 요구하고, 당신은 그걸 만들어주겠다고 약속할 수 없는 매우 어려운 상황이 생길 수도 있다는 걸 압니다.

> 내가 그 기능을 만들어주겠다고 말할 수는 없지만, 당신을 고객에게 안 된다고 말해야만 하는 상황에 밀어 넣고 싶지 않습니다. 고객에게 질문을 해보면서 대응을 하면 어떨까요? 최악의 경우에도, 대화에 좀 더 긍정적인 의견을 더할 수 있을 겁니다. 하지만 잘 된다면, 고객과의 관계를 만드는 데 도움이 되는 것들을 좀 더 배울 수 있을 거예요.

방문 판매나 거래처 관리를 위한 방문을 돕기 위해 스스로 나서는 일은 팀 사이의 관계를 개선시키고 고객 개발을 보여줄 수 있는 좋은 방법이다. 누군가를 한편으로 만드는 데 가장 좋은 방법은 실제 행동으로 보여주는 것이다.

군과 첩보기관들을 위한 데이터 분석 소프트웨어를 개발하는 회사인 팔란티어 Palantir는, 한 발짝 더 나아가 중계자를 없앴다. 고객의 의견을 듣기 위해 영업사원을 훈련시키는 대신 엔지니어를 현장으로 보내는 것이다.

> 이 전문가들은 제품을 만들지 않는다. 최소한 처음에는 그렇다. 이 사람들은 현장으로 나가 고객과 직접 의사소통을 하면서 제품이 고객의 요구를 충족하는지를 점검한다. (…) 이들은 고객에게 문제가 있으면 그 자리에서 바로 관여할 수 있다. 그리고 가장 중요한 점은 고객들이 그때까지 미처 알지 못했던 문제를 식별하기 시작한다는 것이다.[1]

여러분의 문을 두드리는 사람은 누구인가?

> 고객 지원은 단순히 문제를 없애버리는 데 드는 비용이 아니다. 정보를 모으는 거점이다.

_ 데리어스 던랩

....

1 다니엘 핑크, 『파는 것이 인간이다』(청림출판, 2013) 중에서

고객이 강요를 받는다고 생각할 수도 있기 때문에 고객 개발을 할 수 없다고 변명하는 사람들이 종종 있다. 포춘 500대 기업의 CEO에게 전화를 하여 20분의 인터뷰를 하지 않기 위한 이유로는 적절할 수 있겠지만, 여러분의 제품을 사용하며 비용을 지불하는 고객이 있다면 여러분은 고객이 연락할 때마다 고객 지원[2]을 통한 고객 개발 기회를 이미 갖고 있는 것이다.

훌륭한 고객 지원 전문가들은 놀라울 정도로 제대로 활용되지 못하는 자원이다. 하루 종일 오류를 보고하고 고객들의 질문에 대답해야만 하는 사람들만큼 제품을 더 잘 아는 사람은 없다.

우리는 누구를 위해 제품을 만드는지 몰랐다

바네사 파플린Vanessa Pfafflin이 다양한 운동시설 관리 소프트웨어를 제공하는 마인드바디Mindbody라는 회사에서 고객 지원 담당으로 일하기 시작했을 때, 고객들로부터 다음과 같은 질문을 반복해서 들었다. 그녀는 이렇게 설명한다. "간단한 질문이었어요. '강의를 취소하려면 어떻게 해야 하죠?' '할인을 무효로 하려면 어떻게 해야 하죠?' 하지만 얼마 지나지 않아서 근본적인 문제를 고칠 수도 있겠다는 걸 깨달았어요. 고객이 했던 말을 기록하고 화면을 캡처한 뒤, 사용자 인터페이스를 어떻게 고치면 좋을지에 대한 제안을 추가해서 고객들이 처음부터 저런 질문을 할 필요가 없도록 했죠."

비즈니스가 급성장하는 한 달 동안, CEO를 포함한 회사의 모든 인원이 고객 지원을 도와야만 했다. CEO는 얼마나 많은 고객들이 가장 기본적이면서 자주 사용하는 기능을 사용하는 데 어려움을 겪고 있는지를 보고 놀랐고, 파플린에게 이런 문제들이 생기기 전에 미리 찾아내고 문제를 줄이는 일을 하도록 부탁했다.

"가장 자주 일어나는 문제를 찾아내기 위해서 기술 지원 기록을 연구했고, 해결책을 제안했어요. 문의전화를 가장 많이 받는 화면이 하나 있었는데, 고객들이 자신들의 서비스에 대한 가격을 결정하는 데 자주 사용해야 하는 업무와 연관된 것이

---

2 이 부문에서 이 직함으로 일하는 분들께 사과드린다. 사용자들에게 피드백을 제공하기보다는 '도망쳐서 숨는' 것을 선호하는 기업들을 많이 알고 있지만, 앵무새처럼 같은 말을 반복하는 방법을 사용하는 것을 권고하지 않는다.

있죠. 그건 정말 놀랍했니다. 혁신이 막공에있죠. 우리는 및 가지 조사를 했고 평균적인 고객들은 단지 15개 중 4개의 설정만을 사용한다고 결론을 내렸어요. 우리는 잘 사용되지 않는 11개의 설정을 '추가 설정' 링크를 만들어서 숨겼고 그 이후로 관련 문의전화는 극적으로 줄어들었어요. 고객들과 좀 더 일찍 얘기했더라면, 그 기능들을 처음부터 만들 필요가 없었다는 걸 알게 되었을지도 몰라요."

마인드바디가 컨설팅을 받기 위해서 사용성 연구자인 제러드 스풀Jared Spool을 데려왔을 때, 그는 현장 연구를 권장했다. "제러드는 우리가 누구를 위해서 제품을 만드는지 전혀 모르겠다고 말했어요." 파플린은 이어서 이렇게 회상한다. "그리고 그가 옳았어요. 고객 지원 담당 빼고는 누구도 고객과는 대화를 하지 않았고, 고객 지원팀은 엔지니어들과 대화를 하지 않았죠."

파플린은 회사의 첫 번째 사용자 연구원이 되었다. 그녀는 엔지니어들과 디자이너들이 고객의 사무실로 가서 제품을 사용하는 모습을 관찰하는 정기적 현장 방문 제도을 도입했다. "우리는 사람들이 전화해서 불평할 생각조차 못하는 실수를 발견했어요. 제품을 사용할 때 시설이 복잡하거나 혹은 고객이 많아서 우리에게 불평해야겠다는 생각을 잊어버린 실수도 몇 종류 있었죠. 그리고 고객들은 (제품이 잘못된 것인데도) 자기가 실수했다고 생각하면서 스스로를 비난했어요."

마인드바디는 제품 제작에 관계가 있는 사람은 누구든지 6주 동안 매일 두 시간씩 고객을 관찰하도록 했다. 현장을 방문하거나, 고객과의 통화를 듣거나, 아니면 사용자 연구를 참관하는 것이었다. "초기에는 참여자들이 불평을 했어요! 하지만 누군가가 고객이 고생하는 모습을 보고, 해결책을 제시하여 그걸 구현해 낸다면 우리 팀에게는 정말 큰 보상이었죠."

기능 요청과 불만사항은 고객 지원 담당자들이 다루기 가장 어려운 종류의 상호작용이 될 수 있다. 이 사람들은 종종 이미 화가 나 있는 고객들을 대응하고 있었으며, 그 기능을 수정해주겠다거나 언제까지 처리를 해줄 수 있다고 약속할 수가 없었다.

놀라운 사실은 불만에 대한 질문들이 부정적인 상황을 완화시키는 데 굉장히 효과적이라는 점이다. 여러분이 고객의 불만에 대한 후속 질문을 할 때, 고객들은 여러분이 자신을 이해해주고 자신에게 귀 기울여준다고 느낀다. 질문은 '이걸 고쳐보죠' 같은 파트너십의 신호이다. 심지어 전화 통화를 할 때 이미 화가 난 상태여서 대화가 어려웠던 고객도 전화를 받은 이가 적극적으로 고객의 문제를 이해하고 고치려 하면 화내는 걸 멈춘다. 서포트UX 컨설팅의 창립자인 데리어스 던랩은 이 내용에 대해서 이런 농담을 했다. "여러분이 고객의 이야기를 경청하면 갑자기, 고객들의 마음이 '저놈들은 멍청이야'에서 '와, 저 사람들이 정말 이 일에 대해서 고민을 하고 있군'으로 변합니다."

기능 요청에 대응하는 방법

기능 요청을 받았을 때 좋은 방법은 고객이 설명한 내용을 다시 언급하고 그 기능을 원하는 이유를 물어보는 것이다. 고객이 설명한 내용을 다시 언급하면 그 내용을 여러분이 제대로 이해했는지를 확인할 수 있다. 또한 여러분이 고객을 문책한다는 느낌보다는 내용을 궁금해한다는 느낌을 줄 수 있으므로, 이어지는 기능이 '왜' 필요한지에 대한 질문의 압박감을 줄여주는 역할도 한다.

> 제가 제대로 이해했는지를 확인하려고 합니다, 데이터 추출 기능을 추가하고 싶다는 말씀이시죠?

> 만약 저희가 데이터 추출 기능을 만들면, 지금은 하지 못하는 일 중에 어떤 일을 할 수 있게 되죠?

이런 종류의 질문에 대한 응답률은 굉장히 높은데 이유는 고객들이 이 질문에 대답함으로써 자신들이 원하는 기능을 얻게 될 확률이 높아진다고 믿기 때문이다. 리컬리의 고객 지원 책임자인 레이철 페니Rachel Pennig는 이렇게 설명한다. "우리는 고객들에게 이렇게 말합니다. '일이 가능할 수 있도록 하는 데 필요한 건 뭐든지 말씀해주세요. 꼭 장담할 수는 없지만, 이 내용들을 전달해서 결정을 내리도록 할 겁니다.' 저는 최근에 6만 건의 청구서를 관리하는 방안이 필요한 고객과 대화를 했어요! 고객이 무엇을 이루려고 하는지를 물어보고서, 납득할 만한 세 가지 해결책을 마련할 수 있었습니다."

경청하되 고객의 제안을 액면 그대로 받아들이지는 말라

언제나 나를 놀랍게 만드는 두 가지가 있다(그림 9-1)

그림 9-1 고객들은 자신들의 문제를 말하기보다는 제안을 하는 경향이 있는데, 이때 고객들이 추상화하는 부분을 극복해서 문제를 구체적으로 알아낼 필요가 있다.

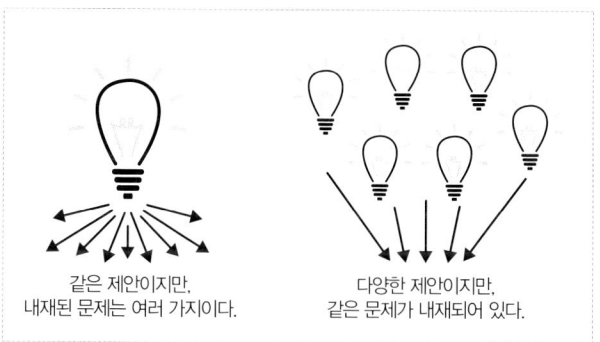

20명의 고객이 같은 요청을 하는 것 같지만, 더 자세히 고객들과 대화를 해보면 사실 모두 '다른' 문제를 해결하려 하고 있다. 야머에서 고객들이 종종 요청하는 추가 기능은 더 상세한 정책 관리이다. 각 고객마다 이 기능의 의미는 전혀 다르다.

20명의 고객이 각자 다른 기능이나 변경사항을 제안할 수 있지만, 더 자세히 고객들과 대화를 해보면 사실 모두 동일한 근본적 문제를 겪고 있음을 알 수 있다. 키스메트릭스에서 우리는 고객들이 매우 의존하는 분석 디버거 1.0 버전을 만들었다. 각각의 고객은 도구를 개선하기 위해 각자 다른 방법을 제안했지만, 그 방법들은 전부 정보의 표시 방법과 밀도에 관한 동일한 문제에서 유래된 것이었다.

기능성 또는 디자인 문제

기능성 또는 인터페이스에 대한 불만들은 조금 더 신중하고 공손하게 접근해야 한다. 키스메트릭스에서의 고객 지원팀을 위한 내 가이드라인은 4A (사과apologize,

인정(admit), 질문(ask), 감사(appreciate))로 구성되어 있었다.[3] 고객이 나쁜 경험을 하게 된 것을 사과하고 우리의 잘못을 인정하면, 그 뒤로는 질문을 하기에 적절한 분위기가 된다. 무심결에라도 고객이 잘못했다는 암시를 주어서는 안 된다. 답변 이메일은 다음과 같이 쓸 수 있다.

> 죄송합니다. 지금은 날짜 선택 기능을 바로 사용하기 어려우실 것입니다. 다음 달의 보고서가 준비되는 대로 내부 공지로 설명드릴 것입니다.
>
> 질문을 드려도 되겠습니까? 고객님의 상황을 더 정확하게 알고 싶습니다. 이 기능을 매 달 같은 시기에 사용하십니까? 이 기능을 혼자서 사용하거나 혹은 다른 직무에서 사용하시는 분이 또 있습니까?
>
> 저희에게 연락해주셔서 감사합니다. 저희는 언제나 제품을 발전시키려고 노력하고 있으며, 고객님의 의견은 매우 큰 도움이 될 것입니다.

이런 고객 응답에서 매우 중요한 세부사항들을 배울 수 있다. 이 문제로 영향을 받는 사람이 누구인가, 어떤 상황에서 이런 문제가 발생하는가, 얼마나 자주 발생하는가, 문제가 얼마나 심각한가 등의 내용이다.

많은 경우, 제품의 상호작용 기능들은 표준 사용성 테스트 상황에서는 잘 작동하지만 누군가의 현재 행동 패턴과는 일치하지 않는다. 이런 종류의 문제는 불평하는 사람 한 명 외 다른 제품이나 서비스로 바꿀 것을 생각하면서 말없이 고통받고 있는(또는 좌절 속에서 괴로워하거나) 10명의 고객이 더 있는 경우가 종종 발생한다.

버그와 오류

고객이 처음으로 버그 리포트나 수리가 필요한 오류를 들고 고객 지원팀으로 올 때에는, 고객 개발이 여러분의 주요 주제가 되어서는 안 된다. 1순위로 해야 할 일은 고객의 걱정에 대해 함께 고민하고 문제를 해결하는 것이다. 하지만 고객 지원팀에서 일해본 사람이라면 누구나 고객이 정말 '물어봤어야' 하는 질문에 대답

----

[3] http://www.cindyalvarez.com/communication/the-4-as-of-responding-to-customer-criticism

히는 내용과 고객이 묻는 질문에 대답하는 내용이 항상 같지는 않다는 것을 알고 있다. 고객 지원 전문가들은 질문에 답하고 추가적인 질문으로 적절하게 넘어가는 기술을 이미 잘 알고 있을 수도 있다.

> 이 기능을 사용하실 때 어떤 업무를 하시는지 여쭤봐도 괜찮을까요? 제가 가장 유용한 답변을 드릴 수 있는지 확실히 하고 싶어서 질문을 드립니다. 만약 하셔야 하는 일을 더 쉽게 또는 더 잘할 수 있는 방법이 있다면, 그 방법을 알려드릴 수 있도록 하려고 합니다.

일단 답변을 받으면, 여러분은 청중을 확보한 것이고, 당연히 고객 개발에 활용할 수 있다!

많은 웹 기반 제품들은 전화와 이메일 지원은 별도로 하고, 제품에 관심을 갖는 사람들과 기존 고객들의 질문에 답변하는 데 라이브채팅 기능을 사용한다. 고객이 질문을 할 때는, 고객의 고민점을 찾아내고 몇 가지 후속 질문을 할 수 있는 좋은 기회이다. 20분이라기보다는 2분 정도의 시간밖에는 없지만, 뭔가 교훈을 얻기에는 충분한 시간이다.

이번 주의 질문

고객 개발에 사용하는 특정한 질문이 없거나 고객과의 대화에서 고객 개발로 넘어가는 적절한 방법이 없을 수도 있다.

모든 질문이 여러분 고객의 경험과 일치해야 하는 것은 아니다. 간단한 설문조사 같은 질문을 통해서도 답을 얻을 수 있는 간단한 배경 조사 내용이 많이 있다.

가장 쉬운 방법은 매 주마다 연구를 하려는 어떤 주제에 대한 표준 질문을 정하는 것이다. 키스메트릭스에서 고객의 이메일에 답을 할 때 메일 맨 밑에 간단한 질문을 추가했다.

> 질문이 더 있으시거나, 제가 문제를 완전히 해결하지 못했다면, 알려주십시오.

> 저희는 항상 고객들에 대해 더 배우려고 노력하고 있습니다. 그래서 (관계없는) 질문을 하나 드리고 싶습니다.

지난주에 회의에 총 몇 시간을 사용하셨습니까?

고객 지원 티켓 시스템을 사용한다면, 이러한 질문에 대한 답변을 활용하기 쉬울 것이다.

가장 일반적인 질문은 객관적인 답변을 얻을 수 있는 질문들이다. 즉 숫자 혹은 누가/무엇을/어떻게/언제/왜에 대한 질문들이다. 고객에게 주관적인 질문을 하면 답변하는 데 시간이 오래 걸리고, 추가 질문을 하지 않는 한 답변이 덜 유용한 경우가 많다.

편견 인식하기

여러분과 상호작용을 하는 사람들은 아마도 대표적인 예시를 제공하는 사람들이 아닐 것이다. 여러분의 고객 대부분은 불평도 없고 칭찬도 하지 않는 '침묵하는 다수'일 것이다.

내가 요들에서 일할 때, 지원 요청과 고객 포럼의 내용들은 높은 수준의 기술적 지식과 금융 분야의 지식을 가진 사람들에 의해 심하게 왜곡되었다는 것을 발견했다. 그들은 지속적으로 우리 제품이 사용되는 방법의 한계를 넘어서는 방법을 찾고 있었다. 키스메트릭스에서는 완전 초보자와 전문가(웹 분석에 대해서 나보다 훨씬 더 많이 알고 있었다!) 사이에서 시간을 쏟았다. 야머의 경우에는 많은 양의 지원 요청과 기능 요청이 커뮤니티 관리자나 프로젝트 관리자를 통해 집중적으로 들어온다.

의사소통 확실히 하기

어떻게 하면 다양한 팀이 교훈을 얻고 있는 이 중요한 정보들을 혼란 속에서 잃어버리지 않을 수 있을까?

가능한 한 간단한 정식 프로세스부터 시작하기를 강하게 추천한다. 의사소통을 확실히 하는 일은 정말 중요하다. 그러므로 지속적으로 의사소통을 유지하려면,

여러분과 다른 참가자들이 새로 진행하기가 매우 쉬운 방법으로 프로세스를 만들어야 할 필요가 있다.

확실한 의사소통에는 세 가지 요소가 있다. 정보 수집, 정보 요약(6장), 그리고 정보에 압도되지 않고 필요한 내용을 얻을 수 있을 정도의 적절한 세부사항을 정해서 공유하는 것이다. 점진적 고객 개발에서는 항상 특정한 가설을 반증하려고 하기보다는, 우리 제품과 고객이 시간의 흐름에 따라 어떻게 변하는지를 지속적으로 배우는 것을 중시한다. 점진적 고객 개발에서 나온 기록은 종종 새로운 가설을 만드는 시작점이 되거나, 좀 더 자세한 사용성 리서치를 하도록 만들며 우리의 분석 데이터를 좀 더 깊이 들여다보게 한다.

정보 수집

다른 사람들로부터 고객 개발 기록을 모으는 방법은 여러분 회사가 이미 사용하고 있는 도구에 종속되어야만 한다. 만약 누군가가 기록을 남기려는데 여러 번 클릭을 해야 하거나 설명서를 읽어야 한다면, 사람들은 애써 시간을 들여서 기록을 남기지 않을 것이다. 현재 사람들이 의사소통을 하는 데 사용하는 가장 쉽고 간편한 도구가 무엇인가? 고객과 대화하는 사람들이 스스로 고객 개발 정보를 입력할 수 있도록 하는 몇 가지 방법이 있다.

- 누구나 기록을 추가할 수 있도록 공유되는 MS 워드 파일 또는 구글 문서
- 누구나 기록을 추가할 수 있도록 공유되는 에버노트나 원노트 파일
- 누구나 이메일 및 노트를 포워딩할 수 있는 별도의 이메일 주소
- 스프레드시트에 입력되는 구글 양식

키스메트릭스에서는 구글 양식을 사용했다. 기본 추천 질문 또는 인터뷰를 할 때 도움이 되는 표현을 추가하고 답변을 적기 위한 자유 양식 공간을 두고, 마지막에 기타 다른 질문을 추가했다. 이렇게 해서 인터뷰 진행자들이 양식을 웹 브라우저 즐겨찾기에 추가해두고, 양식에 직접 기록을 남기며 마지막에 바로 제출할 수 있도록 했다. 이 방법은 두 가지 큰 장점이 있었다. 동료들에게 기록을 남기라고 잔소리를 할 필요가 없었으며, 그들이 처음으로 인터뷰를 진행할 때 인터뷰가 끝나

고 바로 간단한 피드백을 주거나 다음번에 사용할 수 있는 후속 질문을 가르쳐주기 위한 사후 검토를 신속하게 할 수 있었다.

하지만 여러분에게 가장 유용한 정보를 줄 수 있는 방법이 가장 좋은 방법이다. 많은 조직일 경우 그냥 동료를 불러서 무엇을 배웠는가를 물어보는 방법이 더 효과적일 수도 있다. 고객을 직접 만나는 직원들은 컴퓨터 앞에 앉아 있거나 노트를 가지고 다니는 대신 장소를 옮겨가며 고객들과 대면하여 대화를 나누므로, 모든 기록은 그들 기억 안에 남아 있다.

고객 개발의 영향을 공유하기

여러분의 목표는 고객의 문제와 필요에 대해 배운 내용을 바탕으로 영리하게 제품에 대한 결정을 내리는 일이다. 여러분이 이 일을 할 때는 결과를 여러분이 속한 조직에 명쾌하게 공유할 필요가 있다. 사람들이 고객 개발의 효과를 이해할 것이라고 가정하지 말라! (고객 개발을 실행하는 사람들이 문제에 집중하고 있다는 점을 기억하라. 그들은 여러분이 선택한 해결책을 인식하지 못할 수도 있다.)

고객 개발이 시간이나 비용을 절약하고, 실수를 피하도록 도와주고, 또 고객의 만족도를 극적으로 높여주었다면, 이것들은 축하할 만한 일이다.

- 우리는 _____을 배웠습니다.
- 그래서 [기능/파트너십/신제품]을 만들지 않았습니다.
- 그 결과 _____의 시간을 절약했습니다!

서문에서도 언급했지만 내가 키스메트릭스에서 첫 달을 보내면서 진행했던 인터뷰 덕분에 우리의 제품 개발 범위를 극적으로 줄일 수 있었다. 우리는 개발 기간을 최소 두 달 절약했고, 지나치게 복잡한 코드를 지원하는 데 계속 사용되는 비용도 줄일 수 있었다.

결과를 발표하기 위한 더 영리한 방법은 다음과 같다.

- 우리는 _____을 배웠습니다.
- 그래서 _____을 시도했습니다.

> , 그 결과 _____의 기준들이 긍정적으로 비끼었습니다!

이런 성공 사례들은 슬라이드에 넣는 것도 좋지만, 최고의 효과를 위해서는 단지 회의석상에서만 결과를 공유하면 안 된다. 결과들의 요약본을 포스터로 만들어서 벽에 붙여두라. 야머는 종종 고객으로부터 배운 내용을 요약해서 벽에 붙이거나 사무실 주위에 설치된 TV로 보여준다. 이렇게 하면 누구나(회의에 한 번 들어온 사람뿐만 아니라) 고객 개발을 회사 문화의 일부로 바라보게 된다.

야머에서는 사용자 연구 팀이 월간 전체 회의에서 새로운 내용들을 공유한다. 또한 고객 스스로가 알아낸 통찰들을 분기마다 한 번 모이는 야머 고객들과의 사적인 모임에서 공유하고, 때때로 회사의 공식 블로그를 통해서 공유하기도 한다. 우리는 고객들로부터 얻은 정보를 '저희가 여러분에게서 이런 것을 배웠고, 그 결과로 우리가 이런 것들 했습니다'라는 형식으로 요약하려고 시도한다. 고객들이 항상 우리의 해결책에 동의하지는 않지만, 우리가 어떻게 고객들로부터 배우고 우선순위를 세우는가를 투명하게 공개하면 고객들로부터 위대한 질문과 도전들을 불러일으킬 수 있다. 달리 말하면 고객 개발에 대해 대화하는 것은 고객 개발을 실행하는 또 다른 방법인 것이다.

이제 여러분은 준비되었다

9개 장을 거치면서, 여러분은 여러분의 생각을 다시 구성하는 방법과, 가설을 설정하는 방법, 대화를 나눌 고객을 찾는 방법에 대해 배웠다. 우리는 인터뷰 방법, 분석 방법, 그리고 여러분의 기록을 제품에 대한 의사결정에 직접 반영하는 방법을 함께 해보았다.

나는 여러분 중 이 지점까지 책만 계속 읽으면서 오지 않았기를 바란다. 책을 내려놓고, 고객을 만나서, 고객이 해결하려고 하는 문제가 무엇인지를 배우는 일을 했으면 한다. 그러면서 여러분이 이미 가정 몇 가지를 반증했고, 새로운 가설을 세웠으며, 더 물어봐야 할 질문을 찾아냈기를 바란다.

각각의 인터뷰를 진행하면서 여러분은 고객 개발을 더 쉽고 자연스럽게 느끼게 될 것이다. 여러분은 실수를 할 것이다. 만약 실수하지 않았다면 내게는 실망스러운 일이다. 하지만 그 실수들은 빨리 지나갈 것이고 다음 인터뷰를 더 효과적으로 진행할 수 있는 교훈을 제공할 것이다.

이 책을 읽으면서, 만약 궁금한 것이 있다면 언제든 질문해주기 바란다. http://www.leancustomerdevelopment.com에서 블로그 포스트, 문서 양식, 성공 사례 등을 계속 업데이트하고 있다. 또한 언제나 cindy@leancustomerdevelopment.com로 연락할 수도 있다. 행운을 빈다!

요점 정리

- 고객과 대화하는 사람 모두에게 고객 개발에 쉽게 참여하는 방법을 가르쳐주라.
- 고객이 기능 요청을 할 때는, 고객에게 만약 그 기능이 있다면 지금 할 수 없는 일 중에 어떤 일을 할 수 있게 되는지를 질문하라.
- 고객이 어디에 가치를 두는가를 이해하려면, 여러분 고객 중 가장 활동적이고 열정적인 사람들에게 여러분의 제품을 다른 사람들에게 어떻게 설명할 것인지를 물어보라.
- 여러분의 조직 안에서 고객 개발의 성공을 공유하고, 고객으로부터 배운 내용이 어떻게 긍정적인 변화를 만들어냈는지 보여주라.
- 무엇이 잘못 되었는가를 알려주는 가장 좋은 신호는 고객 지원팀으로부터 온다.
- 왜 진짜 문제를 찾아내기 위한 질문을 해야 하는가, 고객들은 내재되어 있는 공통적인 문제점을 해결하기 위해 다른 해결책들을 제안한다. 많은 고객들이 비슷한 제안을 할 수도 있지만, 사실 다양한 문제가 내제되어 있는 경우도 있다.
- 고객에게 보내는 이메일에 후속 질문을 더하라. 질문은 결과를 계산할 수 있도록 구성하라.

통하는 질문

고객 개발을 진행하면서 항상 미리 일정을 계획해야만 하거나, 체계적으로 상호 작용을 계획해야 할 필요는 없다.

대화를 이끌어가면서 한편으로 효과적인 질문을 만들어내려고 하는 일이 어려운 도전일 수 있다. 무심코 유도신문을 하거나(X를 사용하게 될 거라고 얼마나 자주 생각하십니까?) 또는 '예/아니요'로만 답하게 되는 질문(고객 분 가족에게 Y가 점심 메뉴로 좋다고 생각하십니까?)을 하게 되기는 매우 쉽다. 예/아니요 질문은 효과적이지 않을 뿐만 아니라, 좀 더 열린 답변을 이끌어내지 못하기 때문에 대화에서 여러분의 부담으로 되돌아오게 된다. 또 다른 질문을 즉시 할 수 있는 준비가 되어야 한다. 여러분은 말을 하기보다는 대화를 듣고 싶은 상황이기 때문에, 예/아니요 식의 단답형 질문이나 또는 유도신문을 통한 방법은 좋은 전략이 아니다.

이 부록에서는, 여러분에게 도움이 되는 질문들을 제공할 것이다. 각각의 질문마다, 이 질문을 어떻게 만들었으며, 언제 이 질문을 사용하는 것이 적당하고, 또 이 질문을 통해서 무엇을 배울 수 있는가를 설명해두었다.

> ### 경고
> 검색 엔진을 사용해서 스스로 답을 찾을 수 있는 질문들은 하지 말라. 사람들은 질문자들에게 구체적인 정보를 제공할 때 다른 사람에게 도움이 된다는 기분을 느끼게 된다. 그리고 사람들을 연구 보조자가 아닌 전문가로 대우해줘야 한다.[1]

---

1 누군가에게 질문을 할 때 그 사람이 종사하는 업계의 연례 콘퍼런스 시기나, 그 사람이 사는 곳에 학교가 몇 개나 있는가 같은 뻔한 내용은 묻지 말라. 이런 종류의 정보는 여러분 스스로 찾아봐야만 한다. 또 그 사람의 회사 웹사이트나 마케팅 비디오를 찾아보면 간단히 알 수 있는 정보에 대해서 질문하지 말라. '내가 너를 위해 구글해주마(Let Me Google That for You)' 웹사이트는 이런 질문을 받고 무시당한다고 느끼며 분노하는 감정을 반영하여 만들어진 것이다. 이 사이트의 소개글에는 이런 말이 있다. "이 사이트는 자신이 궁금해하는 내용을 스스로 구글에서 찾아보는 대신 여러분을 괴롭히는 게 더 편리하다는 걸 깨달은 모든 사람들을 위한 사이트입니다."(http://www.lmgtfy.com).

모든 고객 개발 인터뷰에서도 사용할 수 있는 질문

여러분이 스타트업에서 일하든 이미 안정된 기업에서 일하든 상관없이, 다음 질문들은 여러분에게 도움이 될 것이다.

지난번에 _____하셨던 것에 대해 말씀해주십시오

상황

고객이 특정한 업무에 대해 이야기할 때 업무에 대해 불평하거나 또는 이 업무가 더 빨리, 더 잘 처리되기를 바라거나 아예 이 업무를 하지 않게 되었으면 하는 표현을 하는 경우.

이 질문은 자유롭게 이야기할 수 있도록 하는 초대 정도의 의미를 갖는다. 이 상황에서 시간, 노력, 비용, 가치 등을 알아보기 위한 질문을 하는 것은 적절하지 않은데, 그 이유는 이런 속성들 중에 어떤 것이 여러분의 흥미를 끌게 될지 아직 모르기 때문이다.

이 질문의 또 다른 중요한 기능은 여러분이 미래에 할 수도 있는 활동이 아니라, 과거에 명백히 수행했던 활동에 대해서 묻고 있다는 점이다. 사람들은 자신이 미래에 할 수도 있는 일에 대해 이야기할 때면 좀 더 야심차고 긍정적이지만 부정확한 태도가 되는 경향이 있다.

여러분이 배우게 될 것

여러분이 특정한 정보를 찾고 있는 것이 아니라는 암시를 줄 때, 고객은 자신의 일 중에서 무엇이 가장 중요한지를 쉽게 이야기할 것이다. 그 내용은 누가, 무엇을, 왜, 언제 또는 어떻게와 관련된 것일 수도 있고, 부정적이나 긍정적인 감정일 수도 있다.

NOTE_ 고객이 가장 처음 이야기하는 내용이 앞으로 대화를 어떻게 진행시킬 것인지에 대한 지침이 된다.

만약 마법 지팡이가 있어서 당신이 [이 업무를 수행하는] 일에 대해서는 어떤 것이나 바꿀 수 있다면, 무엇을 바꾸시겠습니까?

상황

이 질문은 고객이 특정한 해결책에 붙잡혀 있거나 실제적 한계 또는 고객이 인지하고 있는 한계에 의해 생각이 방해를 받을 때 효과적인 방법이다.

여러분이 배우게 될 것

이 질문은 고객이 자신의 가장 큰 고민점을 찾도록 이끌어준다. 또한 종종 고객의 환경에 대해서 더 배울 수 있는 방법이 되기도 한다. 고객의 마법 지팡이가 어떤 일을 더 빨리 또는 더 잘할 수 있도록 할까? 또는 방해물이나 관료적 장애물을 없애게 될까? 같은 것들이다.

_____를 하는 데 어떤 도구를 사용하십니까?

상황

이 질문은 업무에 대한 상세한 내용을 이끌어낸다. 고객이 상황을 처리하는 방법이나 업무를 완료하는 방법을 일반적으로 설명하는 수준을 넘어설 수 있도록 유도하는 데 도움이 된다.

여러분이 고객의 특정한 경험에 관심이 있다는 점을 분명히 밝혔을지라도 고객들이 항상 당신을 믿는 것은 아니다. "아, 저는 당신이 내가 쓰는 특정한 웹사이트나 앱을 언급하기를 바란다고 생각하지 못했네요. 다른 사람에게도 적용될지 모르는 일반적인 답을 원할 거라고 생각했어요."

여러분이 배우게 될 것

고객이 사용하는 특정 웹사이트, 장비, 소프트웨어, 앱, 또는 여러 기법을 배우게 될 것이다. 고객이 문제를 해결하거나 해결하려고 시도하는 데 도구를 사용한다는 것은 좋은 징조이다. 고객이 이미 문제를 인식하고 있고, 문제를 해결하기 위한 시도를 했음을 보여주기 때문이다. (문제를 해결하기 위해 해결책을 써볼 생각이지만 아직 방법을 찾지 못했다는 고객은 보통 여러분의 관심을 다른 곳으로 돌리기 위해서 그렇게 이야기를 하는 것이다.)

[도구]를 사용하기 시작한다면, 어떤 이득을 기대하십니까?

상황

고객이 문제가 해결되었다고 생각한다면 이 질문을 사용하라. 고객은 그의 고민점을 최소한 일부라도 해결해주는 제품을 사용하고 있다. 그렇다면 고객이 더 나은 해결책을 적극적으로 찾지 않을 수도 있다.

여러분이 배우게 될 것

문제를 해결하는 일에 대한 고객의 초기 기대 수준을 배울 수 있다. 만약 사용하는 도구가 상업 제품이라면(연필과 종이 같은 것이 아니라), 그 제품의 마케팅 방법을 눈여겨보는 것도 유용하다. 고객의 기대 수준과 해당 제품 마케팅에서 약속하는 가치를 서로 비교해보라.

문제가 전부 해결되지 않을 수도 있다

고객이 특정한 목적으로 제품을 사용하기 시작했지만 그 제품을 다른 목적으로도 유용하게 쓸 수 있다는 점을 발견하지 못하는 것은 매우 흔하다. 그리고 고객이 제품의 새로운 가치에 완벽하게 만족할 수도 있지만 여전히 해결하지 못한 문제가 있을 것이다. 좋은 후속 질문은 다음과 같다.

하지 못하는 일 중에 [도구 이름]을 갖고 할 수 있게 되기를 기대하는 일이 있습니까?

_____을 얼마나 자주 하십니까? 예를 들어 지난달에는 몇 번이나 하셨습니까?

상황

보통 나는 고객이 업무나 반복되는 일과에서 발생하는 문제를 해결하는 데 도움이 되는 제품이나 기능에 관심을 표할 때 이런 질문을 하게 된다.

'얼마나 자주'라는 표현은 꾸딩이 일싱직이기 때문에 대닝의 태도를 밍이직으로 만들지 않는다. 사람들은 어떤 일이 일어나는 빈도를 어림잡는 데 서툰 경향이 있으므로, 과거의 특정 기간을 지정해주는 표현을 제시해주면(단, 너무 길지 않아야 한다. 여기서는 한 달을 사용했다) 정확한 결과를 받기가 쉬워진다. '몇 번'이라는 질문 틀은 사회적으로 잘 받아들여지지 않는 행동이나 고객이 부끄럽다고 생각하는 행동에 대해 물을 때도 도움이 된다.[2]

여러분이 배우게 될 것

여러분은 명확하게 그 상황이 얼마나 자주 일어나는가를 질문하고 있고, 이 결과는 이 문제가 해결하기 위해 고객이 시간이나 돈을 투자할 정도로 충분히 심각한 문제인지를 밝혀내는 데 도움이 될 것이다.

또한 여러분은 은연중에 우선순위에 대해 질문하게 된다. 어떤 상황이 지난달에는 한 번도 일어나지 않았는데 그 일이 항상 일어나는 것처럼 설명하는 사람들이 드물지 않다. 그렇다면 이 상황을 지적했을 때 고객이 어떻게 반응하는가? "그래요, 그렇게 큰일이 아닐 수도 있죠"라고 웃으면서 인정하는가, 아니면 "음, 저에게는 항상 일어나는 것 같아요"라고 방어적인 자세로 이야기하는가? 후자의 경우라면 고객에게 특별히 심각한 문제이거나 그 문제가 지속적인 스트레스를 만드는 상황이라는 단서이다. 조사해볼 만한 가치가 있는 문제이다!

문제가 발생하면, 여러분이나 여러분의 회사가 부담해야 하는 추가 시간이나 비용은 얼마입니까?

상황

여러분이 문제를 식별했지만 이익이 되도록 해결할 수 있을지 확신하지 못하

---

2 내 친구 중 한 명은 주변의 저소득자들을 위한 무료 클리닉에서 간호 봉사를 한다. 그녀는 "마약을 하나요?"라는 질문 대신 "지난주에 몇 번이나 마약을 하셨나요?"라고 질문하도록 훈련을 받았다. 환자들은 뒤의 질문에는 정직하게(좀 더 아니면 어느 정도만) 대답하고 앞의 질문에는 거짓으로 대답을 하기 때문이다. 환자의 행동에 대해 정확하게 알지 못하면, 적절한 치료를 제공하기가 더 어렵다.

는 상황이다. 이 질문은 고객이 감정을 잘 드러내지 않아서 고객의 고민점이 얼마나 심각한지를 확신할 수 없을 때도 도움이 된다. (물론, 콘퍼런스나 영업 미팅 같은 공공장소에서는, 감정적인 응답을 잘 나타내지 않으려는 경향이 있다.)

여러분이 배우게 될 것

이 고객이 돈과 시간에 대해 어떻게 생각하는가에 대해 배우게 된다. 이 고객이 일정이나 예산 중 어느 것이든 관리할 책임이 있는가? 이 고객이 여러분 제품의 주요 사용자이지만 구매 결정을 내리는 사람이 아닌가?

고객들의 정량화 도와주기

많은 사람들(특히 소비자이면서 사업가인 사람들)은 낭비되는 돈이나 시간을 정량화하는 데 익숙하지 않다. 사람들은 비합리적인 결정을 많이 내린다. 하지만 고객에게 이런 것을 정량화하는 계산법을 알려주는 것이 도움이 된다.

인터뷰 진행자: 방금 고객님 집에서, 음식이 다 떨어졌다는 걸 깨닫게 되는 문제에 대해서 설명해주셨는데요. 이 문제가 생길 때, 추가적으로 사용하시는 시간이나 비용이 얼마나 되나요?

고객: 음, 그냥 가게로 달려가거나, 피자를 배달시키죠.

인터뷰 진행자: 그럼, 만약 식료품 가게에 갑자기 가게 되면 시간이 얼마나 걸리나요?

고객: 어… 아마 20분 정도요. 음, 가게에 사람이 많으면 30분 정도 되겠네요.

인터뷰 진행자: 30분을 소비하여 가게에 다녀오시면 그 이후에 고객님의 시간에 어떤 영향이 있나요?

고객: 음, 그러면 저녁을 더 늦게 먹게 되겠죠. 그래서 아이들 숙제를 서둘러서 끝내야 하고 목욕시키고 재우는 시간도 늦어지겠네요. 그냥 피자를 주문할까 하는 생각이 드는 이유예요.

인터뷰 진행자: 저녁으로 피자를 배달시키면 음식이 있을 때 요리를 하는 것과 비교해서 비용이 얼마나 드나요?

여러분의 목표는 정확한 액수(표는 시간 분) 계산을 하는 것이 아니라, 여러분이 제공하게 될 가치를 좀 더 명확하게 이해하는 것이다.

그 밖에 이 문제를 겪는 사람이 누가 있나요?

상황

목표로 할 추가적인 고객군을 찾고 있거나, 여러분의 잠재 목표 고객 프로필이 정확한지 확신하지 못하고 있는 상황이다.

여러분이 배우게 될 것

여러분이 대화를 할 수 있는 다른 사람들에 대해 알게 된다. 이 질문의 또 다른 이점은 여러분보다 고객이 다른 고객들과의 공통점을 더 잘 알아챌 수도 있다는 것이다. 예를 들어 여러분이 유아용품을 만들고 있다면, 여러분의 목표 고객이 부모라고 가정할 수도 있다. 하지만 부모들은 자신 외에도 유아용품을 사는 사람들이 있음을 알고 있다. 조부모들, 아기를 애지중지하는 이모들, 이웃들, 그리고 출산 축하 파티에 초대받은 사람 등 누구나 구매자가 될수 있다. 어쩌면 아기에게 선물하기 위해 유아용품을 사는 사람들이 목표 고객에 더 가까울 수도 있다.

_____을 할 때면(또는 사용할 때면), 그 전에 준비하는 어떤 일이 있습니까?

상황

언제나 이 질문을 할 수 있다. 우리가 매일 진행하는 업무나 반복 일과는 대부분 깨닫지 못할 정도로 몸에 배어 있는 준비 단계를 포함한다. 이 질문은 또한 반복되는 일과에 매몰되어 있어서 불평거리가 없는 것 같다고 생각하는 기존 고객과 이야기할 때 어색함을 누그러뜨리는 데도 유용하다. 명백하게 잘못된 것이 없기 때문에, 고객은 더 개선할 부분에 대해 생각하지 않을 수도 있다.

또는 "_____을 어떻게 하는지 말씀해주십시오" 질문을 했는데 고객이 답변하는 범위가 너무 좁다고 느낄 때도 이 질문을 할 수 있다.

여러분이 배우게 될 것

고객이 여러분의 제품을 사용하기 위해 필요한 기존의 전제 조건이 있을 수도 있다(예를 들어 출장을 갈 때만 X를 사용한다). 만약 누군가가 여러분의 제품을 사용하기 전에 항상 하는 관련 활동이나 업무가 있다면, 제품 기능을 확장하거나 대체재 또는 대체 서비스를 제공할 수 있는 파트너를 찾을 수 있는 기회이다.

온라인 청구서 결제는 놀랄 만큼 수동적 작업이다

내가 요들에 있을 때, 디자인 팀은 대형 은행과 파트너십을 맺고 온라인 청구서를 결제하는 일을 더 편리하게 할 수 있는 방법을 함께 찾고 있었다. 이 프로젝트는 실제 엔지니어들이 투입되기 전에 취소되었지만, 인터뷰했던 고객들로부터 얻은 놀라운 교훈은 절대 잊혀지지 않는다.

고객: 온라인 청구서 결제에 대해선 아무런 불만이 없어요. 잘 작동하고, 수표를 쓰고 도장을 받는 걸 기억해야 하는 것보다는 편리하죠.

나: 온라인으로 청구서 결제를 하는 과정을 말씀해주셨는데요. 은행 웹사이트에 들어가시기 전에 하는 어떤 준비 과정이 있나요?

고객: 아니요. 음, 은행 홈페이지가 내 계좌 정보를 보여주는 건 알지만, 현재 시점과 청구서 결제일 사이에 제가 ATM에서 돈을 인출하기 때문에 그게 정확하지는 않아요. 또 자동 이체되는 청구서도 몇 종류 있죠. 그래서 정말로 남게 되는 청구서가 뭔지를 알아낼 필요가 있어요.

나: 그 작업은 어떻게 하세요?

고객: 보통 메모지와 펜을 가지고 그냥 빼는 거죠. 아시잖아요, 돈이 얼마 있고, 내가 얼마나 돈을 인출할지 생각해서 빼고, 자동 이체될 금액을 빼죠. 그러면 실제 잔고가 얼마나 될 것이고 온라인으로 지불할 금액을 적을 수 있죠.

이 고객은 웹사이트에 들어가기 때문에 청구서를 온라인에서 지불한다고 정의했지만, 사실 오프라인에서 준비해야 하는 단계가 포함되어 있었다. 나는 다수의 고객으로부터 이 이야기와 비슷한 내용을 들었다!

그러면 온라인 뱅킹 웹사이트 안에 추가적인 계산기를 만드는 것이 타당할까? 아마 아닐 것이다. 은행들은 실수로 자신들의 계좌에서 당좌대월[3]을 일으키는 고객들로부터 많은 이윤을 만들어낸다. 수년 동안 금융 소프트웨어를 디자인해온 사람으로서, 전혀 생각하지도 못했던 이런 일반적 사용자 행동을 발견했다는 건 놀라운 일이었다.

관련 질문은 이런 것이 있다.

_____을 하실 때(또는 사용하실 때), 그 일을 하고 난 직후에 하시는 일이 있습니까?

위의 질문과 유사하게, 이 질문은 상황을 좀 더 넓은 각도에서 이해하기에 좋은 방법이다. 4장에서 여러분이 질문을 할 때 한 단계 위로 추상화하는 것에 대해 이야기했었다. 특정 업무나 습관적인 일에서 한 단계 앞/뒤의 일을 물어보는 것도 추상화의 또 다른 방법이다.

사용자 연구나 베타테스트에 참여해서 저희를 도와주실 생각이 있으신가요?

상황

인터뷰를 마칠 때마다 항상 이 질문을 하라! 정식 베타테스트 계획이 준비될 때까지 기다리지 말라. 나중에 여러분을 도와주기로 한 사람들의 이메일 주소 모음을 갖고 있으면 매우 유용하다.

여러분이 배우게 될 것

여러분이 고객의 문제를 해결하고 있다면, 사람들은 이 질문에 '예'라고 답할

---

3 역주_ 수표 발행액이 은행 잔고를 넘게 되더라도 일정 범위 내에서는 부도를 내지 않고 은행이 결제액을 대출해주는 제도. 일종의 단기 마이너스 통장이라고 볼 수 있다.

것이다. 만약 여러분이 '아니요'라는 답을 많이 듣게 된다면, 여러분의 가설이 반증되었다고 보면 된다.

이 질문을 하는 것이 미래의 고객 개발에 어떻게 도움이 되는가.

일단 질문에 대답할 의향이 있는 사람들이 모이면, 이후에 여러분의 팀이 고객 개발에서 만들어야 할 가정의 수를 극적으로 줄일 수 있다. 간단한 가정들을 신속하게 선택하고(예를 들어 우리 고객 중 대부분은 여행을 하는 동안 이 제품을 사용한다고 가정한다) 피드백을 받기 위해 소수의 사람들에게 이메일을 보낼 수 있다.

짧은 질문입니다. [기능]을 사용할 때 특정 이유 또는 발생하는 상황이 있습니까? (만약 있다면, 어떤 것들이 있습니까?)

여러 변경사항의 우선순위를 정하기 전에 사람들이 [기능]을 어떻게 사용하는지를 확실히 이해하고자 질문을 드립니다. 도와주셔서 감사합니다!

예/아니요 식의 대답 이상의 무엇을 끌어낼 수 있도록, 여러분의 질문을 다듬는 데 다소의 시간을 투자할 필요가 있다. (예를 들어 "일주일의 중간쯤에 음식이 부족해집니까?"라는 질문은 "보통 언제쯤 음식이 부족해집니까?"가 되어야만 한다. 만약 고객이 첫 번째 질문에 대해 '음식이 모자랄 때는 그 시점이 아니다'라고 생각한다면, 그냥 "아니요"라고 말할 것이다.)

이 질문은 9장에서 설명했던 '이번 주의 질문'과는 제법 다르다. '이번 주의 질문'은 그 주에 연락을 하게 되는 누구에게나 질문하는 무작위 질문으로, 단순히 학습을 계속하기 위한 것이다. 하지만 이 경우에는, 나중의 연구를 위해서, 예를 들어 여러분의 문젯거리 중 하나인 테스터 모집에 대한 짧고 일관적인 답을 바라게 된다.

이 질문을 할 때는, 검증되지 않은 의견에 개발팀이 시간을 낭비하지 않도록 여러분이 신뢰하는 특정한 고객을 선택해서 자세히 대답하도록(개별 이메일을 보내서) 부탁해야 할 것이다.

기존 제품을 위한 질문

여러분에게 기존 제품이 있을 때는, 여러분과 여러분의 고객 양 쪽 모두 극복해야 할 선입견이 있을 수 있다. 고객들은 이전 제품의 로드맵 발표를 봤을 수 있고 특정 기능을 기대하고 있을 수 있다. 또한 여러분은 고객들이 무엇을 필요로 하고 무엇을 원하는가에 대한 여러분만의 편견을 갖고 있을 수 있다.

[우리 제품]을 사용하실 때, 가장 먼저 하시는 일은 무엇입니까?

상황

고객의 주관적인 경험에 대해 더 배우려는 상황이다. 가끔은 순서를 정하고 차례대로 하는 질문이 더 자세한 답을 주기도 한다.

여러분이 배우게 될 것

여러분이 만든 제품의 사용성을 어떻게 측정하느냐에 따라, 정량적 분석을 기반으로 이 질문에 대한 사실적 해답을 얻을 수도 있을 것이다. 그렇지만 나는 고객이 스스로 하는 일에 대해 주관적으로 갖고 있는 기억과 그 행동에 대한 객관적인 기록 사이에 얼마나 큰 차이가 있는가를 보면서 종종 놀라곤 한다.

우리 제품을 가지고 정기적으로 하는 일 중에서 가장 유용한 것은 무엇입니까?

상황

여러분은 고객들이 가장 큰 가치를 두는 것이 무엇인가에 대한 가설을 갖고 있다. 여러분의 제품을 개선하는 데 어느 분야에 투자할지를 결정하기 위해 가설을 검증하고 싶은 상황이다.

여러분이 배우게 될 것

제품을 만드는 사람들은 고객들이 최신 기능이나 가장 어려운 기능에서 가장 큰 가치를 얻을 것이라고 믿는 경향이 있다. 그러나 그렇지 않은 경우도 있다! 고객이 가장 많이 사용하고 또 고객에게 유용한 기능은 공유나 데이터 추출 같은 간단한 활동과 관계가 있다는 말을 고객으로부터 종종 들었다.

만약 [요청하신 기능]을 지금 갖고 있다면, 그 기능이 어떻게 당신의 삶을 더 낫게 바꿀까요?

상황

고객이 여러분 제품의 특정한 기능이나 제품의 변경에 대해서 방금 질문을 했다. 여러분은 고객의 질문이 제품의 비전과 일치한다고 생각하지 않을 수도 있고, 또는 고객의 질문을 제대로 이해했는지 확신하지 못할 수도 있는 상황이다.

고객과 여러분 사이에 이미 형성되어 있는 관계에 따라, 대화에서 얼마나 격식을 갖출지를 조절할 필요가 있을 수도 있다. 고객이 이 질문을 듣기에는 좋은 질문이나 고객을 무시하는 질문으로 받아들일 위험이 다소 있다. 이 질문은 개인적이고 모호한 형태로 전달할 것을 매우 추천한다. '여러분의 삶을 더 낫게 만들다'나 '여러분의 일을 더 쉽게 만든다'같이 말이다.

여러분이 배우게 될 것

이 고객이 해결하려고 하는 문제!

다른 고객들이 [문제]를 겪고 있다고 제게 말했는데요 …

상황

고객 개발 인터뷰에서 최후의 수단인 질문이다. 여러분이 다른 고객들에게 영향을 미치는 문제를 검증하려고 할 때 누군가 자발적으로 그 문제에 대해 언급한다면 이는 더 강한 신호가 된다. 하지만 때때로 강한 직관을 가질 때가 있다. 이 고객이 문제에 대해 아직 이야기하지 않았더라도, 여러분은 이 고객이 뮤제를 경험한다는 것을 알아차리게 된 때가 있다. 그런 상황에서는, 고객에게 살짝 힌트를 주는 것이 이야기를 이어가는 데 도움이 될 수도 있다.

장기간 인터뷰를 진행할 시간적 여유가 없는 상황. 여러분이 장기간의 인터뷰를 진행할 시간적 여유가 없을 때, 이 질문을 별도의 대화를 시작하기 위한 방법으로 활용할 수 있다. (이 질문이 예/아니요를 묻는 질문이 아니라 고객에게 대화를 시작하자고 초대하는 것임을 기억하라.)

패턴을 발견하고 이 패턴에 도전해보고 싶을 때. 패턴이 떠오르기 시작하면, 고객에게 이 패턴과 반대되는 내용을 들려주거나 가상의 다른 사람이 이 패턴과 다른 방법으로 일을 한다고 주장하는 식으로 이 질문을 사용할 수 있다. 자세한 내용을 보려면 6장을 참고하라.

여러분이 배우게 될 것

어떤 이유로든 다른 고객에 대해 언급하면 사람들은 맹목적으로 동의하거나 반대하기보다는 좀 더 생각해보고 정직한 답변을 내놓는 것 같다.

그 이유는 다른 사람에 대해 이야기 하는 것이 곧 고객들이 불평을 해도 된다는 허락으로 생각하기 때문일 수 있다. 여러분 중에 화가 잔뜩 난 고객의 전화를 응대했던 사람들은 믿기 어려울 수도 있지만, 대부분의 고객들은 스스로 불평하는 것을 불편하게 느낀다. 자신들의 문제가 해결되지 않고 있다는 것을 의미하기 때문이다.

스토리텔링 데모 사용하기

가끔은 질문을 하는 것보다 스토리를 들려주고 의견을 묻는 것이 더 효과적일 수도 있다.

다음은 내가 야머에서 새 기능에 대한 고객의 의견을 얻기 위해 사용했던 데모 내용의 발췌본이다.

야머와 함께 일하는 여러분의 직원 중의 한 명을 우리가 어떻게 상상하고 있는지를 차근차근 보여드리고자 합니다. 저희는 분명히 여러분의 피드백을 찾고 있으니, 제가

진행하는 동안 아무 때나 자유롭게 의견을 내거나 질문을 해주세요.

그럼 가상의 회사 알파인 스타일의 가상의 직원인 제시카와 함께 시작해볼까요? 영업 지원 업무를 맡고 있는 제시카가 이번 주에 콘퍼런스에 참가했습니다.

[데모의 첫 페이지를 불러오고, 야머의 관점에서 로그인하는 상황을 보여준다.]

[스크롤을 내려서 '브라이언'이 REI와 연락한 내용에 대해 작성한 대화를 보여준다.]

지금 제시카는 알파인 스타일의 다른 직원이 작성한 대화를 읽고 있습니다. 그녀는 자신이 도와줄 수 있는 내용을 누군가가 질문하고 있다는 걸 알게 될 것입니다. 이와 같은 상황에서 이제 막 이런 대화를 시작한 브라이언은 제시카가 자신을 도와줄 수 있다는 것을 모를 수도 있습니다. 만약 브라이언이 그냥 이메일을 보냈다면 그 메일은 다른 사람에게 전달되고 제시카가 응답할 기회를 놓쳤을 수도 있습니다. 자, 이제 그녀가 답을 보내려고 합니다.

[제시카의 답변을 입력한다. "전에 메리 스티븐스와 일했었습니다. 그녀의 전화번호를 알려드릴게요."]

그다음 제시카는 자기 팀에서 지난번에 REI와 계약할 때 썼던 서류를 기억해냅니다. 그리고 그 서류를 찾기 위해서 그룹을 탐색합니다.

[데모를 다음 화면으로 진행하기 위해서 왼쪽의 사이드바 메뉴를 클릭하면, 서부지역 영업 그룹 화면이 나타난다.]

이제 제시카는 서부지역 영업 그룹 화면을 보고 파일을 찾을 수 있습니다.

[데모를 다음 화면으로 진행하기 위해서 파일 탭을 클릭하면, 파일 목록이 나타난다.]

제시카는 그녀가 원하는 파일을 찾은 뒤 이 파일을 함께 만들었던 사람에게 물어봐야 할 것이 있음을 발견했습니다다. 제시카는 화면을 변경할 필요 없이 바로 그 자리에서 질문할 수 있습니다.

[다음 데모 화면으로 진행하기 위해서 '현재 온라인' 메뉴를 클릭하여 현재 온라인 상태인 사람들의 목록을 보여준다.]

[다음 데모 화면으로 진행하기 위해서 '릭 찬'을 클릭하여 대화창을 보여준다.]

제시카가 릭에게 지난번 REI와 진행했던 거래에 대해 묻습니다.

[제시카가 질문을 화면에 입력한다 "릭, 브라이언이 내일 REI를 방문하는데 도와줄

수 있어요?" 그리고 다음 화면으로 진행하기 위해 클릭한다]

스토리텔링 데모는 고객들에게 기능을 보여주는 대신 여러분이 해결하려는 문제에 집중할 수 있도록 한다.

내 경험에 비추어볼 때 고객들이 여러분의 데모를 수정할 가능성이 높으며("우리가 저 상황을 다루는 방법은 그게 아니에요. 저희가 어떻게 하느냐 하면 …"), 이때 나오는 반응들이 여러분이 고객 개발에서 찾고 있는 바로 그 정보들이다.

만약 통한다면, 계속 질문하라

여러분이 미리 준비한 고객 개발 인터뷰뿐만 아니라 즉석에서 추가적으로 진행되는 고객과의 대화에서도 사용할 수 있는 토대가 되도록 이 질문들을 제공했다. 하지만 오래지 않아 이 리스트들이 필요 없게 될 것이다. 일단 고객들과 정기적으로 대화하기 시작하면, 여러분은 고객과 대화를 이어나갈 수 있는 질문이 어떤 종류인지 알아내는 재능이 생길 것이기 때문이다. 그리고 고객에게 자연스럽게 질문을 함으로써 고객이 5분 동안 열정적으로 대답을 하도록 만들었다면 반드시 질문을 계속하라!

INDEX